융합 지식과 융합 교육과정

융합 지식과 융합 교육과정

전북대학교출판문화원

저자 서문

최근 전 세계적으로 융합적 지식 혹은 지식의 융합이 교육, 기술, 그리고 사회적 진보의 핵심 아젠다로 부상하면서 그 중요성이 대두되고 있다. 이러한 지식사회의 변화에 맞추어 전 세계의 학교교육의 흐름이 융합적 지식과 융합적 인재를 양성하는 방향에 맞추어져 있고, 그에 따라 다양한 연구 성과를 바탕으로 이론적, 실천적 토대화 작업이 이루어지고 있다. 우리나라도 교육부의 문·이과 통합 교육과정을 중심으로 한 교육과정 개정이 공포된 바 있고, 2018년을 기점으로 중등학교를 중심으로 문·이과 통합 교육과정이 학교 현장에 적용되어 실천될 예정이다.

이러한 시대적 요구에도 불구하고, 아직까지 융합적 지식이 무엇이고, 교육과정을 융합한다는 것은 어떤 것이며, 그러한 융합적 지식이 미래의 인재를 길러내는 데 실제로 어떤 기여를 할 수 있을까에 대한 이론적 논의와 실천의 방향이 정립되어 있지 않은 실정이다. 예를 들어, 미국에서는 1980년경부터 STEM/STEAM 교육이 소개되어 현재까지 융합 교육의 대명사로 이론적 논의와 현장 연구가 이루어지고 있지만, 이것이 과연 미래의 융합적 지식을 대변할 수 있을 것인지에 대해서는 많은 학자들이 의구심을 제시하고 있다. 이러한 의문의 대표적인 이유는 STEAM이 과학기술과 지식 중심의 융합이라는 것과 그것을 보완하기 위해 예술분야가 '장식'의 수준에서 곁들여진 상태에 불과하기 때문이다. 또 다른 한계점은 융합적 지식 혹은 융합적 교육과정에 대한 오늘날 학계 및 학교 현장의 이해가 기존의 간학문적 지식과의 차별성이 무엇인가에 대한 구체적인 논의가 이루어지지 않은 채, 사회적 압력이나 대중적 인기에 휩쓸려 창의, 융합과 같은 용어들이 무분별하게 연구나 현장에 적용되고 있다는 사실이다. 더구나 최근 미래 인재 양성의 대안적 모델로 핵심 역량이라고 하는 개념이 교육과정 개발과 실천에 접목되고 있는 상황에서 이러한 핵심 역량이 융합적 지식과 어떤 관련이 있을지에 대한 근본적 탐색과 이론적 논의가 거의 이루어지지 못하고 있다.

그런 맥락 속에서 본 저서는 「2015개정교육과정」의 가장 큰 특징 두 가지인 역량 중심 교육과 문 · 이과 통합 교육으로의 변화에 대비하고, 최근 사회적 이슈가 된 4차 산업혁명 시대에 중요시되는 융합적 지식에 대한 교육과정 차원의 이론적, 실천적 대안을 마련하기 위해 저술되었다. 이를 위해 융합 지식이란 무엇이며, 융합 교육과정이란 어떤 것인지에 대한 개념적 및 이론적 토대를 정리해보고자 한다. 또한, 이를 학교 현장에서 실천하기 위한 융합 교육과정을 바탕으로 한 수업계획서의 사례들을 구체적으로 검토하고 실천적인 대안을 제시하고자 하였다. 이와 같은 문제의식을 바탕으로 출발한 본 저서의 주요 내용은 다음과 같다.

첫째, '융합 지식의 이해'의 장을 통해 융합 지식의 인식론적 토대와 인식론적 특성에 대해 논의하고자 한다. 본 저서에서는 지식의 특성을 전일성, 맥락 성, 창발성, 그리고 지식생태학의 차원에서 설명하고자 한다. 또한 융합적 지식의 특성을 이해하기 위한 차원에서, 지식융합의 필요성과 지식의 융합을 촉진하는 대표적 원리 10가지에 대해 설명하고자 한다. 그리고 마지막으로 융합적 지식인은 어떤 사람인가에 대해 소개하고자 한다. 아울러 융합 지식의 인식론적 성격을 지식의 융합을 설명하는 일곱 가지 이론을 통해 논의하고, 과학, 문화, 그리고 예술의 지식이 지식의 융합에 어떻게 관련되는가를 논의하고자 한다. 개념에 대해 논의하고, 그것의 인식론적 성격과 특징이 무엇인지 상술하고자 한다. 마지막으로 융합 지식의 가능성이 무엇이며, 동시에 그 한계점은 무엇인지에 대해 비판적 관점에서 논의하고자 한다.

둘째, '융합 교육과정의 이해'의 장에서는 융합 지식이 교육과정에 접목되게 된 과정과 그 이론적, 실제적 논점들을 정리하고자 한다. 이 부분은 융합 지식 자체의 측면에서가 아니라, 공교육 현장에서 적용되는 학교 지식으로서 융합 교육과정이 국·내외에서 어떻게 개발되고 논의됐는지를 정리하고자 한다. 이어서 융합 교육과정이 국·내외의 교육 현장에서 어떻게 적용됐으며, 그러한 융합 교육과정 속에서 교과지식이 어떻게 다루어져 왔는지를 검토하고자 한다. 지금까지 융합 교육과정으로 소개되었고 실천되어온 융합 교육과정의 여러 이론을 검토하고, 그 특징과 장·단점을 분석하고자 한다. 이어서 융합 교육과정의 설계와 관련된 이론들을 비교하여 소개하고, 아울러 융합 교육과정과 관련한 어떤 교수방법론이 있는지를 소개하고, 그 특징들을 정리하고자 한다.

그 다음으로 현재까지 학계와 교육 현장에서 혼용되어 쓰이고 있는 다양한 관련 개념들 즉, 통합 교육과정, 융합 교육과정, 간학문적 교육과정, 혹은 STEAM 교육과정들의 유사점과 차이점, 그리고 장·단점을 비교・분석하고자 한다. 마지막으로 최근 우리나라 교육과정에도 적용될 예정인 핵심 역량 교육과정과 융합 교육과정의 연결성을 탐색하기 위해 각각의 성격과 내용을 비교・검토하고 그러한 연결이 어떤 가능성과 한계점을 갖는지를 논의하고자 한다.

셋째, '융합 교육과정의 개발'의 장에서는 융합 교육과정을 설계하고 실천하기 위한 구체적인 방안을 제시하고자 하였다. 이를 위해, 융합 수업을 목표로 짜여진 수업계획서들의 사례들을 분석함으로써, 융합 수업의 성공적인 실천을 위한 여러 방안을 논의하고자 한다. 그 후 보다 실천적인 대안을 탐색하기 위해 교과 지식의 융합 사례들을 학교 교육과정의 주요 교과(국어, 영어, 수학, 사회, 과학, 예체능)들 간의 융합 사례들을 구체적으로 소개하고자 한다. 마지막으로 융합 교육과정의 실천을 위해 어떤 교육 환경 및 여건이 필요한지에 대해 제안하고자 한다. 아울러 융합 교육과정과 관련한 교수 방법론과 보다 실천적인 대안을 탐색하기 위해 교과지식의 융합 사례들을 소개한 후, 그 실천을 위한 교육 환경 및 여건에 대해 논의하고자 한다.

본 저서의 논의는 융합 지식에 대한 대중적 이해의 폭을 넓히고, 학교교육의 영역에서 융합 교육과정에 대한 이론적 이해와 실천의 기반을 다지며, 교실 현장에서 일선 교사들이 보다 효과적으로 융합 수업을 수행하는데 구체적인 도움을 줄 수 있을 것이다. 따라서 본 저서에서 다루는 내용은 앞으로 우리나라 교육 현장에 적용될 문・이과 통합 교육과정과 핵심 역량 교육과정의 실천, 그리고 4차 산업혁명 시대에 대비한 올바른 융합 교육의 정착을 위한 디딤돌이 될 수 있을 것이다.

본 저서에 소개된 많은 융합 지식에 관한 다양한 내용들은 저자의 머리 속에서 나온 것이 아니라, 수많은 서적, 언론 기사, 인터넷 문서, 위키피디아와 같은 지식 정보 사이트에서 도움을 받았다. 그 많은 내용과 자료들의 출처를 밝히는 것이 독자들에게 도움이 되지 않을뿐더러, 본 저서의 주제인 지식의 융합의 정신에도 부합되지 않기 때문에, 꼭 필요한 출처만을 표기하였다. 아울러 IV 장에서 소개되고 분석된 융합 수업 계획안들은 2016년 저자의 수업에 참여한 교사 겸 대학원생들(조혜윤, 고선영, 정자연, 박진희, 문진희,김충만 등)이 설계한 것이다. 이들을 포함한 모든 지식공동체 구성원들에게 감사의 뜻을 전한다.

2017년 11월 밴쿠버에서

목 차

머리말

"인류 문명이 시작된 이래 2003년까지 만들어진 데이터 양은 모두 5엑사바이트 Exabyte[1]에 불과했습니다. 지금은 이틀마다 그만큼씩의 데이터가 새로 추가되고 있으며, 이 속도는 점점 빨라지고 있습니다."

세계 최대의 IT 기업 중에 하나인 구글의 CEO 에릭 슈미트Eric Schmidt가 2010년 미국에서 개최된 테코노미Techonomy 컨퍼런스에서 한 말이다. 오늘날 정보통신 기술의 발달과 인터넷과 같은 정보망의 확산으로 인해 엄청난 양의 정보, 통신, 방송, 그리고 지식을 담은 데이터들을 손쉽게 접할 수 있게 되었다. 사람들 간의 서신 교환은 인터넷을 통해 국경을 넘어 하루 2,100억 개의 이메일이 발송되고 있으며, 매일 유튜브 YouTube에 올라오는 동영상은 美 3대 방송사(ABC · NBC · CBS)의 10년

1) 1엑사바이트는 현재 실용화된 테라바이트Terabyte 크기의 약 백만배 용량이다(1 Exabyte=1,024 Petabyte, 1 Petabyte=1,024 Terabyte).

간 방송 분량에 해당될 정도로 '정보 폭주의 시대'를 살고 있다. 한 해 생산되거나 저장되는 데이터양은 1.8제타바이트(1.8조 Gigabyte)정도 되는데, 이는 우리나라 국민 전체가 1분에 3개의 트위터를 16만 1,856년 동안 작성해 올리는 것과 맞먹는 양이다. 더군다나 이러한 정보들은 단순히 소비되어 사라지는 게 아니라 지속적으로 쌓이고 있는데, 시장 조사 기관인 IDC가 발표한 '2011 디지털 유니버스(Digital Universe : 전 세계에서 유통되는 데이터 양)' 보고서에 따르면, 이러한 데이터의 양은 2010년을 기준으로 1.2 제타바이트(ZB : 1,200조 MB)이고 이는 미국 의회도서관이 소장한 전체 장서의 데이터(1,500만 MB)의 800배에 이르는 양이다.

이러한 엄청난 정보의 홍수 속에서 우리는 어떻게 살아가야 할까? 사실 이러한 정보들은 이미 현대인들 삶의 다양한 양상에서 깊숙이 관여하고 있다. 많은 사람들이 아침에 일어나자마자 스마트폰으로 날씨, 교통 정보, 뉴스에 담긴 데이터를 소비하며 하루를 시작하고, 일상 생활과 업무 속에서 이메일을 통해 정보를 나누며 워드, 엑셀, 파워포인트 등을 활용하여 정보를 생산 및 소비하고 있다. 쉬는 시간에도 인터넷 서핑이나 유튜브를 통한 동영상 감상을 한다. 이외에도 교통카드, 신용카드 등을 이용한 소비 활동 데이터부터, 범람하는 소셜미디어 속에서 지인들과 주고 받은 문자 메시지, 사진, 동영상 데이터의 소비에 이르기까지 우리는 정보통신망에서 단 한 순간도 자유롭지 않게 되었다. 문제는 이러한 엄청난 정보들이 우리에게 결코 긍정적 효과만을 가져오지 않는다는 것이다. 오늘날 수많은 뉴스와 정보들이 인터넷, 종합 편성 방송, 서적, 블로그, 심지어 학술 논문들에서 생산되고 있고, 이러한 정보들은 Google 등과 같은 검색 엔진을 통해 조금이라도 연관된 정보를 찾을 수는 있지만, 정작 그 정보들의 정확성이나 객관성, 그리고 출처에 대한 신뢰도는 그

다지 높지 않다. 즉, 과잉된 정보와 데이터들은 사람들에게 오히려 부적절하거나 부정확한 정보를 제공할 위험이 크고, 그에 따라 올바른 이해나 지식을 습득하게 하는 것이 아니라, 오해나 혼란을 초래하기가 더 쉬운 것이다(Rosenbaum, 2011).

이러한 혼란은 모든 데이터가 올바른 정보가 될 수 없기 때문에 나타난 것이다. 그렇다면 데이터, 정보, 지식은 서로 어떤 차이가 있는가? 데이터는 목적도, 방향성도 의미도 갖기 이전의 날것 그대로의 현상에 대한 기술(description)이다. 이 데이터가 올바른 정보가 되려면, 맥락성(상황), 적시성(시점), 유용성(가치)을 갖추어야 한다. 즉 모든 데이터는 특정 상황과 시점에서 유용성을 가질 경우에만 정보가 된다. 하지만, 이러한 정보도 지식이 되기 위한 필요 조건이지 충분 조건은 아니다. 즉, 정보가 지식을 얻기 위한 중요한 자원이 될 수는 있지만, 정보가 많다고 지식이 형성되는 것은 아니다. 정보가 유동적이고 순간적이고 탈주체적이라면, 지식은 보다 안정적이고 장기적으로 지속되며 그것을 다루는 사람(주체)에 의해 운용되는 것이다. 정보가 주인을 찾지 못한 데이터라면, 지식은 보다 안정적으로 특정 주체에 의해 운용되면서 더욱 적절하고 유용하게 데이터를 활용할 수 있는 능력이다. 그런 의미에서 지식은 데이터와 정보를 잘 다룰 수 있는 자질(competence)인데, 그렇다면 지식을 잘 다룰 수 있는 자질이란 무엇인가?

과거에는 지식이 개별적 사실들로 분리되어 있고, 이것을 하나씩 '쌓는' 것이 지식을 얻는 방법이라고 생각했다. 예를 들어, "태양은 동쪽에서 뜬다"거나 "물은 100℃에서 끓는다"거나 하는 것이 자연 현상에 대한 지식인데, 이러한 개별적 사실들을 머릿속에 많이 저장하는 것을 지식의 습득으로 여겼다. 이러한 생각은 결국 학교교육을 파편화된 지식으로 만들어

'전달하고 쌓는' 방식에만 오랫동안 의존하게 했다. 1960년대에 소개된 J. Bruner의 본질주의(Essentialism) 교육 이론은 이러한 전통적 방식을 더욱 고착화했다. 본질주의는 지식이 그 분야와 성격에 따라 서로 다른 구조로 되어 있기 때문에, 각자 지식의 구조를 독자적으로 파악하여 그것을 학생들에게 체계적으로 가르쳐야 한다고 주장한 이론이다. 이러한 본질주의 사조는 오늘날 자연과학, 사회과학, 인문학 지식 등과 같이 지식을 영역별로 구분하여 이해하는 분과주의적 경향의 토대가 되었다.

하지만, 최근 대부분의 학자들은 지식이 그렇게 파편화되어 존재하는 것이 아니며, 따라서 학문 영역도 서로 분리된 방식으로 여겨서는 안 된다는 사실에 공감하고 있다. 과거에는 화학적 현상을 다루는 일(화학)과 생물학적 현상을 다루는 일(생물학)이 별개의 탐구 영역이라고 여겼지만, 지금은 자연 속 생명 현상을 이해하는 데 화학과 생물학의 지식이 모두 필요하고 양자는 매우 밀접하게 관련이 있다는 사실을 깨닫게 되었다. 사회과학의 경우에도 마찬가지로, 지리학과 역사학, 경제학과 사회학 등은 뗄 수 없이 밀접한 관계를 맺고 있다. 인문학에서도 예술, 철학, 문학을 분리하여 탐구한다는 것 자체가 얼마나 편협하고 무지한 접근이었는가를 반성하지 않을 수 없다. 이처럼 오랜 기간 파편화되고 분리된 학문과 지식에 대한 이해는 자연을 분석적 이해의 대상으로 삼았던 근대주의적 사고의 폐해로 인한 것으로, 이제는 그 시효가 다한 접근법이라고 볼 수 있다. 이러한 파편화된 인식론에서 벗어나기 위해서는 세계, 사회, 인간, 그리고 지식에 대한 보다 통합적 이해와 접근이 필요한 시점이다.

그렇다면 지식에 대한 융합적 접근이란 무엇인가? 아리스토텔레스는 지극히 그리스적(Greek) 관점에서 지식의 표현과 공유에 대한 개념을 정립한 바 있었는데, 이는 나중에 온톨로지ontology라는 철학적 영역으로 발전하게 된다. 세상의 모든 사물이 더 나누어질 수 없는 단위 원소들로 구성되어 있을 것이란 상상처럼, 아리스토텔레스는 의미가 유지되는 가장 작은 단위로 지식을 잘게 나누고, 이를 상호 연결해서 모든 지식을 표현할 수 있다는 술어(predicative) 논리의 기본을 확립하였다.(이는 문법론에서 서술어를 predicative로 표현하게 된 연원이다. 서술어란 주체(subject)에 대한 여러 설명 중 하나라는 의미이다. 즉, 수많은 서술어가 모여서 특정 주체에 대한 설명을 완성하는 것이다.) 아리스토텔레스는 변화되지 않는 단위 사실들을 상황에 맞게 연결하고 조직화하여 온전히 지식을 표현할 수 있고, 이러한 지식들은 시간과 공간을 넘어 공유될 수 있다고 믿었다. 아리스토텔레스의 존재론은 수많은 설명과 이해가 종합되고 상호 연결되어 시공간을 넘어 지속할 수 있는 존재들을 규정했으며, 그러한 존재들이 모인 곳이 세계라는 관점이다. 이러한 아리스토텔레스의 존재론은 지식이 무엇이고, 지식을 사용하는 주체란 어떤 것인가에 대한 시사점을 제공한다. 지식은 본래 개별적으로 존재하는 것이 아니라, 사물, 존재, 현상에 대한 수많은 설명과 이해의 한 조각(片鱗)이다. 그 한 조각만으로는 결코 존재나 현상을 온전히 이해할 수 없기 때문에, 융합적 접근이 필수적이다. 파편화된 지식은 단지 총체적 이해를 위한 출발점에 불과하다. 문제는 이러한 파편화된 지식이 세상을 온전히 이해할 수 있는 총체적 접근과 통찰을 가릴 위험이 있다는 것이다.

요컨대, 근대 문명을 가능케 했던 과학 지식의 발달은 지식의 전문화, 세분화로 인해 촉발되었지만, 동시에 지나치게 분화된 지식으로 인한 지식의 파편화는 통합적 이해와 통찰에 큰 걸림돌이 되고 말았다. 그에 따른 반성의 차원에서 분과 학문이나 전문 분야의 독자적인 연구나 탐구로 새로운 가치를 창출하기 어렵고 주어진 문제를 해결하기에 역부족이라는 위기의식이 공유됨으로써 지식에 대한 새로운 접근이 시작되었다. 미래의 지식은 주변 전공 분야와의 다양한 접목을 시도함으로써 깊이 있는 통찰력과 함께 폭넓은 안목과 식견을 요구하는 종합적이고 융합적인 사고를 통해 구축될 수 있다. 그래서 미래의 인재상으로 통섭적 지식을 갖춘 융합적 인재상이 중요시되는 것이다. 본 저서는 이러한 문제의식을 바탕으로 융합적 지식이란 무엇인지에 대해 통찰하고, 학교 교육에서 융합적 지식의 내용과 형식은 어떠해야 하는지, 그리고 융합 교육을 실천하기 위한 실제적 방안들에 대해 제시하고자 하였다.

I. 융합 지식의 이해

01

지식의 융합이란

1) 지식 융합의 토대

가. 지식은 쪼개어질 수 있는가? : 지식의 전일성

세상을 이해하기 위한 사고방식 중 하나로 분석分析의 방식이 있다. 분석은 말 그대로 '작은 속성으로 나누어 그 의미를 명확히 한다'는 의미이다. 전체를 통째로 이해하기 어려우므로 우리는 작은 부분으로 나누어서 하나씩 이해하고자 한다. 이러한 분석 방법 자체는 사물을 이해하기 위한 좋은 방법 중의 하나이지만, 그것이 대상의 온전한 실체를 이해하는 데 방해가 되기도 한다. 대중적 과학자인 후쿠오카 신이치(2011)는 『나누고 쪼개도 알 수 없는 세상』에서 인간이 가진 분석적 경향, 즉 세분화시키고자 하는 본능을 날카롭게 비판한다. 세상의 많은 사물이나 현상의 본질은 부분적으로 쪼개어 생각해서 알 수 없고, 특히 자연 생태계 속의 모든 생명 현상들은 매우 유기적으로 상호 관련되어 있으므로 총체적으로 보고 판단해야 한다는 것이다(Capra, 1997).

이러한 인간의 분석적 경향성은 지식을 세분화하여 이해하는 방식에도 그대로 반영되었다. 과연 세상에 관한 다양한 지식 중 분석적 이해가 반드시 필요한 것들은 무엇이고, 그렇지 않은 것들은 무엇인가? 사실 세상의 본질을 이해하기 위한 아리스토텔레스의 존재론(ontology)도 분석적 접근에서 출발한 것이다. 더 나눌 수 없는 단위 원소(atom)들로 세상의 물질이 구성되어 있다는 원자론의 가설처럼, 아리스토텔레스는 지식이 가장 작은 의미의 단위로 나누어지고, 이러한 단위 의미들을 다시 상호 연결하거나 상황에 맞게 재조직함으로써 보다 온전한 지식이 표현되고, 시공간을 넘어 공유될 수 있다고 보았다.

이처럼 지식이 작은 단위로 쪼개어지고 재결합될 수 있다는 사고는 오늘날 산업화된 세계 속에서 기계론적 환원주의의 기초가 되기도 하였다. 여기서 기계론(mechanism)은 자연계 속 물질의 모든 운동과 변화(화학적 변화, 생명 현상까지 포함)의 양상을 물리학적 인과관계의 법칙을 통해 설명하려고 하는 태도이다. 환원주의(reductionism)는 연구 대상의 전체적 측면을 총체적으로 이해하는 것이 아니라, 그 대상을 표상하는 작은 부분들에 대한 이해를 전체로 확대하여 해석하려는 태도를 가리킨다. 따라서 이러한 기계론적 환원주의는 실증주의(empiricism : 실제 관찰이나 객관적 증거로 나타난 사실만 진리로 받아들이려는 지식 탐구 방법)와 더불어 과학적 사유의 도구적 합리성(합리적 사고과정을 통해 내려진 결론만 과학적 사실로 받아들일 수 있다는 입장)을 만족시켜줌으로써, 근대적 과학 지식 탐구의 가장 중요한 요건으로 받아들여져 왔다. 하지만 이러한 기계론적 환원주의와 실증주의적 지식 탐구의 태도는 자연계의 경우에는 생명 현상, 인간 사회의 경우에는 사회적 현상이나 심리적 현상까지도 기계론적 인과 관계로 환원시켜 이해하려고 하였고, 이는 세상을 이해하는 데 많은 문제와 한계점을 드러내게 되었다. 과연 생명 현상이나 심리적 현상을 세분화하여 분석한다고 해서 더 잘 설명하거나 이해할 수 있을 것인가?

이러한 근대적 환원주의적 사고에 대한 문제 제기는 1970년대 이후 포스트모더니즘적 논의를 통해 많이 이루어져왔다. 포스트모더니즘은 데카르트의 합리주의, 인과론, 결정론적 사고에 대한 반성으로부터 출발하여 근대성의 문제점을 비판하는 담론이 되었고, 오늘날 문명화된 사회를 만들어낸 원동력인 과학적 합리주의의 사고가 지닌 맹점을 인식할 수 있게 도와주었다. 그리고 결국 분석적이고 합리적인 사유가 세상에 대한 파편화된 지식을 양산하게 된다는 사실을 깨닫게 해주었다. 하지만 이러한 근대적 합리성에 대한 포스트모더니즘의 비판도 그 대안이 될 수 있는 탈근대적이고 융합적인 지식의 본질과 특징이 무엇인지에 대해서는 구체적으로 설명하지 못하였다.

그러던 중 20세기 후반부터 이루어진 과학기술과 학문의 급속한 발전은 지식의 전문화 및 개별화를 가속시켜, 이로 인해 지식은 더욱 세분화됨과 동시에 파편화되었다. 창의성 연구의 대가인 루트번스타인R. Root-Bernstein이 "전문화가 가속화되면서 지식이 파편화하고 있다"라고 지적했던 것처럼, 지식의 전문화와 파편화로 인해 각 학문 영역은 자신들만의 용어, 이론, 그리고 관점을 바탕으로 세상을 이해하고자 하였다. 결국 각 분야의 전문가들은 지적 교류를 통한 학문 간의 통합적 이해나 깊은 통찰에 접근하지 못했다. 그럼에도 불구하고 오늘날 급속히 발달한 정보통신기술과 인터넷의 환경은 고립되고 파편화된 지식에 의존하지 않은 지식과 정보에 대하여 새로운 정의를 요구하고 있다. 그것이 바로 세상의 많은 지식들이 융합되고 공유되어 이루어지는 학문적 융합과 통섭統攝으로써, 새로운 미래사회의 요구인 것이다.

나. 지식은 절대적인가? : 지식의 맥락성

세상의 지식은 대부분 절대적이거나 영구불변한 것이 아니라 시대가 바뀌고 지식이 확장됨에 따라 끊임없이 변화하고 있다. 예를 들면, 아리스토텔레스 시대에 운동(motion)이란 개념은 과일의 숙성, 돌의 낙하, 아이의 성장, 몸의 노화처럼 매우 폭넓은 현상을 가리키는 용어로 쓰였다. 뉴턴의 시대에 이르러서야 힘, 질량, 시간, 운동 같은 개념들이 수량화되고 수학 공식에 의해 보다 명확하게 과학의 영역에서 다루어질 수 있게 되었다. 과거에 자연철학자들에 의해 활력(vitality)이나 강도(strength)를 뜻하는 말로 쓰이던 'energy'란 개념은 19세기에 이르러서야 자연을 파악하는 물리학적 시각에서 이해하기 시작했다. 정보란 개념도 마찬가지이다. 1948년 벨연구소의 수학 부서 연구원이었던 클로드 섀넌은 『벨시스템 기술 저널』 7월호와 10월호에 연재된 「통신의 수학적 이론(A Mathematical Theory of Communication)」에서 '정보를 측정하는 단위'를 가리키는 용어로 비트bit란 용어를 처음 사용하였고, 이후 오늘날 정보통신 분야의 가장 핵심적 용어로 자리 잡았다. 정보를 측정하는 단위로써 비트가 등장하면서 정보는 매우 쉽게 디지털화되고 공학화되었으며, 지식을 저장하고 이동시키고 재현하는 가장 유용한 형태가 되었다.[1)]

이처럼 정보는 지식의 단위인데, 단순한 정보가 지식이 되기 위해서는 지식 형성의 세 가지 조건, 즉 '성립'의 조건, '지속'의 조건, 그리고 '가치'의 조건을 만족해야 한다.

첫째, 정보가 지식이 되기 위한 성립의 조건은 지식이 결코 개인 혼자

1) 유전자 공학 이론에서는 인간의 육체도 하나의 정보 처리 기계로서, "DNA는 본질적으로 정보 분자이자 세포 단위에서 가장 발달된 메시지 처리기로서 60억 비트가 모여서 인간을 형성한다"라고 본다. 이러한 의미에서 세포 사이의 상호작용을 연구한 뢰벤슈타인(Loewenstein)은 "유기체의 세포는 복잡하게 얽힌 통신 네트워크에서 송신과 수신, 코딩과 디코딩을 반복하는 노드이다"라고 생명의 기초 단위인 세포의 역할을 설명했다(Gleick, 2011).

만의 힘으로 형성되지 않는다는 것이다. 개인이 자신의 경험과 통찰을 통해서 얻게 된 자연, 사회 혹은 사물에 대한 인식(recognition)은 오직 타인의 확인이나 인정을 거쳐야만 구성된다. 개인의 정체성(identity) 혹은 자의식(self-awareness)이 타인을 참조하거나 상대방으로부터의 피드백을 받음으로써 완성된다는 거울이론(mirror theory)이 이를 잘 설명해준다.

둘째, 지속의 조건은 지식이 다른 지식들과 어우러지며 확장, 정교화, 구체화, 이론화 등의 과정을 거쳐 정착되고 지속되는 것도 관련 사실, 정보, 지식 간의 교류와 상호작용이라는 환경적 조건에 의존할 수밖에 없다는 것이다. 인간의 지능에 대한 사회구성주의(social constructivism)적 관점으로 보면, 지능이나 지식은 개인 차원에서 존재하는 것이 아니다. 예를 들어, 지능조차도 개인의 두뇌 속에 존재하는 독자적 특질이 아니라 사회적으로 형성되고 작용하고 발전하는 것이라는 분산 지능(distributed intelligence)의 개념처럼, 지식은 상호 간에 공유되고 영향을 주고 받으며, 공존하는 과정에서 생성되고 이를 유지하면서 확장되는 것이다.

셋째, 가치의 조건은 지식이 의미를 지니고 역할을 하게 되는 것은 오직 사회적 맥락 속에서 가능하다는 것이다. 어떤 지식이 정보(information)가 되고, 자원(resource)이 되며, 자산(asset)이 되는 것은 지식 자체의 본질적 효과가 아니라, 복잡한 사회적 조건들이 특정 시점과 특정 맥락 속에서 그 지식에 가치를 부여하기 때문이다. 그러한 관점에서 지식사회론(sociology of knowledge)은 "지식은 사회적으로 형성된다"라고 단언한다. 사회적 맥락을 떠나서는 정보든 지식이든 아무런 의미도 없고, 존재의 가치도 없는 것이다.

요컨대, 지식사회학의 이론들은 지식의 생태적이고 맥락적 특성에 대한 이해를 넓혀준다. 즉, 지식은 하늘에서 갑자기 떨어지거나 독자적으로 지속되는 것이 아니라, 사회적 맥락에서 형성되고 공유되고 의미가 있기 때문에 지식에 대한 융합적 접근은 지식 탐구의 필수적인 조건이라는 것을 인식해야 한다.

다. 지식은 고정적인가? : 창발성

융합 지식의 가장 큰 특징이자 원리는 바로 융합이 단순한 부분들의 합을 넘어 보다 새로운 것을 만들어낼 수 있다는 사실이다. 그 개념을 가장 잘 설명해주는 용어가 바로 창발성이다.

"물리학의 중심 임무는… 더 이상 궁극적인 등식을 기술하는 것이 아니라 창발적 행위를 분류하고 이해하는 것이다. …우리는 이것을 복잡 적응 물질 연구라고 부른다. …우리는 환원주의로부터 복잡 적응 물질 연구로의 전환을 목격하고 있다." (Buchanan, 2002, p. 207)

위 고백은 최근 과학계의 새로운 분야로 대두된 사회물리학(social physics) 분야에서 언급된 것이다. 과거의 물리학은 모든 것이 환원될 수 있는 근본적인 법칙을 연구했었지만, 오늘날의 물리학은 다양한 형태의 창발적 조직을 연구하게 되었다는 말이다.

자연과학은 학문에 대한 환원주의적 접근을 통해 각 학문 영역에서 다루는 지식을 독자적이고 개별적으로 탐구하려는 관습을 가지고 있었다. 하지만 이러한 환원주의적이고 분자 주의적 접근이 사물의 본질을 이해하는 데 한계가 있다는 것을 깨닫게 되면서, 이제는 보다 통합적이고 총체적인 차원에서 사물을 이해하지 않을 수 없게 된 것이다. 예를 들어,

개미 군체(colony)의 특성과 기능을 제대로 이해하기 위해서는 각각의 개미 하나하나를 관찰하기보다는, 전체 개미 집단의 상호작용을 거시적 안목에서 통찰했을 때 이해할 수 있는 현상이 있는데, 그것이 바로 창발적 현상이다(윤영수 · 채승병, 2005).

창발(創發, Emergence)이란 시스템 각 부분의 성질만을 가지고 예측하기 어려운 성질이 시스템 전체의 수준에서 나타나는 현상을 말한다. 즉, 각각의 구성 요소들을 따로따로 떼어놓고 보았을 때는 전혀 일어날 법하지 않던 일이 전체적으로 보면 나타나는 현상이다. 그러므로 창발은 부분, 개별 요소, 혹은 개인의 차원에서가 아니라, 집단적 혹은 전체적 차원에서 실현되는 현상이다. 그 대표적인 예로 동물 세계에서 나타나는 개미나 꿀벌들의 사회적 행동, 혹은 인간 사회의 집단적 행동, 그리고 물리적 세계에서의 카오스적 현상 등이 있다. 개미나 꿀벌 등의 군집동물들이 개인으로 있을 때와 집단 속에 있을 때의 행동이나 생존의 방식 등이 달라지는 것이나, 단순한 신경세포들이 엄청난 규모로 확대(진화)되어 시스템을 이루면서 인식능력이 생겨나는 것 등이 그러한 예이다(김용운, 1993).

라. 지식은 홀로 존재하는가? : 지식생태학(Ecology of knowledge)

지식 생태계는 다양성과 특이성, 공존과 경쟁의 자연적 법칙에 따라 생태계가 지속적으로 환경에 적응해가면서 번성해나가는 것과 같은 방식으로, 지식 세계의 생태적 환경이 유지되는 것이 지식의 확장과 발전에 도움이 될 수 있다는 개념이다. 즉, 지식의 창조, 축적, 공유, 활용, 소멸 과정이 마치 자연 생태계처럼 그 자체의 생성 및 적응, 그리고 진화 능력으로 자연스럽게 공존이 가능해지는 지속 가능한 지식 발전 시스템이라는 것이다. 그러므로 지식생태학의 관점에서는 지식의 양이 증가하거나 지식의 수준이 높아지는 것을 중요시하지 않는다. 생명체들이 생태적 환경을 유지함으로써 보다 안정적으로 공존하는 환경 속에서 번영할 수 있는 것처럼, 지식생태학은 다양한 지식이 인간 사회에 도움이 되는 방향으로 교류와 협력을 펼치면서 그 지식이 가진 생산적 역할을 수행할 수 있도록 돕는 것이 목적이다.

지식생태학은 20세기까지 지속된 데카르트의 기계주의적 자연관과 실증주의적 과학관에서 벗어나서 자연의 생태적 특성에 주목한 생태 과학(ecoscience)적 관점과도 밀접한 연관이 있다. 이러한 지식생태학은 학문의 방법론과 연구 대상의 차원에서 자연과학과 사회과학을 근본적으로 분리했던 기존의 입장을 거부한다. 그 대표적 접근으로 가부장적이고 착취적 과학주의를 거부하고 자연과 과학을 보다 총체적이고 민주적 과정으로 수용한 페미니스트 운동이나 심오한 생태학(Deep Ecology) 운동을 들 수 있다(Bowen, 1985).

지식 생태계가 번성하기 위해서는 다음 세 가지 요인이 중요한 역할을 한다. 첫째, 학문 영역이나 지식이 경쟁뿐만 아니라 협력을 바탕으로 공존하는 것이다. 둘째는 지식 간의 상호 교류가 필요하다. 셋째, 개별성과 집단성 사이의 조율인데, 개별성은 집단 내 구성원들 각자의 특이성을 가리키고, 집단성은 집단 내 구성원들 사이의 유사성을 지칭한다. 지식마다 각자의 학문 영역에서 독자적 역할을 하는데, 그러한 역할은 동시에 다른 지식이 가진 특성들에 의한 보완이 필요하다. 이러한 지식 간의 상보적 역할에 의해 보다 온전한 세상(인간, 사회, 자연)에 대한 이해가 완성되는 것이다. 예를 들어, Brown은 아래 [그림 1-1]과 같이 과학자들과 예술가들의 작업을 내적 초점(inward focus)과 외적 초점(outward focus)

으로 구분하여 비유적으로 설명한 바 있다(Brown, 1999).

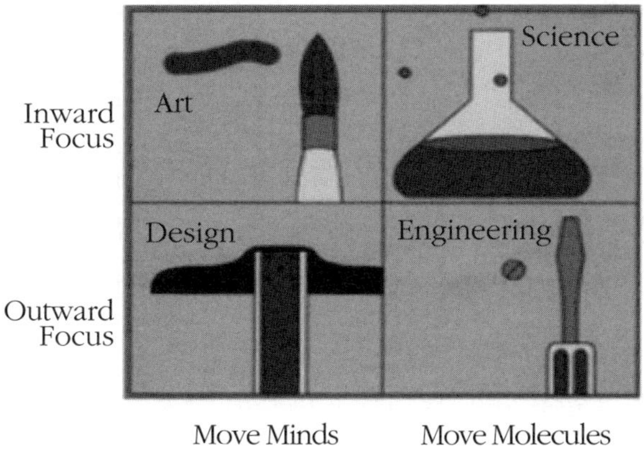

그림 1-1. 마음가짐(Minds-set)다루기(Brown, 1999, p. 4)

위 그림처럼 과학자들은 '물질(molecules)'들을 조절하고 예술가들은 '마음(minds)'을 조절한다. 예술가들이 마음의 내적 과정에 초점을 맞춘 것이 '예술(art)' 영역이고, 외적 과정에 초점을 맞춘 것이 '디자인(design)' 영역이라는 것이다. 또한, 과학자들이 물질의 내적 작용에 초점을 맞추어 연구하는 것이 '과학(science)'이라면, 물질의 외적 과정에 초점을 맞춘 것이 '공학(engineering)'이라는 것이다. 이러한 비유적 설명의 핵심은 창의적인 학문적 성취는 물질과 마음, 그리고 외적 영역과 내적 영역의 통합적 이해와 조절을 통해 이루어질 수 있다는 것이다.

2) 융합적 지식의 특성

가. 융합의 필요성

다양한 지식이 모이면 어떤 효과를 가져오는가? 시인 윌리엄 워즈워드

William Wordsworth는 다양한 학문 분야의 지식 속에서 어떤 현상을 설명할 수 있는 공통의 원리와 사물들 간의 유사성을 발견하는 학문적 기쁨을 "닮지 않은 것에서 닮은 것을 찾아내는 기쁨"이라고 표현한 바 있다. 또한 알베르 까뮈Albert Camus는 "위대한 아이디어는 레스토랑의 회전문에서 탄생한다"라는 말을 통해 세상의 혁신적이고 창의적인 사고들은 상이한 분야의 과학자들이나 전문가들의 대화와 교류를 통해서 많이 생겨났음을 강조하였다. 결국 새로운 것의 창조란 작고 다양한 아이디어들이 소통과 공감의 과정을 겪으며 재탄생하는 일이다.

하지만 소통하고 공감한다는 것이 말처럼 쉽지는 않다. 학문 분야마다 해당 학문별로 진리를 판단하는 기준과 진리를 탐구하는 접근법이 각기 다르다. 그리고 개별 학문마다 탐구하고자 하는 진리를 설명하기 위해 사용하는 개념과 용어도 다르다. 이렇게 상이한 철학적, 인식론적 배경을 바탕으로 성장한 학문 분야가 한순간에 통합하고 융합된다는 것은 쉽지 않은 일이다. 그렇다면 어떻게 지식 간의 융합이 이루어질 수 있는가? 최근 지식 융합의 대표적인 예를 하나 들어보자.

생태학자인 캐럴S. B. Carroll은 지금까지 각각 개별적 내용과 방법론의 전통 속에서 진화해온 생물학의 세부 분야들이 최근에는 서로 공조하고 협력하려는 분위기로 바뀌고 있다고 강조한다. 이제는 유전학, 세포생물학, 생리학, 내분비학, 면역학, 신경생물학, 생화학, 생물물리학 등의 기능생물학 분야와 행동생물학, 생태학, 진화학, 계통분류학, 고생물학, 집단유전학 등을 포함하는 진화생물학 분야, 그리고 최근에 새롭게 등장한 생물정보학까지도 생물학이라는 더욱 거대한 범주 안에서 통합된 대화를 시도하고 있는 것이다. 캐럴은 생물학의 세 영역(기능생물학, 진화생물학, 그리고 생물정보학)이 합쳐져서 생긴 진화발생생물학(evolutionary developmental biology)이 생명과 관련된 모든 학문 분야를 엮어가는 통섭의 역할을 하고 있다는 사실에 착안하여 이러한 생물학적 통섭을 이보디보EvoDevo라는 개념으로 설명한 바 있다.

진화발생생물학(Evo-devo; Evolutionary Developmental Biology)

진화발생생물학은 다양한 동물과 식물의 발생 과정을 비교하여 공통 조상에서부터 진화한 생물의 공통 요소와 변이를 연구하는 생물학의 한 분야이다. 진화발생생물학은 생물학의 한 분야로, 공통의 조상 관계를 결정짓기 위해 생물들의 발생 과정을 비교하고 발생 과정 상의 진화에 대해 연구한다. 이보디보는 발생의 근원과 발생 경로의 진화, 발생에서의 변화가 낳은 새로운 형질들, 발생의 유동성이 진화에서 가지는 역할, 생태학이 발생적 · 진화적 변화에 미치는 영향, 진화적 상동의 발생학적 배경에 대해 정의한다. 진화발생생물학은 발생의 과정이 어떻게 진화했고, 유전의 과정에서 어떻게 변경되었으며, 그 결과 어떻게 생물 다양성이 형성되는지를 연구한다(김창배, 2009).

진화발생생물학은 이름 그대로 생물 진화와 생물 발생을 하나로 엮은 학문이다. 다윈 시대부터 생물학자들은 단순한 세포 하나에 불과한 수정란이 복잡한 성체로 발생하는 것과 단순한 생명체가 세대를 거듭하여 점차 복잡한 생명체로 진화하는 현상이 생명체가 가진 가장 대표적인 두 가지 현상이라는 측면에서 진화와 발생의 밀접한 관계에 주목하고 있었다. 다윈 역시 처음부터 진화를 완벽히 이해하기 위해서는 발생 과정을 알아야 한다고 생각했지만, 발생은 오랫동안 생물학의 '변방'에 머물러 있었다. 발생학을 배제한 집단유전학적 진화론이 생물학계의 주류를 이루었기 때문에, 변이를 만들어내는 발생 메커니즘에 대한 연구는 한동안

미지의 영역으로 간주하여 왔다. 그러나 1980년대부터 발생 과정에 관여하는 유전자들이 속속 발견되고 동시에 그것들이 진화에 기여하는 역할들이 밝혀지면서 '발생'의 문제는 다시 생물학의 중심 주제가 되었다.

발생생물학이 어떻게 생물학의 통합을 촉발하게 되었는지 한 가지 예를 들어 보자. 동물들의 '오래된 유전자'와 유전자의 발현을 조절하는 '유전자 스위치'는 모두 배아의 발생을 연구하는 과정에서 밝혀졌다. 그렇지만 이 사실들은 전통적인 발생학 영역만으로는 온전히 이해하기 어렵고, 생물학 전 분야의 지식을 통해 다루어야 할 주제였다. 우선 유전자 발현 메커니즘에 대한 분자생물학 · 세포생물학 · 발생유전학적 지식들이 필요하였다. 그리고 염기 서열을 확인하기 위한 유전체학과 그 발현 과정을 연구하는 단백질학의 도움도 필요하였으며, 상이한 문(phyla) 간의 상동성을 따져보기 위해 계통학이나 진화생물학이 개입될 필요가 있다. 게다가 고생물학은 생명이 진화의 역사를 거치면서 어떻게 새로운 몸과 새 형질들을 획득하게 되었는지에 초점을 맞춤으로써 발생과 관련한 수수께끼를 다른 각도에서 바라보기도 한다. 요컨대, 이보디보로 생물학 영역을 통해 이 모든 분야들을 진화와 발생이라는 키워드로 묶어 생명체의 모든 변화를 통합적으로 연구할 수 있게 된 것이다.

그러므로 지식의 융합은 새로운 연구 방법의 개발, 지식과 인식론의 확장, 그리고 지식 생태계의 환경 조성을 바탕으로 이루어져야 할 것이다. 지식 생태계의 환경이 어떠한 것인가를 이해하려면 '융합'의 원리들이 얼마나 우리의 삶 속에 뿌리 깊게 자리하고 있는지, 또 그 융합의 원리들에 따라 지식도 융합될 수밖에 없다는 것을 이해해야 한다. 그렇다면, 융합을 위한 핵심 원리로 작용하는 원리들은 어떤 것이 있을까?

나. 융합의 조력자들

사실 융합이라는 개념은 이미 우리가 흔히 사용하고 있는 수많은 용어와 관념들 속에 스며들어 있다. 융합의 의미를 함유한 일상적 용어와 융합을 촉진하는 원리들을 살펴보면 다음의 10가지 개념들이 흔히 등장한다. 즉, 공감각, 공생, 접목, 잡종, 편집, 상보성, 전이, 비유적 사고, 브리꼴뢰르, 지평 융합이 그것이다. 본 절에서는 각각 이들 용어가 어떤 점에서 융합의 개념을 함유하고 있는지 하나씩 살펴보도록 하자.

(1) 공감각(synesthesia)

공감각은 '다 같이'를 의미하는 'syn'과 감각을 뜻하는 'aisthesis'가 합쳐진 용어로, 인간이 가진 여러 감각적 기능들을 분리하여 인식하는 것이 아니라 통합적으로 인식하여 '한꺼번에 느낀다' 혹은 '감각을 융합'함을 의미한다. 이러한 공감각은 일차적으로는 감각이나 감정의 작용에 대한 것이지만, 더 나아가서는 이성과 감성의 통합의 문제까지 다루게 된다. 인간이 외부 세계로부터 감각적 자극을 수용하는 것은 단순히 그 자극에 대한 동물적(신체적) 반응에 그치는 것이 아니라, 그 자극을 느끼고(정서), 이해하고(사고), 해석하는(고등 정신 능력) 과정에까지 이르기 때문이다. 그러므로 감각(신체적 반응)과 감성(정서적 반응) 간의 통합이 이루어지고, 다시 이성(인지적 반응)과의 통합이 이루어지는 것이다.

임마누엘 칸트는 『순수이성비판』에서 "지성은 아무것도 직관하지 못한다. 감각은 아무것도 사유하지 못한다. 오직 양자의 결합을 통해서만 지식이 태어난다"라고 강조한 바 있다. 이 말은 syn(결합)과 gnosis(지식) 혹은 noesis(이성, 인식 작용)의 조합에 의한 'synosia(지식 융합)'라는 의미가 되었다. 즉, 감각과 지성의 종합으로 인해 지식이 탄생한다는 것이다.

요컨대, 감각들의 결합인 공감각과 지성, 그리고 인식 작용 간의 융합을 통해 완성되는 것이 지식인 것이다.

(2) 공생(symbiosis)

우리나라의 대표적인 생물학자인 최재천(2011)은 최근 과학기술의 변화와 그에 따른 삶의 변화 양상에 주목하며 "인류가 호모 심비우스Homo symbiosis, 즉 '공생하는 인간'으로 진화하기 시작했다"고 표현한 바 있다. 지금까지 생물학의 주된 이론은 다윈의 진화론을 바탕으로 경쟁을 중심으로 한 적자생존(survival of the fittest)의 관점에서 자연 생태계를 이해해왔지만, 최근에는 생태학자들을 중심으로 '공생(symbiosis)'이란 새로운 개념적 틀을 바탕으로 자연을 바라보기 시작했다. 적자생존의 관점은 종(species)의 진화가 생태계의 어느 한 종을 선택했다고 해석하는 반면, 공존과 공생의 관점은 여러 종이 생존을 위하여 상호 협력과 조화를 통해 진화하고 있다고 해석한다. 이러한 공생의 관점은 생명체의 진화와 생태계의 번성이 독보적이고 우월한 어떤 개체 혼자의 힘만으로 이루어지는 것이 아니라, 수많은 종들의 상호 공존의 관계 속에서 가장 잘 번성할 수 있다는 사실을 깨닫게 해주는 것이다.

비유적인 개념이지만 공생이 지식 융합에 주는 시사점은 작지 않다. 학문의 영역에서는 수많은 지식(즉, 이론, 가설, 견해/관점, 발견 등)이 공존하고 있다. 이러한 지식들의 생태계 속에서 가장 설득력있고 합리적인 지식들이 지배적 지위를 차지하는 것은 당연하지만, 동시에 다른 이론들이나 관점들과 공존하면서 끊임없이 검증과 소통이 이루어지지 않는다면 그러한 지배적 지식(이론)은 퇴보하고 말 것이다. 그러므로 다양한 지식들의 공존과 공생은 지식 자체의 완결성을 위해 필수적이며, 이는 지식 간의 소통과 융합을 통해 더욱 활성화될 수 있을 것이다.

(3) 접목(grafting)

접목은 작은 열매를 가진 고욤나무에서 감과 같은 크기의 열매가 열리도록 하기 위해 고욤나무에 감나무를 접接 붙이는 것과 같은 행위이다. 고욤나무가 감나무가 되기 위해서는 자기가 가진 가지를 완전히 잘라내고 거기에 감나무 가지를 덧붙여 감나무 가지를 자신의 몸 안으로 받아들여야 한다. 지식 융합도 마찬가지로, 기존 지식만으로 이해하거나 해결할 수 없는 문제를 새로운 지식을 받아들임으로써 기존의 한계를 극복할 수 있다.

지금까지 지식의 접목이 이루어낸 수많은 성공적 사례들이 존재한다. 한 가지 예를 들면, 동양의 고전 『회남자淮南子』는 여러 학자들이 모여 도가 사상을 중심축으로 유가 사상 및 다른 사상들의 접목을 시도한 백과사전 형태의 저서이다. 회남자를 저술한 학자들은 인문과학이나 자연과학, 그리고 인간과 자연이 분리되어 있다고 생각하지도 않았고, 어떤 한 사상만으로 복잡한 사회를 설명하기 어렵다고 보았다. 그에 따라 중국 춘추전국시대부터 한나라 초기까지의 다양한 사상의 갈래를 정리해 줌으로써, 유학을 중심으로 다른 학문을 배척했던 기존의 유학 사상서들에 비해 동양적 인문학을 이해하는 데 훨씬 큰 도움을 주고 있다.

(4) 잡종(hybridity)

지식의 접목은 필연적으로 섞임과 혼성화로 인해 잡종의 상태를 낳게 된다. 잡종은 생물학적으로 종간의 결합에 의해 순종적(homogeneous)인 상태가 아니라 이종적(heterogeneous) 상태로 변화하는 것을 가리킨다.

사람들은 지금까지 우성(dominance)과 열성(recessive)에 대해 우성은 뛰어난 것, 열성은 뒤쳐지는 것으로 잘못 이해함으로 인해, 순종적(purebred)인 것은 순일하고(pure), 진정성 있고(sincere), 본질적인(genuine) 사물의 특성으로 간주하고, 이종적인 것은 오염되고(contaminated), 섞이고(mixed), 대안적인(altered) 사물의 특징으로 여겼다. 하지만 순혈 교배보다는 잡종 교배에서 보다 새로운 종이 탄생하고, 그럼으로써 다양한 환경에 더 잘 적응할 수 있게 되는 것처럼, 잡종은 환경과 시대의 변화에 대한 적응력을 훨씬 증가시켜주는 진화의 기본 원리이다. 지식 융합을 통해 새로운 지식이 창조되기 위해서는 다양한 지식 간의 빈번한 접촉과 혼합이 이루어져야 한다.

(5) 편집(editing)

나는 당신이 책에서 말한 것들은 이미 대부분 알고 있었습니다. 하지만 당신은 그 모든 조각을 한데 모아 정리해 주었지요. - John Naisbitt(Megatrends, 1982의 저자)

애플의 스티브 잡스와 마이크로소프트 빌 게이츠는 결코 새로운 뭔가를 발명한 것은 없다. 그들은 아이디어를 모두 훔쳤다. 밖으로 나가 끊임없이 뭔가를 찾고 최선의 것이 발견되면 가져와서 조합했을 뿐이다. 그것이 그들이 한 창조다. - William Duggan(컬럼비아대 경영대 교수)

태양 아래 새것이 없다는 종교적 격언처럼, 세상의 모든 지식은 편집된 지식으로써 기존 지식의 변형이나 결합을 바탕으로 새로운 통찰이 덧붙여진 것이다. 좋은 예를 하나 들어 보자. 고대 인도의 현자들은 하나 이상의 샤스트라Sastra에서 전문 지식을 얻었다. 이 샤스트라는 세계에서 가장 오래되고 특화된 전문 학문들을 산스크리트어로 써 놓은 전문 서적이었다. 샤스트라에는 문법, 천문학, 논리학, 수학, 문학 등과 같이 오늘날에도 친숙한 학문 분야에서부터 의무(dharma : 법), 부(artha : 정치 경제학), 쾌락(kama)과 같은 고전적 지식과 코끼리 사육법, 요가 수행법, 요리, 그리고 성애(kamasutra)에 대한 일상적 지식까지 포괄되어 있었다. 그런데 이 샤스트라가 담고 있는 지식은 사실 베다Vedas, 우파니샤드Upaniṣad, 그리고 다른 고대 성전들의 본문에서 추려 모은 주석과 분석으로 이루어진 것이었다(McNeely & Wolverton, 2008). 결국 새로운 지식의 창조는 인용과 편집, 그리고 적용을 통해 이루어진다는 것을 고대 인도의 지식 종합서에서도 보여주고 있다.

(6) 상보성(complementarity)

상보성의 원리에 기반을 둔 대표적 이론은 동양 전통 사상인 음양론과 빛과 원자의 성질에 대한 닐스 보어Niels Bohr의 해석을 들수 있다. 1927년 보어는 상보성 원리를 양자역학의 해석을 위한 인식론적 틀로 삼아, 원자 현상의 입자 · 파동의 이중성 및 위치 · 속도 측정의 불확정성 등을 이해하였다. 예를 들어, 빛은 입자와 파동의 성격을 동시에 가지고 있고, 그것은 관찰자의 입장에 따라 다르게 나타나므로 원자의 위치나 속도를 특정할 수 없다는 것이다. 이 원리는 물리 현상에만 국한되는 것이 아니라, 생명현상과 사회현상 등에까지 광범위하게 적용될 수 있는 보편적 지혜이며 조직의 원리라고까지 할 수 있다(소광섭, 2008).

상보성의 원리는 인간의 일상적 물리 세계의 법칙에서는 상반되는 명제가 원자 세계에서는 동시에 성립한다는 것을 확인한 것으로, 기존의 세계관과 인식론을 뒤엎는 혁명과 같은 관점이다. 즉, 서로 모순되는 두 관점이 상호 보완적으로 합쳐서 사용할 때에 원자 현상을 이해할 수 있고, 그 중 어느 하나만으로는 설명할 수 없다는 것이다. 다시 말해서 상보성의 원리란 한마디로 어느 한 요소만 가지고 현상 전체를 설명하거나 이해할 수 없고, 대립적인 다른 요소들과의 보완적 관계 속에서 전체가 설명되거나 구성될 수 있다는 것을 가리킨다. 그런 면에서 상보성의 원리는 지식의 융합이 얼마나 중요한가를 잘 보여주는 사례라고 볼 수 있다.

(7) 전이(transfer)

전이는 하나의 지식이 다른 지식으로 논리적이고 타당성 있게 이어져서 응용되거나 적용되는 것을 말한다. 아울러 전이는 하나의 지식과 다른 지식의 융합을 낳기도 한다. 전이는 하나의 지식을 깊이 있게 성찰(reflection)하는 과정 속에서 다른 영역이나 지식과의 연관성에 대한 통찰(insight)이 생겨나며 일어난다. 혹은 순간적으로 떠오른 통찰을 지속적으로 되새김(성찰)함으로써 새로운 인식 즉, 재인(recognition)을 얻게 되기도 한다. 지식의 융합이란 바로 이러한 성찰과 통찰의 지속적인 상호 작용에 의해 기존의 학문적 성과와 새로운 관점, 적용, 시행착오들 사이에서 일어나는 성찰과 통찰의 변증법적 변주곡이다. 이전 지식과 그 지식이 현장에 접목되면서 다양한 문제에 대한 깊은 성찰과 기존 지식의 한계나 문제점에 대한 통찰력이 나타나고, 이것들이 변증법적 순환 과정을 거치면서 새로운 지식으로 탄생하는 것이다.

(8) 비유적 사고(analogy)

비유는 한 주제에 대한 정보나 의미를 다른 주제로 전이하는 인지적 과정을 가리킨다. 논리학적으로 비유는 한 특정 사실을 바탕으로 그와 유사성을 지닌 다른 사실들과의 연관성을 주장한다는 차원에서 추론(inference)이란 의미로도 사용된다. 이때의 추론은 연역법(deduction), 귀납법(induction), 혹은 가추법(abduction)과 같은 논리적 추론법과는 약간 다르다. 비유는 한마디로 사물 간의 유사성(similarity)에 기초하여 두 가지 사물 혹은 사실 간의 연관성을 부각시키는 것으로, 이때 두 사물이나 사실들이 반드시 동일할(identical) 필요는 없는 것이다.

이러한 특징으로 인해 비유적 사고는 문제 해결, 의사 결정, 이해를 돕기 위한 설명과 소통, 그리고 보다 창의적인 사고에 중요한 역할을 하며, 수사학(rhetorics)을 바탕으로 한 언어적 비유에서 많이 사용된다. 예를 들어, 예화(exemplification), 비교(comparisons), 은유(metaphores), 직유(similes), 비유(allegories), 그리고 우화(parables) 등이 있다. 위와 같은 수사학의 기법에 대한 설명들 중, 인간의 사고가 은유적 사고에 크게 의존하고 있고, 그만큼 실생활에서도 광범위하게 쓰이고 있다는 것을 잘 설명한 것이 바로 Lakoff & Johnson(1980)의 저서 『삶으로서의 은유(Metaphors we live by)』이다. 이 저서에 소개된 은유의 몇 가지 사례 – '전쟁 같은 삶', '씨는 듯한 무더위', '악마 같은 지배자', '천국 같은 집' 등등 – 를 살펴보면 우리가 얼마나 많은 은유적 표현 속에서 살아가는지 알 수 있다.

비유적 사고는 한 사물을 묘사하거나 이해하기 위해 그와 조금이라도 유사성이 있는 전혀 다른 사물을 언급하기 때문에, 사물 간의 (숨은)관련성을 파악하기 위한 훌륭한 도구가 될 수 있다. 물론 두 사물 간의 유사성을 판단함에 있어서 한 쌍의 물건들이 갖는 유사성(공통된 특징들)이 무수히 많다는 입장(Tversky, 1977)도 있고, 어떤 방향성이나 목적 없이 두 사물의 유사성을 판단할 수 없다는 입장(Weitzenfled, 1984)도 있다. 하지만 전혀 관련성이 없어 보이는 두 사물들(예, 비행기와 거북이) 간의 유사성을 생각한다는 것 자체가 인간 사고의 관습성(habitual thinking: 전형적인 사고나 편견 등)을 극복하는 데 큰 자극이 될 수 있고, 그럼으로써 보다 창의적인 사고를 할 수 있을 것이다.

비유적 사고가 학문 간의 통섭에 기여할 수 있는 바는 비유가 학문의 영역, 사고의 방식, 그리고 정보의 형태(mode)에 제한을 받지 않는다는 것이다. 예를 들어, "잠자리나 벌새처럼 제한된 공간에서 민첩하게 유영하며 수직 이 · 착륙할 수 있는 비행체를 만들 수 있을까?"라는 사고가 헬리콥터를 만드는 계기가 되었듯이, 생물학의 대상인 벌새, 곤충, 물고기, 새의 운동 기능에 착안하여 공학적 대상인 운송 수단이나 비행체를 만드는 것은 바로 비유에 의한 인간의 사고에서부터 출발한 것이다. 비유는 또한 감각의 영역도 초월한다. '새빨간/하얀 거짓말,' '새파란 신입생,' '귀청이 찢어질 듯한 소음' 등의 표현은 전혀 다른 물리적 특성들도 실제로는 인식적으로나 경험적으로 그리고 물리적 특성(예, 고음 주파수의 물리적 효과) 상으로도 상호 연관이 있다는 사실을 보여준다. 즉, 정보의 형태 측면에서도 마찬가지로, 비유적 사고는 언어적, 시각적, 청각적, 촉각적, 후각적 등의 다양한 감각 유형에 의해 수반되는 정보들 사이를 넘나든다.

(9) 브리꼴뢰르(bricoleur)

브리꼴뢰르bricoleur는 문화인류학자인 Claude Lévi-Strauss(The Savage Mind, 1962)에 의해 개념화되었다. 브리꼴뢰르는 원래 목수나 수공업자를 가리키는 말로써, 한정된 재료나 자원을 가지로 새로운 작품을 창조해내는 것을 말한다. Lévi-Strauss는 사회적 브리꼴뢰르(social bricoleur)라는 개념을 통해 (원시)사회들이 그들의 집단적 사회 의식들

(collective social consciousness) 속에 내재된 자원들을 활용하여 그 사회가 직면한 문제점들에 대해 참신한 해결책을 찾아나가는 과정을 소개한 바 있다. 그 후 이 개념은 문화인류학, 예술, 사회학 등의 분야에 적용되어, 다양한 의미로 확대되어 사용되고 있다.

사회심리학(social psychology)에서 브리콜뢰르는 개인이 문제를 해결해나가면서 무관해 보이는 듯한 기존의 지식이나 아이디어를 활용하여 참신한 해결책을 발견해나가는 것을 가리키며, 개인 심리(intra-psychic)적 측면에서는 개인이 다양한 방식으로 기존의 지식을 추출하거나 재구성해나가는 창조적 인지(creative cognition) 과정을 가리키는 데 사용되고 있다. 즉, 개인이 다양한 정보를 수집하여 새로운 지식을 창조하거나 창조된 지식을 활용하여 다양한 가치를 창조하는 과정을 가리키거나, 주어진 문제나 위기를 극복하기 위해 주변에 산재한 다양한 정보를 활용하여 새로운 해결책을 모색해나가는 과정을 지칭하는 개념이다.

한편, 이 개념은 프랑스 해체주의 철학자인 데리다Jacques Derrida에 의해 담론의 연구에 적용되었다. 그는 "전승되어온 텍스트에서 어떤 개념을 차용하는 것이 브리꼴뢰르라면, 모든 담론은 브리꼴뢰르다"라고 강조하면서, 모든 사회적 담론들(discourses : 주장, 견해, 관점 등)은 기존의 것들로부터의 재조합 혹은 재해석이라고 주장하기도 했다. 이러한 입장은 문학에서의 상호 텍스트성(intertextuality), 즉 어떤 텍스트의 의미는 그 자체만으로 온전히 이해되는 것이 아니라, 관련된 다른 텍스트들에 대한 참조를 통해서 제대로 이해될 수 있다는 관점과 일맥상통한다.

결국 브리꼴뢰르는 집단적 자원에 의한 의식적 혹은 무의식적 문제해결의 과정과 수많은 지속적 탐구 과정을 통해서 새로운 지식을 습득하고 문제를 해결해나가는 과정, 그리고 주변의 다양한 자원과 정보와 아이디어를 바탕으로 어떤 대상에 대한 새로운 이해와 지식을 형성해나가는 과정을 가리킨다. 이 브리꼴뢰르의 개념은 통섭의 측면에서 의미 있는 시사점을 제공하고 있다. 즉, 유용하거나 의미 있는 지식이 독자적으로 혹은 어느 한순간에 발견되는 것이 아니라, 기존 지식의 재해석, 주변 지식들과의 관련성의 탐색, 그리고 반복적이고 계속되는 탐구 과정에 의해 문제 해결에 적합한 새로운 지식이 만들어진다는 것이다.

(10) 지평 융합(Fusion of Horizons)

독자적인 지식에만 의존해서는 다루기 힘든 과제를 해결하기 위해 서로 다른 탐구 대상과 연구 방법을 가진 이질적 학문 분야를 통섭한다는 것은, 각각의 학문 분야가 추구하는 목적과 문제의식을 존중하면서도 각각의 범주를 넘어선 새로운 관점이나 아이디어를 탐색하는 일이다. 이러한 접근을 독일 철학자 가다머(Hans Georg Gadamer, 1977)는 지평 융합(fusion of horizons)이라는 개념을 통해 설명하였다. 가다머는 개인마다 서로 다른 여러 가지 배경들(역사, 문화, 성, 언어, 교육수준 등)을 가지고 있는데, 각 개인은 이러한 배경에 구애받지 않고 독립적인 신념, 태도나 사고체계를 가질 수 없다고 보았다. 따라서 사람들은 자신이 가진 배경적 조건들 때문에 다른 사람들이나 문화에 대해 이해하려고 하지만, 그것을 자신의 과거 경험이나 편견을 바탕으로 해석할 수밖에 없는 것이다. 이것이 가다머가 말한 사람들의 인식은 역사적인 영향력 속에 놓여 있다(historically effected consciousness)란 말의 의미이다.

사람들마다 가진 이러한 역사적인 맥락성은 그들의 시야(vision)를 제한할 가능성이 있다. 하지만 이러한 시야의 범위는 고정된 것이 아니라 확장될 수 있는데, 그 시야의 범위에 따라 넓은 시야의 지평(horizon)을 갖는 것이 중요하다. 넓은 의식 지평을 가진 사람들은 자신의 상황을 바탕으로 해석학적 반성(hermeneutic reflection)을 하면서 상대방을 이해하기 위한 올바른 지평을 갖기 위해 노력해야 한다. 개인마다 의식의 지평이 넓어질 때, 그리고 그러한 의식의 지평들이 각자의 틀 안에만 갇힌 것이 아니라 융합(fusion)될 때만이 비로소 서로 다른 배경을 가진 개인 간의 상호 이해가 가능해지는 것이다(Herda, 1999, p. 63).

이 지평 융합의 개념은 개인과 개인의 만남과 이해의 측면에서뿐만 아니라, 사회 속에서 담론들의 만남(갈등과 공조), 그리고 지식과 지식의 만남에 있어서도 의미 있는 시사점을 제공한다. 학문과 학문의 만남이 진정한 통섭을 이루고자 한다면, 각 학문 영역이 자신만의 인식론, 세계관, 방법론을 고집하지 않아야 지평의 융합이 가능해진다. 각 학문 영역은 자신의 지평을 넓히는 작업을 함과 동시에 서로의 지평이 융합되기 위한 이론적 관점, 세계관, 인식론적 토대의 공통 분모를 끊임없이 찾아나가야 한다. 아울러 이 지평 융합의 개념은 변증법적 사유에 토대하고 있기 때문에 자신의 존재를 부정함(배경적/역사적 영향으로부터의 탈피)으로써 새로운 인식 관점을 얻을 수 있고, 상대방의 입장을 이해하려고 함으로써 자신의 의식 지평이 넓어질 수 있다는 것이다.

다. 융합적 지식인의 특성

그렇다면 지금까지 소개한 10가지 융합의 조력자들은 어떤 융합적 지식인들을 만들어 내는가?

"수학이야말로 최대한의 상상력을 요구하는 과학이다. 영혼의 시인이 되지 않고서는 수학자가 될 수 없다." 마찬가지 맥락에서 "음악가라면 라파엘로의 그림을 연

구해야 하며, 화가라면 모차르트의 교향곡을 공부해야 한다. 화가는 시를 그림으로 바꾸고 음악가는 그림에 음악성을 부여한다."

낭만주의 작곡가 로베르트 슈만Robert Shumann은 위와 같은 비유를 통해서, 한 분야에서 높은 수준의 전문성에 도달하는 것이 반드시 해당 분야의 지식과 기술만으로 이루어지지는 않는다는 것을 강조한 바 있다. 같은 맥락에서 생물학자, 철학자이자 미술사가인 워딩턴C. H. Warddington은 그의 저서 『미래의 생물학과 역사학』에서 다음과 같이 말하였다.

"세계가 안고 있는 심각한 문제들은 오직 '전인(whole man)'만이 해결할 수 있다. …감각적 체험이 이성과 결합하고, 환상이 실재와 연결되며, 직관이 지성과 짝을 이루고, 가슴 속의 열정이 머릿속의 열정과 연합하고, 한 과목에서 획득한 지식이 다른 모든 과목으로 가는 문을 열어젖히는, 그런 때를 아는 사람들인 것이다."

오늘날 융합형 천재의 대표적인 모델로 거론되고 있는 르네상스 시대의 레오나르도 다빈치는 과연 어떤 자질을 갖추었을까? 『레오나르도 다빈치처럼 생각하기(How to Think Like Leonardo da Vinci)』의 저자 겔브Michael Gelb는 다빈치처럼 재능을 발휘할 수 있는 다섯 가지 원칙을 제시한 바 있다. 첫째는 호기심으로, 자신을 둘러싼 모든 것들에 대한 탐구정신을 가지고 가차 없는 질문을 통해 끊임없이 배우려는 자세다. 둘째는 실험 정신으로서 경험을 통해 얻은 지식을 실제 생활에 적용해보려는 시도를 하며, 선입견과 권위에 의존하는 고정관념에 얽매이지 않는 것이다. 셋째는 불확실성에 대한 포용력으로, 대립되는 사실 간의 긴장을 감당하면서, 애매함이나 모호함, 엇비슷함을 보고 끈질기게 그 의미를 탐구하려는 마음가짐이 창의적 사고를 가능하게 하는 마음이 결정적 요인이다. 넷째는 조화로서 예술과 과학, 논리와 상상 사이의 균형을 이루고자 의도적으로 뇌 전체를 활용하는 사고방식을 훈련하는 것이다. 마지막은 연관성의 원칙으로, 관계성에 대한 인식과 통찰로써 모든 사물과 현상에 존재하는 연결 관계를 인식하고 평가하는 시스템적 사고를 말한다. 이처럼 창의성은 관계없는 것처럼 보이는 요소를 이연연상二連聯想을 통해 연결하고 결합해 새로운 패턴을 만들어내는 데서 비롯되는 것이다. 위와 같은 다섯 가지 요소를 다빈치가 완벽하게 갖추었는지는 확인하기 어렵지만, 다빈치의 놀라운 업적들이 그의 다면적이고 융합적인 사고력과 끊임없는 노력에 의한 결과임은 부인하기 어려울 것이다.

이연연상

통찰력 향상에 기여하는 사고의 특성은 무엇인가? 통찰은 지식과 경험을 바탕으로 문제의 본질을 재해석하고 재구성하려는 열정과 노력의 소산인데, 통찰력을 발휘하기 위한 가장 기본적인 사고 원리가 바로 이연연상이다. 이연연상은 두 가지 사물이나 사건 간의 관련성을 바탕으로 하나의 문제에 대한 해법을 다른 하나에 적용하는 방법이다. 창조적 문제 해결 이론인 트리즈TRIZ에선 이를 '재발명'이라고 부른다. 재발명을 하려면 서로 다른 분야에 서로 다른 용어로 표현된 문제들의 유사성을 파악해야 한다. 즉, 서로 다른 분야에 별도로 존재하는 듯한 지식이나 아이디어, 기술들을 통찰력을 바탕으로 서로 간의 연관성을 이해하고 설명해주며, 연결시킬 수 있어야 하는 것이다. 각 전문 분야의 지식들이 갖고 있는 각자의 핵심 개념, 원료, 기술, 요소, 법칙들을 통찰력을 통해 연결함으로써 그러한 세부적인 개념과 원리들을 전체로 꿰뚫어 하나의 새로운 생산물로 창조해 낼 수 있어야 하는 것이다. 이와 같은 새로운 탄생은 각 요소들 간의 유기적인 상호작용을 통해 이루어질 수 있어야 하고, 그 상호작용이 하나의 목표를 향해 효과적으로 움직일 수 있게 만드는 것이 바로 통찰력인 것이다.

융합적 지식인의 특성은 위와 같은 특별한 사람들에게만 나타나는 현상은 아니다. 일반적으로, 융합적 지식인들은 다음과 같은 대표적 사고 유형들을 보여주고 있다.

표 1-1. 융합적 지식인들의 사고 특성들

사고 유형	사고 특성들의 사례
하이퍼(hypertextual) 사고	하이퍼텍스트적 지식 축적 : 관련 분야 통합 관계망 구축, 경계 넘나들기, 맥락 변경 등
T자형	확고한 중심과 주변과의 원활한 교류(가로축)와 인접 유관 분야를 둘러 보면서 동시에 깊이 파고들기(세로축)의 결합
통합적 사고	이종 결합, 강제 결합, 발산적 사고 & 수렴적 사고, 정반합을 통한 변증법적 지식 융합, 역발상 등

위 세 가지 사고 유형 중에서 부연 설명이 필요한 하이퍼 사고의 유형에 대해서만 간단히 살펴보자.

하이퍼 사고는 네트워크상에 존재하는 인터넷 문서들이 서로 연결되어 있는 방식(HTTP : HyperText Transfer Protocol)처럼, 융합적 지식인의 사고도 수많은 정보들 사이를 왕래하며 자신이 원하는 목표에 부합하는 지식을 이끌어낼 수 있는 사고방식을 가리킨다. 엄청난 양의 정보가 복잡하고 혼동스럽게 얽혀있는 인터넷 속에서 우리가 원하는 정보를 찾아서 탐색(searching)할 수 있는 이유는 그러한 인터넷 문서들이 하이퍼텍스트Hypertext를 기반으로 존재하기 때문이다. 이 하이퍼텍스트의 본원적 정의는 '인간의 연상 작용에 근거한 비선형적 글 읽기/쓰기'인데, 여기에는 두 가지 문학 이론상의 함의가 있다. 하나는 작가 중심적 사고의 텍스트에서 독자 중심적 사고의 텍스트로 전환되는 것인데, 다시 말해 작가의 사고 흐름에 수동적으로 따라가는 것이 아니라, 독자들이 원하고 상상하는 방식으로 글 읽기가 가능하다는 것이다. 그럼으로써 생각과 사고, 즉 지식을 형성하는 주체는 작가가 아니라 하이퍼텍스트를 따라 정보를 찾아 나가는 독자들이 된다. 다른 하나는 위와 같은 하이퍼텍스트의 특성으로 인해 인터넷 상의 무한한 정보들이 상호 연결되고, 그럼으로써 새로운 지식이나 정보의 창조 가능성이 무한하다는 것이다. 이러한 상호 연결성에 의한 무한한 창조는 또한 텍스트가 폐쇄적 결말이 아니라 개방적 결말을 갖고 있다는 것을 의미하기도 한다. 요컨대, 하이퍼 사고는 독자의 주도성, 정보의 상호 연결성, 결말의 개방성 등을 바탕으로 지식이 융합되는 방식을 보여주는 대표적인 사례라고 할 수 있다.

02

융합 지식의 인식론적 성격

본 절에서는 융합적 지식의 본질이 무엇인지를 이해하기 위해 융합적 지식의 인식론, 즉 융합적 지식의 형성 원리를 7개의 핵심 개념을 중심으로 설명하고자 한다. 본 저자가 선정한 7개의 개념은 바로 네트워크, 집단지성, 통섭, 혼성성, 시스템 이론, 게임화, 복잡성 이론인데, 이러한 개념들이 지식의 융합에 어떤 함의를 가지고 있는지 하나씩 살펴보도록 하자.

1) 네트워크

가. 네트워크의 개념과 역사

네트워크는 오늘날 커뮤니케이션 이론의 가장 기본적인 개념이 되었고, 그로 인해 컴퓨터에 기반한 정보통신 기술 발달의 핵심 요소로 자리잡고 있다. 네트워크는 소통을 위해 데이터(정보)를 주고받는 각 지점들이 망상 구조를 띠고 있는 것을 가리킨다. 과거에 소리를 전달하기 위한 전화망에서 출발한 네트워크는 오늘날 웹(WWW)의 발달을 기반으로 전 세계의 모든 컴퓨터가 하나로 묶여 정보를 주고받기에 이르렀다. 오늘날 네트워크의 특징은 과거의 전화가 1:1 통신만이 가능했던 폐쇄회로(Closed Circuit) 통신이었던 것과는 달리 네트워크 상에 있는 단위(node)

들이 서로 동시에 독자적으로 소통할 수 있다는 점이다. 이를 위해, 데이터들을 잘게 쪼개는 패킷packet 방식, 시분할 다중 접속 방식(TDMA: Time Division Multiple Access), 무작위 접근(Random access)방식 등이 사용되고 있고, 그 이외에도 동시에 더 다양한 형태의 데이터를 대용량으로 주고받기 위해서 네트워크 회선의 부피를 늘리는 방식인 대역폭(bandwidth)을 확대하기도 한다. 이러한 기술을 바탕으로 네트워크는 그 규모가 무한대로 확장될 수 있는데, 오늘날 인터넷의 기반 구조인 지역 단위의 네트워크(LAN : Local Area Network)들이 연결되어 광범위 네트워크(WAN : Wide Area Network. LAN과 LAN을 연결하는 인터넷과 같은 네트워크)를 구성한 것이 그 대표적인 예이다.

오늘날 대표적인 네트워크인 인터넷은 1980년대 후반까지 이어진 미국과 구소련의 냉전시대 동안 미 국방성이 핵전쟁이 발발하더라도 통신을 유지할 수 있는 강력한 통신수단 구축을 목표로 미국 전체를 거미줄처럼 연결할 수 있는 새로운 네트워크를 모색하면서 개발되었다. 인터넷은 현재 TCP/IP(Transmission Control Protocol/Internet Protocol)란 프로토콜을 바탕으로 전세계 모든 컴퓨터이 연결한 네트워크망을 이룩하고 있다.

이러한 인터넷을 기반으로 둔 통신의 한 플랫폼인 WWW(World Wide Web)은 스위스 제네바 소재 유럽 핵물리연구소(CERN)의 과학자들이 서로 간의 정보를 체계적이고 쉽게 공유하기 위해 사용했던 것을 바탕으로 하고 있다. 이를 1989년 버너스-리Berners-Lee가 Web이란 개념(서로 다른 컴퓨터끼리 정보를 공유하고 서로 링크되어 찾기 쉬운 Hypertext 형태의 서비스)을 도입하자는 제안을 하였고, 그 개념을 바탕으로 CERN내에서 인터넷 통신을 위한 서버를 구축하였다. 이후 개별 사용자들이 자신의 컴퓨터 단말기를 통해 인터넷을 쉽게 서핑할 수 있는 브라우저들이 개발되었고, 뒤이어 MIT, 스탠포드, 카네기 멜론 등의 학생들과 HP, IBM, Apple, DEC등의 컴퓨터 회사, 정부 기관들이 웹서비스를 구축하기 시작하였던 것이다.

나. 네트워크의 구조

실제 네트워크는 불가사리 모양처럼 중앙에 집중된 구조가 아니라, 단계적으로 집중화되어있는 계층적 구조이고, 자체적이고 자발적으로 형성되는, 이른바 자기 조절이 존재하는 그물망이다. 이러한 자기 조직화로 만들어지는 그물망의 사례는 다양한 분야에서 찾아 볼 수 있다. 생물체에서의 단백질 상호작용의 네트워크, 세포 내에서의 신진대사망, 인적 네트워크, 과학자들 간의 공동 저자 네트워크, 논문의 인용 관계를 통한 사회적 네트워크 등이 그 예이다. 특히 학문분야에서는 학자들의 논문 공동 저자 네트워크와 논문 인용 관계의 사회적 네트워크가 학자들의 지식의 융합의 역동성을 잘 보여주는 사례이다.

(1) 허브와 커넥터

네트워크를 형성하는 핵심 구조들이 바로 허브hub, 커넥터connecter, 플랫폼platform이다. 네트워크가 겉보기에는 매우 복잡해 보이지만 그렇다고 해서 무작위적인 노드들의 집합인 것만은 아니다. 네트워크는 말 그대로 하나의 망상 조직이고, 망상 조직에는 많은 허브와 커넥터들이 존재한다. 커넥터는 허브를 이루는 중소 규모의 노드들의 연결고리라고 볼 수 있다. 정보 전문가인 로젠(Emanuel Rosen)은 뉴스나 정보의 전파에 있어서 커넥터와 사회적 허브의 역할을 강조한 바 있다. 대통령이나 국회의원, 혹은 장관 등과 같은 정치가와 행정가들도 사실은 한 사회의 인적 관계망에서 허브의 역할을 한다. 허브는 전체 네트워크의 구조를 지배하며, 노드 간의 연결성을 높이는 역할을 한다. 즉, 허브는 엄청나게 많은 수의 노드들과 링크를 가짐으로써 시스템 내의 두 노드 간의 경로를 짧게 만든다.

이처럼 허브와 커넥터가 존재하는 네트워크의 성격은 인적 연결망 뿐만 아니라 지식의 연결망에서도 동일하게 적용된다. 지식들의 융합은 단순히 여러 지식들이 상호 연결되어 이루어지기보다는, 허브의 역할을 하는 핵심 지식과 커넥터의 역할을 하는 연결 지식이 존재하며, 이러한 핵심 지식들을 중심으로 지식이 체계화될 수 있는 것이다. 이는 지식 간에도 핵심 지식과 주변부 지식이 있고, 보다 더 중요한 정보와 덜 중요한 정보가 있다는 것을 의미한다. 물론 이러한 지식의 중요성은 지식이 사용되는 환경과 맥락에 의해 결정될 수도 있다.

(2) 플랫폼

네트워크 내에서 발생하는 수많은 정보의 흐름과 상호작용의 출발지이자 종착지가 되는 역할을 하는 곳이 바로 플랫폼이다. 플랫폼은 기반, 토대, 도약점이라는 의미인데, 2000년 이후 기술, 산업, 비즈니스 영역에서 매우 중요한 개념으로 쓰이고 있다. 플랫폼은 한마디로 '다양한 행위자들이 참여해 서로 연결되고 관계를 맺는 상호작용을 통해 가치를 창조하는 시스템'이라고 정의할 수 있다. 이러한 플랫폼의 개념은 정보통신 영역에서 활발히 활용되고 있다.

정보통신 분야에서 플랫폼의 역할을 하는 사례는 컴퓨터 운영체제(OS), 인터넷 서핑의 토대가 되는 웹Web, 다양한 포털 사이트들을 꼽을 수 있고, 모바일 환경에서 편리한 앱App 개발과 판매의 토대가 되는 애플의 앱스토어도 플랫폼의 하나라고 볼 수 있다.

플랫폼으로서의 웹은 온라인 백과사전인 위키피디아나 세계 최대 영상 공유 플랫폼인 유튜브, 세계 최대의 사회적 네트워크인 페이스북 등의 사례에서 볼 수 있듯이, 멀리 떨어진 수많은 사용자가 사회적 연결망을 형성하여 상호작용을 하면서, 보다 많은 사용자들이 참여할수록 그 효과와 영향력이 증대되는 플랫폼의 효과를 보여주는 좋은 예가 되고 있다. 초기 인터넷을 하이퍼링크를 통해 문서를 공유하는 웹사이트들의 집합체로서 Web 1.0이라고 한다면, 2000년 이후의 인터넷은 플랫폼의 역할을 하게 되면서 Web 2.0 시대에 접어들었다. 이는 웹페이지가 단순히 문서들을 보여주는 것을 넘어서 사진, 그림, 동영상, 소리 등을 편집할 수 있는 다양한 소프트웨어를 내포(embedded)하기도 하고, 모바일 환경의 변화에 따라 핸드폰, PDA, TV, 다양한 게임, 유무선 통신기기 및 개인 미디어의 역할을 웹페이지가 해낼 수 있게 되었기 때문이다.

포털사이트들도 플랫폼의 또 다른 예이다. 오늘날 인터넷상에서 허브의 역할을 하는 것은 Naver, Daum, Amazon, Ebay, Google, Facebook과 같은 다양한 목적을 갖는 포털 사이트들인데, 이 포털사이트들이 하나의 허브로써 인터넷 사용자의 정보 검색 플랫폼 역할을 하고있다.

또 다른 예로, 애플 앱스토어App Store는 수많은 개발자와 사용자들이 앱App 개발에 참여하고 만들어진 앱을 시범 운영해 보거나 수정할 수 있는 장을 제공하는데, 이를 통해 수많은 애플 기기의 사용자가 앱을 구매하거나 다운로드하기 위해 앱스토어를 이용하면서 더욱 참신하고 효과적인 앱들이 완성되기 때문에 개발자들과 사용자들에게 모두 만족스러운 앱들이 출현하게 되었다.

플랫폼은 다시 말해서 네트워크망의 활용 토대이자 구심점이 되는 공간이고, 인터넷 정보 탐색의 홈그라운드 역할을 하는 시스템이다. 지식 융합의 경우, 학자들이 자신의 학문적 성과와 아이디어를 발표하고 공유하는 학회나 세미나, 강연회 등이 바로 지식의 교류와 융합을 위한 플랫폼 역할을 하고 있는 것이다. 이처럼 플랫폼은 만남의 장(space)을 제공할뿐만 아니라, 상호작용을 배가시키고, 변화와 혁신을 촉진시키는 핵심적인 인프라이며, 지식의 생성, 융합, 전파에 있어서 매우 중요한 역할을 하고 있다.

다. 네트워크의 특성

위에서 간략히 설명한 네트워크는 미래의 지식 정보화 사회 구축에 있어 가장 중요한 역할을 할 수밖에 없다. 네트워크는 한마디로 대중사회 구성원들의 소통과 정보 교류를 위한 연결망으로써 지식의 전파와 확산, 그리고 교류의 핵심 통로의 역할을 하고 있다. 이러한 역할은 네트워크의 다음과 같은 특성들로 인해 가능해진다.

(1) 연결성(Linkedness)

네트워크의 가장 큰 특징은 두말할 나위 없이 연결성이다. 네트워크는 수많은 노드와 그 노드를 연결하는 링크로 이루어지는데, 어떤 개인, 기관, 정보, 문서 등 무엇이든 노드가 될 수 있다. 네트워크는 이론적으로는 평등하지만, 실제로는 그 속의 노드 간의 위계, 집중도, 영향력이 모두 다르다. 한 노드가 다른 노드에 비해 두드러지기 위해서는 가시성이나 집중도가 높아야 하는데, 그 척도는 바로 링크의 개수이다(Barabasi, 2014, p. 98). 많은 링크가 있는 노드는 네트워크상에서 훨씬 더 큰 연결성을 가지고 있는 것이다. 궁극적으로 모든 지식은 바로 이러한 연결성을 바탕으로 한다.

하나의 정보가 지식이 되기 위해서는 그 정보가 다른 정보 간의 연관성 속에서 전체의 지식 체계 안에 안정적으로 자리를 잡아야 한다. 그래야만 그러한 정보를 필요한 상황과 장면에서 인출하여 현실의 문제를 해결하는 데 활용할 수 있기 때문이다. 모든 사실은 하나의 맥락 속에서 존재한다. 물이 100℃에서 끓는다는 사실은 특정 기압의 조건(해수면 높이의 지대)에서만 사실이다. 이러한 사실이 의미(meaning)를 갖거나 지식(knowledge)이 되는 것은 그러한 사실이 적용되는 맥락이나 효용성에 의해 결정되고, 그 맥락과 효용성은 다른 사실과의 관계 속에서 이루어진다. 그러므로 모든 지식은 연결성 속에서 완성된다. 연결성이 높은 사실들은 더 의미 있는 지식과 더 유용한 지식으로 활용될 가능성이 커지는 것이다.

네트워크의 연결성

1967년 하버드 대학의 Stanley Milgram은 헝가리 작가 Frigyes Karinthy가 그녀의 연쇄라는 단편집에서 처음 제안한 "지구상의 15억(1940년 당시) 주민들 중 아무나 한 사람을 뽑았을 때, 다섯 명 이하 지인의 연쇄적인 친분 관계를 통해 그 사람과 연결될 수 있다"라는 주장을 증명하는 연구를 시작했다. 이 연구에서 밀그램은 미국 내 임의의 두 사람 간 인적 거리가 몇 사람을 거치면 될 것인가를 조사하기 위해 자신이 쓴 편지가 몇 단계의 중간 인물을 거쳐 최종 목표 인물에게 도달하는지를 실험하였다. 그 결과 총 160개의 편지 중 42개의 편지가 최종 목표 인물에게 도달하였는데, 짧게는 2단계에서 가장 길게는 12단계를 통해 최종 인물에게 편지가 도달하였고, 그 중앙값(median)이 5.5였다. 이 결과는 앞서 카린시가 제안한 '5단계설'에 매우 근접한 결과로서, 이 실험을 바탕으로 널리 알려진 '여섯 단계의 분리(six degrees of separation)' 이론이 탄생하였다.

이후 이 가설을 인터넷 환경에서 실험해보기 위한 최근의 연구에서는 1998년 말 인터넷에 공개된 문서 중 인덱싱이 가능한 웹 문서의 수가 약 8억 노드라고 추정되었고, 이 문서들을 대상으로 웹 문서들 간의 연결 횟수 공식을 대입하여 산출한 추정치는 약 19단계인 것으로 나타났다. 즉, 19번의 클릭만 거치면 인터넷의 모든 문서에 도달하는 것이 가능하다는 것이다. 이 결과는 밀그램의 실험과 같이 자신이 아는 특정 인물에 도달하는 횟수(거리)가 아니라, 지구상 모든 웹문서에 접근할 수 있는 평균 횟수를 의미하기 때문에, 연결성 측면에서 이러한 결과는 매우 의미심장한 것이다 (Barabasi, 2014, pp. 60-63).

(2) 확장성

네트워크에서는 한 노드가 갖는 링크의 개수도 중요하지만, 그 링크들이 얼마나 확장성이 있는가도 중요하다. 어떤 두 개의 노드가 각각 100개의 링크를 갖고 있다고 하더라도, 두 노드의 확장성은 그 링크들이 어떤 다른 노드들과 연결되어 있는가에 따라 달라진다. 예를 들어, 특정 시골 마을에 속한 사람들로만 구성된 100명을 알고 있는 사람과 전 세계 여러 지역의 사람들로 이루어진 100명을 알고 있는 사람의 확장성은 다른 것이다. 이 확장성의 원리에 따라 전 세계 사람들도 몇 단계만 거치면 서로 연결될 수 있다는 가설이 바로 '6단계 분리 이론'이다. 즉, 6단계만 거치면 세상 모든 사람이 연결된다는 가설처럼 네트워크 조직의 연결성과 확장성은 링크의 성격에 따라 몇 단계만 거쳐도 기하급수적으로 늘어날 수 있다. 이 원리에 의해 우리가 사용하는 인터넷은 몇 번의 클릭만으로도 전 세계의 많은 국지적(local) 네트워크나 문서들에 접근이 가능한 것이다.

(3) 다기능성

단순한 개체의 특징도 네트워크로 연결되면 매우 복잡한 시스템이 되는데, 이러한 네트워크의 외현적 복잡성은 사실 다기능성(Multi function)의 기반이 된다. 다기능성은 네트워크가 하나의 망상 조직으로 이루어진 것이 아니라, 수많은 구조와 역할을 수행하는 네트워크들이 서로 밀접하게 결합되어 보다 거대한 새로운 네트워크를 이룰 수 있다는 사실에서 나온다. 이러한 거대 네트워크는 보다 작은 개별적 네트워크 사이의 연결과 정보 전환을 통해서 거대하게 확장된 것이다.

이렇게 확장된 거대 네트워크는 그 속의 정보 교환을 통해 여러 가지 기능을 수행할 수 있다. 대규모 정보 검색 엔진, 정보 저장 검색 데이터베이스, 전자화폐의 흐름, 스프레드 시트spread sheet를 통한 재정 및 결산 자료, 지능적인 교통 시스템, GIS/GPS 시스템, CCTV, 바코드 부착 이동 추적 시스템 등이 모두 그러한 거대 정보 네트워크를 통해 이루어진 기술이다(Rheingold, 2002, p. 100). 이러한 시스템 간의 상호 연결성 속에서 흐르는 엄청난 정보들은 우리 삶의 모든 양상을 추적하고 기록할 수 있다.

(4) 복원력

네트워크의 또 다른 장점은 뛰어난 복원력이다. 위계적 조직(hierarchical system)이나 구심형 조직(core system)은 효율성이나 집중력이 뛰어나지만, 핵심 부분이 붕괴되면 조직 전체가 순식간에 와해될 수 있다. 하지만 네크워크 조직은 중심축이나 구심적이 존재하지 않고 매우 역동적이며 다중적이기 때문에 어느 한 부분이 무너진다고 해서 전체 집단의 구조에 영향이 미치지 않는다. 네트워크의 이러한 특징은 생태계의 특징이자,

생명체의 특징이기도 하다. 생태계의 다양성은 급격한 환경의 변화에도 얼마든지 적응하고 살아남을 수 있는 복원력을 가지게 된다. 다만 그러한 다양성은 효율성이나 체계성을 담보할 수 없으므로 특정 목표를 향해 의도적으로 일사불란한 움직임을 계획하기 어렵다.

라. 지식 생태계에서 네트워크의 역할

최근 지식 생태계의 변화는 지식 융합을 위한 다양한 토대를 낳고 있다. 지식 생태계란 지식의 창조, 축적, 공유, 활용, 소멸 과정에 생태학적 원리를 적용하여 외부의 도움이 없이도 자연스럽게 이루어지는 지속 가능한 시스템을 가리킨다. 지식 생태계를 바탕으로 둔 지식의 융합을 위해선 각 학문 분야가 자신의 확고한 정체성 확립을 바탕으로 서로 소통하고 공존해야 한다.

부르디외P. Bourdieu의 문화 자본(cultural capital) 이론은 사회 계급, 문화, 교육 수준, 인종 등의 차이에 따라 사람들의 사회적 자원과 영향력이 달라지고, 그 영향력에 따라 그 사람의 사회적 지위와 권력이 결정된다는 이론이다. 부르디외가 사람들 간의 상이한 사회적·문화적 자원이 사회적 계급의 결정에 영향을 미친다고 설명한 방식과는 달리 Urry(2014)는 사람들의 사회적 연결망의 수준이 하나의 자원이자 영향력으로써 작용한다는 네트워크 자본(network capital)의 개념을 강조한다. 네트워크 자본은 사람들이 가진 인구학적 변인들의 차이에 따라 개인의 물리적, 조직적, 시간적 양상들이 어떻게 달라지는가에 분석의 초점을 두었다.

네트워크 자본의 개념은 부르디외의 문화자본의 개념과 차이가 있다. 부르디외의 이론에 따르면, 계급적, 경제적, 사회적, 인종적, 성적 차이 등에 의해 구조화된 지위 공간(spaces of positions)은 그에 따른 계급이나 다른 사회적 권력 간의 다차원적이고 유동적인 투쟁들이 진행되는 장(field)인데, 그 투쟁들은 주로 문화적 양상 차원에서 진행되고, 이때 그러한 문화적 취향은 결코 순수하지 않고 개인 간의 사회적 지위를 구별해주는 수단으로 활용된다는 것이다. 부르디외는 이러한 사회적 자본(문화자본)이 힘을 발휘하는 공간 속에서 일어나는 투쟁의 핵심은 바로 각 사회적 힘의 습속(*arbitus*)이라고 보았다. 즉, 습속은 '계층적으로 구분 가능한 실천과 작업을 생산할 수 있는 능력이며, 이러한 실천과 그 산물(취향)을 차별화하고 식별할 수 있는 능력'이고, '재현된 사회적 세계, 즉 생활스타일의 공간이 구성되는 곳(Bourdieu, 1984, p. 170)'인 것이다.

Urry는 부르디외의 사회적 자본 개념을 확장하여 네트워크 자본(모빌리티, 관계성, 확장성)의 개념을 강조한다. 네트워크는 이동성과 관계성, 확장성을 기반으로 하고 있으며, 거기에 자본의 성격이 부여됨으로써 소유, 집중, 권력의 개념이 추가된다. 즉 존재론적 관점에서 네트워크 자본을 정의하자면, '사회적 및 물리적 관계망의 형성과 확장을 통해 타인과 구별되는 취향과 권력을 발휘하는 조건이자 습속'이라고 이해할 수 있을 것이다. 이 네트워크 자본으로서의 지식은 지식이 형성, 확장, 전파를 추동하는 동기이자 힘으로써 네트워크의 구조와 작용에 영향받는 지식이라고 이해할 수 있다. 한마디로 지식이 형성(learning)되는 과정도, 공유(sharing)되는 과정도, 의미(usefulness, significance)를 갖는 것도 모두 인적, 물리적, 도구적 관계망에 의해 이루어지고 활성화된다는 것이다.

요컨대, 네트워크의 영향력을 보여주는 것으로 메디치 효과(Medichi Effect)라는 말이 있다(Johansson, 2004). 메디치 효과는 서로 다른 이질적인 분야를 접목하여 창조적 · 혁신적 아이디어를 창출해내는 기업 경영 방식을 가리킨다. 서로 관련이 없을 것 같은 이종 간의 다양한 분야가 서로 교류, 융합하여 독창적인 아이디어나 뛰어난 생산성을 나타내고 새로운 시너지를 창출할 수 있다는 경영 이론이다. 이러한 메디치 효과처럼 네트워크를 통해 형성된 체계적이고 안정적이며 방향성 있는 정보들의 집합체가 바로 지식이라고 이해할 수 있다. 그러므로 네트워크는 지식 형성 원리이자, 현실의 다양한 문제들을 해결하거나 사물의 본질에 대해 보다 통합적인 이해를 위하여 지식들이 융합해 나가는 플랫폼의 역할을 한다. 결국, 네트워크는 지식의 융합을 위한 본질적 구조의 역할을 하는 것이다.

2) 집단 지성(Collective Intelligence)

인터넷의 기본 원리가 되는 네트워크의 형성과 확장은 정보통신 분야 발전의 기본 원리이기도 하지만, 지식이 확장되는 방식에서도 근본적인 변화를 가져왔다. 전 세계의 컴퓨터를 하나로 엮을 수 있었던 네트워크 통신망의 초기 형태인 인터넷(World Wide Web)이 1세대 웹(Web 1.0)이라고 한다면, 2세대 웹(Web 2.0)의 가장 큰 특징이 집단 지성이다. 이 집단 지성이 바로 지식 융합의 두 번째 원리이다.

가. 집단 지성의 개념

집단 지성은 '지식이란 사람들의 경험 총체'라는 아주 기본적인 전제에서 출발한다. '집단 지성'이란 개념은 1911년 곤충학자였던 휠러W. M. Wheeler가 흰개미 집단이 '초유기체(super-organism)'가 되어 한 몸처럼 작동함으로써 개미 개체들이 할 수 없는 엄청난 규모(4m 가량)의 개미집을 지을수 있다는 사실을 발견한 후 착안한 개념이다. 이후 집단 지성의 개념은 인간 사회에 적용되어, 많은 사람의 경험과 지식이 모이고 교류됨으로 인해 통찰력이 커지고 새로운 아이디어가 생겨서 실제적인 문제 해결에 훨씬 더 큰 효과를 발휘하게 되는 경우를 가리키는 개념으로 자리잡았다. 이러한 집단 지성의 개념은 인터넷 망에 기반한 정보 교류와 지식 축적을 위한 플랫폼 구축에 활용되면서, 위키피디아Wikipedia와 블로고스피어Blogosphere 그리고 디그닷컴digg.com, 그리고 구글의 페이지랭크PageRank와 같은 획기적인 사이트 및 기술들이 탄생하게 된 밑거름이 되었다. 이 기술들의 핵심은 분산화(decentralization)된 구조를 바탕으로 하여 수많은 사람들의 지식과 경험을 아이디어 제안과 문제 해결에 자유롭게 참여할 수 있도록 하는 것이며, 집단 지성의 효과를 확인하는 좋은 모델이 되었다.

하지만 사람들의 집단적인 경험이나 견해가 모인다고 해서 집단 지성이 되는 것이 아니다. 집단 지성은 전통적인 협업 차원에서의 집단 지성과 대중들 각자의 독자적(이기적) 행위들로부터 정보를 수집하여 활용하는 차원의 집단 지성이 있다. 비즈니스 칼럼니스트인 제임스 서로위키James Surowiecki는 동일한 목적과 의도된 과정을 통해 이루어지는 '집단 지성'과는 조금 다르게, 사람들의 개별적인 행위들이 특정한 메커니즘을 통해 결합되는 '지성'을 가리켜 '대중의 지혜(The Wisdom of Crowds, 2004)'라고 불렀다. 이 '대중의 지혜'는 다양성과 독립성을 가진 대중, 그리고 특정한 취합 메커니즘(aggregating mechanism)에 의해 구현된다. 이는 마치 시장경제처럼 어떤 현상에 대해 '다양한' 인식을 가진 사람들이 '독립적'으로 자신이 옳다고 생각하는 것을, 자신에게 이롭다고 생각하는 방향으로 취할 때 이루어진다. 즉, 대중의 지혜는 집단 지성처럼 조직적으로 동일한 목적을 향해 의견을 교환하고 조정하여 합의에 도달하기보다는, 대중의 구성원들이 자신이 맞다고 생각하는 것이나 자신의 이익에 부합한다고 여기는 것을 스스로 판단하여 행동했을 때 나타나는 결과를 가리킨다.

나. 집단 지성의 형태

대중의 지혜를 취합하고 거기에서 지성을 추출해내는 방식, 즉 취합 메커니즘에도 여러 가지가 있다. 취합 메커니즘(aggregating mechanism)이란 체계적 합의(consensus)에 의한 것이 아니라, 개인의 독자적 사고와 행위들의 총합이 만들어내는 분산화(distribution)된 의견 수합 방식이다. 이는 크라우드 소싱Crowd sourcing의 한 형태인데, 크라우드 소싱에 의해 취합된 지식이 자체적으로 정리되고 완성되게 하는 방식이 있고, 대중적 의견들을 취합하되 그 엄청난 양의 데이터(big data) 속에서 내부적 필터링 매커니즘을 통해 노이즈 자료(오류, 편견, 잉여 자료)를 걸러내고 의미있는 패턴, 경향성, 중심어 등을 추출해 내는 방식이 있다. 네이버 지식iN이나 위키피디아와 같은 지식망의 형성 구조는 전자에 해당하는 것으로, 대중의 의견들이 공공적 지식 수합의 플랫폼 속에서 자연스럽게 의견 제시, 조정(편집), 그리고 대중적 채택의 과정을 통해 완성되어가도록 설계되었다. 반면 구글의 페이지랭크PageRank[2], 소셜 북마킹 서비

2) 구글은 웹페이지에 걸린 링크를 한 페이지가 다른 페이지에 투표한 것으로 보아 많은 링크를 받을수록, 또 권위 있는 페이지에서 링크를 받을수록 더 중요한 페이지로 판단하여 검색 결과의 우선순위를 정한다. 구글이 웹2.0기업인 이유는 그들의 엄청난 수익성이나 그들이 만들어내는 다양한 서비스 때문이 아니라, 페이지랭크라는 구글 검색의 기반이 되는 알고리즘이 하이퍼링크라는 웹의 본질과 그 구조에 숨어있는 의미를 파악하여 집단 지성을 반영한 것이기 때문이다.

스[3], 클라우드마크Cloudmark의 스팸 필터, Last.fm[4]같은 '협업 필터링(collaborative filtering)', reCAPTCHA[5] 같은 프로젝트는 후자의 경우로, 전통적인 집단 지성의 구현 방식과는 달리 개별 사용자들의 개별적이고 집단적인 견해와 경험들 속에서 의미 있는 집단 지성을 추출해낸다.

요컨대, 집단 지성은 지성을 발휘하는 개인 간에 위계(전문가 그룹과 비전문가 그룹 혹은 리더와 추종자 등)가 존재할 수 있고, 전문가나 선각자의 아이디어나 의견에 대한 모방(학습)이 개입된 집단 지성은 힘을 합쳐 하나의 목적을 이루기 위해 의사소통과 직접적 의견 조정을 거쳐 이루어진다. 구글과 같은 선도적 IT기업들은 인터넷에 기반한 수많은 플랫폼들 속에서 흘러 다니는 전 세계인들의 지식과 경험들을 취합함으로써 집단 지성의 의미를 새롭게 해석할 수 있는 테크놀로지를 개발하고 있다. 이처럼 '집단 지성'을 활성화할 수 있는 효과적인 도구와 플랫폼을 개발하

---

3) 소셜 북마킹 서비스는, 사용자가 자신이 나중에 다시 찾아볼 것 같은 웹페이지를 '개인적인 이유'로 북마크하여 저장하고, 자신의 목적에 맞는 태그를 원하는 수만큼 붙여 분류해두면, 그 웹페이지를 얼마나 많은 다른 사용자가 북마크했는지 알려주어 웹페이지의 중요도를 판단케 해준다. 또한, 동일 태그나 연관 태그가 붙은 다른 북마크를 찾아보거나, 유사한 태그를 사용한 다른 사용자의 북마크를 둘러보면, 자신이 미처 몰랐지만 관심 있어 할 만한 정보를 담은 웹페이지를 쉽게 발견할 수 있다. 사람들은 개인적인 목적으로 소셜 북마크라는 도구를 사용하지만, 그것이 결국 소수의 포털 편집 인력이 하는 것보다 더 나은 방법으로 웹페이지를 걸러주고, 분류하고, 중요도를 판별해 주어 '소셜 서치'가 가능하게 한다. 또한, 페이지랭크에는 웹페이지를 만든 사람만의 집단 지성이라는 한계가 존재하는 반면, 소셜 북마크는 그보다 더 중요한, 웹페이지를 보는 사람, 즉 정보 사용자의 집단 지성을 활용한다는 커다란 장점이 있다.

4) Last.fm은 개별 사용자가 어떤 곡이 마음에 들어서 계속 듣는지, 아니면 듣기 싫어 다음 곡으로 건너뛰는지의 데이터를 취합하여 비슷한 취향의 음악들을 분류하고, 유사한 성향의 사용자가 좋아할 만한 음악을 계속 찾아준다. 클라우드마크는 키워드를 사용해 스팸을 걸러내는 대신, 사람들이 스팸이라고 지워버린 메일 데이터를 기반으로 스팸을 판별해 준다.

5) reCHAPTCHA 프로젝트는 사람들이 스팸 방지어를 입력하느라 헛되이 사용하는 시간을, OCR이 인식하지 못했던 북스캔 데이터를 스팸 방지어로 사용하고 사람들이 입력한 올바른 문자열로 도서관 전산화 데이터를 교정함으로써 의미 있게 활용하도록 도와준다.

는 것은 미래 정보사회의 과제가 될 것이다.

다. 집단 창의성

창의성에 대한 이해와 관점이 확장됨에 따라 창의성에 대한 분류학적 접근들이 최근까지 다양하게 시도되었다. Kaufman & Beghetto(2009)는 창의력을 두 가지 수준으로 나누어 미시적 창의성(mini-c : 아이들이 최초로 무언가를 발견할 때 생기는 학습의 과정에 내재된 창의성)과 전문적 창의성(pro-c : 전문가들이 창의적 영역에서 그 영역을 초월하는 수준)으로 구분하기도 하였고, Feldman & Benjamin(2006)은 창의성의 성과를 기준으로 한 세 가지 수준, 즉 높은 수준 혹은 대단한 창의성(High/Big C), 중간 수준 혹은 전문적 창의성(Middle/Pro C), 그리고 기초 수준 혹은 소소한 창의성(Low/Little C)으로 구분하기도 하였다. 예술가나 과학자들의 새로운 과업이 가져오는 창의성이 '대단한 창의성'(Bic C)이라면, 어린이들의 일상적 놀이(Sawyer, 1997), 비지니스 현장(Moorman & Miner, 1998)에서의 작은 창의성들은 '소소한 창의성'(Small C)으로 간주되는 것이다.

문제는 기존의 이론들이 기본적으로 창의성을 개인적 특성, 감정, 인지, 동기 등의 차원에서 이해하고 창의성의 특성을 개인 심리적 요인에서 찾으려고 했다는 것이다(Amabile, 1996; Csikszentmihalyi, 1996; Sawyer, 2006). 하지만, 창의성은 개인적 특성만으로 이해할 수 없거나, 창의성의 본질 자체가 개인적 특성이 아닐 수 있다(Sawyer, 2014). 즉, 창의성을 한 개별적 행위자의 머릿속에서 일어나는 인지적 과정의 결과물로만 이해하려고 하는 것은 창의성에 대한 환원주의적(reductionism) 태도인 것이다. 그런 의미에서 Csikszentmihalyi & Sawyer(2014)는 과학적 연구 성과에서부터 예술적 작업, 스포츠 현장, 학습 공동체, 비즈니스 공동체 등에 이르기까지 창의성이 발현되는 거의 대부분의 상황을 집단 창의성의 결과물이라고 본다. 순수하게 개인적 성과에서 나타난 창의성이라고 해도, 그것은 대부분 사회적 장(field)이나 문화적 영역(domain)의 직접적 영향 속에서 이루어진다는 것이다. 같은 맥락에서 John-Steiner(2000)는 20세기 최고의 창의적 성과들로 인정되는 과업을 주도한 사람들과의 인터뷰를 통해 그러한 창의적 성과들이 모두 동료들과의 협동이나 구체적이고 일상적인 삶의 경험의 결과물에서 나온 것이라며, 협동적 창의성(collaborative creativity)을 강조하였던 것이다.

이러한 창의성에 대한 이론적 변천 과정을 정리하여 Sternberg & Lubart(1999)는 창의성 연구의 흐름을 세 단계로 구분한 바 있다. 첫 번째 흐름은 1960년 이전까지의 인성적 접근으로, 창의성을 특별한 재능을 지닌 개인들의 특성(personalities) 차원에서 연구하였다. 그 대표적인 연구가 Taylor(1959)가 구분한 표현적(expressive), 생산적(productive), 창조적(inventive), 혁신적(innovative), 창발적(emergentive) 창의성이다. 두 번째는 1960~70년대의 인지적 접근으로, 개인들이 창조적 행위를 수행할 때 동반되는 내적 정신 과정을 인지심리학적으로 접근한 연구들이 있었다. 그 대표적 이론은 Rhodes(1961)의 4P(Product, Person, Process, Press) 이론이다. 즉, 창의성을 산출(Product : 참신하고 적절하다고 판단되는 산출물에 대한 연구), 개인(Person : 창의적인 개인의 특성이나 창의력과 관련된 개인 유형), 과정(Process : 창의적인 작업이나 사고 과정에서 일어나는 과정), 그리고 동인(Press : 창의력을 촉진하는 사회 문화적 맥락들)의 4가지 상이한 차원으로 구분하였다. 그리고 세 번째로 1980~90년대에 이르러 간학문적 접근을 바탕으로 창의적 사회 시스템(사회 문화적 맥락 속에서 사람들의 집단 창의성 발현)을 연구하는 사회 문화적 접근이 나타났다. 이러한 사회 문화적 접근에서는 앞서 소개한 4P이론이 창의성을 개인적이고, 정적이며, 파편적인 관점으로 보았다고 비판하면서, 그 대안으로써 사회 문화적이고 생태심리학적이며, 마음 공유 이론(the Distributed Mind)의 관점에 기반한 5A(Actor, Action, Artifact, Audience, Affordances)이론을 제시하기도 하였던 것이다(Glăveanu, 2013).

데카르트의 이원론적 사고의 문제점 중 하나는 바로 사고하는 지적 존재로서의 인간을 지나치게 개인화(individuation)한 것이었다. 그로 인해 오늘날 우리는 예술이나 과학에서의 성취를 지나치게 개인의 천재적 능력의 차원에서 이해하려는 경향이 우세하지만, 사실 과학적 발견이나 예술적 창조는 반드시 개인적 사고와 공동적 사고의 결합을 요구한다. 창의성에 영향을 미치는 이러한 조직적 혹은 문화적 요인을 주로 연구하는 분야가 시스템적 사고(systems thinking)이다(Csikszentmihalyi, 1988). 시스템적 사고는 기본적으로 발명이나 혁신을 개인적 능력의 문제로 한정시키는 엘리트주의에 의존하지 않고, 시스템에 의해 즉, 조직이나 제도, 그리고 교육과 훈련에 의해 충분히 이루어질 수 있다고 본다. 결국 창의성의 발현은 순수한 개인적 천재성에 의존한 것이라기보다는 문화, 조직, 교육 등의 힘에 크게 의존하고 있음을 간과해서는 안 될 것이다.

3) 통섭

지식의 융합과 관련하여 최근 등장한 개념이 바로 통섭이다. 그렇다면 통섭의 의미는 무엇이며, 이것이 지식의 융합과 어떤 관련이 있는가?

가. 통섭의 개념

오늘날 통용되는 융합 개념의 뿌리는 1840년에 윌리엄 휘웰이 「귀납적 과학」에서 소개한 'Consilience(부합된 추론)'란 용어에서 찾을 수 있다. 이 말의 의미는 "어떤 현상을 설명하기 위해 사용한 추론이 여러 분야에 걸쳐 나타나는 사실들을 기반으로 확인되었을 때, 그 추론으로부터 나온 설명은 진리에 보다 가깝게 접근할 수 있다"는 것을 의미한다. 즉, 부합된 추론이란 여러 분야에 걸쳐 관찰된 사실들에 기반한 통합적인 추론으로 얻어진 결론이고, 이 부합된 추론이 일어나는 과정이 바로 '통섭'이다. 그러므로, 어떤 한 분야의 사실들을 통해 얻어진 귀납적 결론은 다른 분야에서의 귀납적 결론들과 통섭함으로써 비로소 진리에 가까운 설명에 도달할 수 있는 것이다. 이러한 통섭의 개념은 어떤 현상의 본질을 이해하기 위해서는 그 현상에 대한 다양한 지식들을 총체적으로 종합하여 이해해야 함을 강조함으로써 지식 융합의 중요성을 깨닫게 해주는 개념인 것이다(유영만, 2013).

생명과학자인 에드워드 윌슨은 그의 저서 『통섭(統攝, consilience) : 지식의 대통합』에서 "큰 줄기(統)를 잡다(攝). 즉, 서로 다른 것을 묶어 새로운 것을 잡는다"는 뜻으로 통섭(Consilience)의 개념을 사용하여 생물학을 중심으로 한 학문 간의 통합을 시도한 바 있다. 하지만 미국의 대표적인 포스트모더니즘 철학자인 리처드 로티Richard Rorty는 윌슨이 시도한 생물학을 중심으로 한 학문적 통합에 대해 반대의 목소리를 내기도 하였다. 그는 사회는 다양한 관점과 입장이 모여 있는 곳이기 때문에 사회라는 하나의 실재(reality)에 대한 기술이 여럿이어야 한다고 강조하면서, 특정 학문을 중심으로 한 통섭의 시도는 바람직하지 않다고 주장하였다.

이처럼 통섭의 개념에 대해 학자들은 여러 가지 입장을 가지고 있다. 학문적 접목이나 융합을 통해 인식 지평을 확대하거나 지식의 깊이를 심화시키는 것이 통섭이라면, 그러한 융합적 접근은 새로운 통찰을 바탕으로 새로운 지식을 창조하는 데 중요한 역할을 할 것이다. 하지만 이를 위해서는 우선적으로 학문 간의 공감과 소통, 자학문 중심주의의 극복, 타학문 분야에 대한 관심 등이 전제가 되어야 할 것이고, 이를 위해 '낯선 문화를 탐구하는 여행자의 태도(홍성욱, 2009)', '가르치면서 배우고 배우면서 가르치는 고학상반(신영복, 2013)', 그리고 '가르치는 자와 배우는 자의 줄탁동시 등의 자세들'이 필요할 것이다(유영만, 2013).

통섭을 위해서는 어떤 사고가 필요할까? 우선 융합이나 통섭이 서로 관련 없는 지식을 마구잡이로 모아서 종합하는 것은 아닐 것이다. 지식의 체계화가 기본적으로 인간의 합리적 사유 방식에 토대하고 있는 것처럼, 학문 간의 통섭도 합리성의 조건에서 벗어날 수는 없다. 사실 합리적 사고는 매우 넓은 인식 작용을 포괄하는 개념이다. 예를 들어, 분해하기(dissolve), 분석하기(analysis), 맥락에서 떼어놓고 고찰하기(decontextualize), 계산하기(compute), 연역직 사고(inducc), 논리적 사고(logical thinking), 설명하기(explain), 그리고 이성적으로 판단하기(rationalize)까지도 합리적 사고에 포함되는 것이다. 하지만, 이와 같은 합리적 사고의 중요성에도 불구하고, 합리적 사고는 원자주의에 기반한 인식론적 논리라는 분명한 한계를 가지고 있었다. 논리적 원자주의(logical atomism)는 자연 속 물질들이 원자 단위로 분해될 수 있는 것처럼, 사람들의 사고도 하나의 아이디어나 개념처럼 작은 단위로 쪼개질 수 있다고 믿었던 20세기 초반까지의 인식론이었다. 이러한 원자주의에 입각한 인식론은 지식도 그 지식이 관련된 학문 영역에 따라 세분화될 수 있으며, 각각의 지식을 분리하여 별개로 이해, 학습, 조작(operation) 할 수 있다는 가정을 낳게 되었다. 이러한 가정에 의해 20세기 후반의 분파주의적(factional) 지식 탐구가 학문 분야별로 독자적으로 이루어졌던 것이다. 그러므로 통섭을 위해서는 합리적 사고의 원자주의적 한계를 넘어선 사유의 방식이 필요한 것이다.

요컨대, 통섭은 사물 자체나 사물들 간의 관계를 세부적 측면에 집중하거나 부분적으로 이해하는 것이 아니라, 사물 전체나 여러 사물들 간의 관계에 대한 전체적인 성격을 이해하는 것이고, 그러한 이해(즉, 부합된 추론)을 바탕으로 전체에 대한 적절한 스키마scheme나 관념적 틀(frame)을 획득하게 되는 것이라고 볼 수 있다.

나. 통찰과 직관

통찰은 통섭을 위한 필수적인 인지적 요소이며, 이를 잘 이해하기 위해서는 유사한 개념을 가진 직관, 성찰과 같은 개념들과의 비교가 필요할 것이다. 우선 직관(intuition)의 사전적 정의는 어떤 새로운 지식을 명확한 증거나 의식적인 합리화(reasoning) 과정, 혹은 그 지식을 어떻게 얻었는지 설명하지 못하는 상태에서 습득할 수 있는 능력을 가리킨다. 그런 의미에서 직관은 암묵적이고(implicit), 무의식적이며, 내적인 혹은 본능적인 지적 작용으로써, 의식적인 사고 과정을 거치지 않고 형성된 지식, 인지, 감각, 혹은 통찰을 말한다(Rosenblatt & Thickstun, 1994).

플라톤은 『국가론(The Republic)』에서 직관을 실재(reality)의 진정한 본질을 이해할 수 있는 인간 이성적 사고의 근본 능력이라고 설명하였다. 그는 메논과의 대화(Meno & Phaedo)에서 직관을 인간의 영원적 정신(soul of eternity) 속에 거주하는 존재 이전의(pre-existing) 지식이라고 보았다. 이를 바탕으로 서양 철학에서는 직관을 인간의 이성적이고 합리적인 사유 이전의 속성을 간주하는 것으로 받아들이고 있다. 플라톤의 이데아 사상을 통해 이해한다면, 직관은 인간에게 내재된 본능적이고 잠재적인 능력으로서 영원한 진리를 발견해나가기 위해 개발해야 할 필수적인 자질인 셈이다(Kemerling, 2001).

반면 통찰(insight)은 어떤 특정 맥락에서 원인과 결과를 이해할 수 있는 능력인데, 통찰을 직관과 유사하게 무의식적이고 본능적인 인지 작용으로 보는 학자들도 있고, 이성적이고 의식적인 사유 능력에만 한정하는 경우도 있다. 아인슈타인은 "오직 직관(intuition)만이 교감을 통하여 통찰력으로 이어질 수 있다. 연구의 성과는 면밀한 의도나 계획에서 오는 것이 아니라 가슴으로부터 바로 나온다"라고 강조하였고, McCrea(2010)은 "직관이 의식적 합리화 과정을 생략한 채 현상을 파악하는 능력을 말한다면, 통찰은 직관보다 오랜 숙고의 시간을 통해 문제를 해결하는 능력을 가리킨다. 직관은 감정이 개입될 수 있지만, 언어적 설명을 동반할 필요는 없다"라고 주장하면서 직관과 통찰의 관계를 설명하기도 하였다.

한편, 생태인지학자인 마뚜라나H. Maturana는 통찰을 만물이 모두 연결되어 있다는 것을 깨닫는 것이라고 정의한 바 있다. 그가 주장한 모든 사물이 연결되어 있다는 말의 핵심은 관찰자와 관찰 대상, 연구 주체와 연구 대상, 주관성과 객관성, 그리고 인식과 행동의 분리를 기반으로 하고 있는 근대적 세계관에 대한 반기이다. 모든 대상들이 상호 연결되어 있을뿐 아니라, 관찰자와 관찰 대상도 상호 연결된 불가분리적 관계라는 것이다. 따라서 인식과 행동, 존재와 행위는 분리되어 있지 않다

(from being to doing)는 것을 깨닫는 것이 바로 통찰이다. 그러므로 온전한 통찰력을 갖기 위해서는 세상을 바라보는 관점과 지식을 포함한 사물들 간의 다양한 연결성에 대한 탐구와 더불어, 이를 탐구하는 주체(인간)와 세상 간의 상호 연결성에도 관심을 가져야 한다. 이러한 마뚜라나의 설명에 의하면, 통찰은 직관보다는 고차원적인 사고 능력으로 이해할 수 있다.

정리하자면, 일반적으로 통찰은 그리스어의 noesis에 해당하는 인지작용으로, 독일 심리학자 뷜러러Karl Bühler가 통찰을 '갑작스러운 깨달음(Aha-Erlebnis)'의 인식 상태(epiphany)로 설명한 것처럼, 통찰은 직관을 바탕으로 하여 내적 성찰, 꼼꼼한 관찰, 연역적 사유, 분별력 등에 의해 사물이나 현상에 대한 새로운 인식 관점을 정립하는 것이라고 볼 수 있다. 요컨대, 지식 융합의 차원을 놓고 볼 때, 직관의 수준보다는 직관에 내적 성찰이나 사유, 판단력을 더한 통찰이 더 중요한 역할을 한다고 이해할 수 있다.

우연성과 통찰

과학이 발전하고 지식이 확장됨으로써 세상 모든 현상의 원인을 하나씩 발견해가며 불가지不可知의 영역은 계속 줄어들 것 같지만, 지식이 증가함에 따라 모르는 영역도 계속 늘어나고 있다. 이는 체계적이고 계획적으로 지식을 탐구하는 것이 필요하지만, 동시에 그 한계성을 인정해야 한다는 것이다. 그리고 이는 근대적 사고의 한계를 인정해야 한다는 의미도 갖는다. 그런 의미에서 프랑스의 철학자 쟈크 들뢰즈는 우발적 인연이 필연적 사건을 만든다고 믿었다. 지금 우리의 모습은 '신의 섭리'에 따른 목적론(teleology)과 같은 필연성의 결과물이 아니라, 오랜 시간과 복잡한 변화의 과정을 거치는 동안 벌어진 다양하고 역동적인 우연적 사건들의 결과물인 것이다.

우연과 필연 사이의 관계에 대해, 자크 모노는 자신의 대표적 저서인 『우연과 필연』에서 생명의 기원과 진화 과정은 필연이 아닌 우연의 결과라고 주장하기도 하였다. 예를 들어, 부모의 유전자를 자식이 물려받기 때문에 자식은 부모를 닮는다는 것은 필연적 사실이지만, 그럼에도 불구하고 부모와 완전히 닮은 자식은 생명 역사상 단 한 개체도 없었다는 것은 자식이 자기 고유의 우연성을 지닌다는 것을 의미한다. 이것이 필연성 속에서 우연성이 하는 역할로써, 지식 간의 우연한 만남이 전혀 새로운 발견과 통찰(깨달음), 그리고 지식을 창조해낼 수 있는 것이다. 그런 의미에서 지식 생태계의 지식 간의 역동적인 만남과 그 만남이 펼쳐내는 새롭고도 우연적인 깨달음이 새로운 지식을 만들어낸다는 사실을 간과해서는 안될 것이다(Monod, 1971).

다. 직관과 통찰의 역할

과학자들의 창조적 발견이나 새로운 아이디어의 창출에 결정적으로 기여하는 사고 능력 중의 하나가 바로 직관력이다. 예를 들어, 과학자들은 당면한 연구 문제를 해결하기 위해 끊임없이 새로운 가설과 관점을 바탕으로 실험하거나 관찰을 시도하게 되는데, 그러한 새로운 시도의 아이디어가 바로 직관력에 의해 나타나게 되고, 이 직관을 통해 문제의 원인과 해법에 대한 통찰력이 생기게 되는 것이다(Meadows, 1997). 앞서 설명했듯이, 직관력의 특징은 의식적인 분석이나 논리적인 설명의 과정을 거치지 않고 새로운 아이디어가 떠오르는 것인데, 그런 차원에서 직관은 체화된 기능, 감정이나 정서적 작용, 본능적 느낌(gut) 등과 같은 생물학적 요인에 의해 나타나는 것이라는 주장도 있다(Bechara, Damasio, Tranel, & Damasio, 1997). 따라서 직관은 보다 본능적이고 정서적이며 일차적인 정신 작용이라고 이해할 수 있다.

물론 직관이라는 본능적이고 순간적인 인식 작용은 태생적이라기보다는, 다양한 경험이나 예술적 감성, 훈련된 습관, 융통적이고 개방적 사고 혹은 창의성 등의 요인들의 영향을 받아 생기는 것이다. 그런데 다양한 경험이나 감성, 창의성 등이 작용하여 무의식적 사고 과정을 통해 직관력이 생긴다면, 보다 의식적인 과정을 통해서는 통찰력을 얻게 된다. 예를 들어, 예술 활동에서 통찰력은 예리한 관찰을 통해 사물의 본질을 꿰뚫어보는 능력을 말하는데, 사물의 본질은 표면에 쉽게 드러나지 않기 때문에 그러한 본질을 정확히 읽어내는 것이 통찰력의 생명이다.

직관과 통찰은 지식의 융합에서 중요한 역할을 하고 있다. 1928년 면역학 연구로 노벨 생리의학상을 받은 Charles Nicolle이 "새로운 사실의 발견이나 무지의 정복은 논리적인 이성의 힘에 의해서가 아니라 상상력과 직관력에 의해 이루어진다"라고 강조했듯이 세밀한 관찰력, 직관력, 그리고 상상력이 합쳐서 새로운 통찰을 만들어 낸다. 즉, 기존의 지식이나 경험을 새로운 방식으로 재조립할 때 직관력과 상상력이 중요한 역할을 하고, 다른 사람의 아이디어와 자신의 경험을 결합하여 새로운 가치를 창출하기도 한다. 그런 의미에서 글래드웰은 자신의 저서 『블링크 : 첫 2초의 힘』에서 분석적 사고와 이성적 판단보다는 직관에서 통찰로 이어진 '직관적 통찰'에 의한 순간적 판단이 문제 해결에 더 효과적일 수 있다고 주장하기도 하였다.

요컨대, 이러한 직관과 통찰이 지렛대 역할을 하게 되어 보다 고차원적인 사고(비판적 인식, 융통적 사고, 관계적 사고, 융합적 사고 등)가 파생되고, 그로 인해 기존의 사고로 해결할 수 없었던 문제에 대한 새로운 통찰을 통해 문제 해결의 열쇠를 갖게 되는 것이다. 즉, 직관과 상상의 지평을 넓히기 위해서는 다양한 분야의 전문 지식 활용이 필요하고, 그러한 사고가 생성되는 배양토 위에서 전문 지식과 감성 및 예술이 아우러져 융합적 지식이 탄생하는 것이다.

라. 통찰력 향상을 위한 사고 훈련

통찰력 향상을 위해서는 어떤 사고가 필요한가? 여러 가지 방법이 있겠지만, 장 이론에서 설명하는 형태 인식 능력에 대해서 알아보기로 하자. 장 이론(Gestalt theory)에서는 시각적 자극을 기준으로 볼 때 인간이 사물의 형태를 유사성과 패턴에 따라 일부분의 정보만으로도 전체를 추론해내거나 그룹화(Grouping and Binding)할 수 있는 능력을 형태 인식 능력이라고 정의하고 있다. 그리고 장 이론에서는 직관력을 '발견의 맥락 속에서 적절한 정보를 바탕으로 내리는 판단력'(informed judgment in the context of discovery)으로 정의하고 있다(Bowers, Regehr, Balthazard, & Parker, 1990). 이는 맥락을 바탕으로 한 형태 인식 능력에서 직관력이나 통찰력이 중요한 역할을 하고 있다는 것을 의미한다. 그렇다면 통찰력은 어떻게 인간의 형태 인식 능력에 기여하는가? 이는 다음과 같은 형태 인식의 다섯 가지 법칙을 통해 이해할 수 있다.

a. 완결성의 법칙(Law of Closure) : 기존의 지식을 토대로 완성되지 않은 형태를 완성시켜 인지하는 경향. 완결성의 법칙에 따르면, 통찰력은 전체를 완성하기 위해 부족한 부분이 무엇인지를 정확히 판단하여 그것을 채워 넣을 수 있는 능력이다.

b. 유사성의 법칙(Law of Similarity) : 유사한 요소끼리 그룹지어 하나의 패턴으로 보려는 경향. 유사성의 법칙에 따르면, 통찰력은 다양한 사물 가운데에서 공통적인 사항이나 요소들을 발견해낼 수 있는 능력을 말한다.

c. 근접성의 법칙(Law of Proximity) : 시공간적으로 서로 가까이 있는 것들을 함께 집단화해서 보는 경향. 근접성의 법칙에 의하면, 통찰력은 사물 간의 접근성과 유사성을 파악하여 가까운 특성을 지닌 부류들끼리 연계하여 그 관련성을 바탕으로 새로운 집단의 특성을 발견해낼 수 있는 능력이다.

d. 단순성의 법칙(Law of Simplicity) : 주어진 조건 하에서 최대한 가장 단순한 쪽으로 인식하는 경향. 단순성의 법칙에 따르면, 통찰력은 현상을 묘사하는 가장 단순한 설명, 모형, 특성, 원리를 발견해내는 능력이다.

e. 연속성의 법칙(Law of Continuity) : 요소들이 부드러운 연속을 따라 함께 묶어 지각하는 경향. 연속성의 법칙에 의하면, 통찰력은 사물들의 형태가 공간 속에서 변화하는 패턴, 흐름, 방향성을 인지할 수 있는 능력이다.

장 이론이 설명하는 인간의 형태 인식 능력은 컴퓨터 프로그램이나 사물 인식 기술 등을 통해 여러 분야에서 활용되고 있다. 예를 들어, 필기체 인식, web bots, 방지 문자 입력 시스템[6]을 들수있다. 이는 사람이

6) 새로운 종류의 Turing 검사로서 카네기멜론 대학이 제작한 온라인 자동 입력 방지 시스템은 850개의 단어로 구성된 사전에서 무작위로 단어를 선정하여, 그 단어를 구성하는 알파벳 모양을 바

아닌 프로그램화된 서칭 엔진(web bots)이 특정 사이트에 로그인을 시도하는 것을 막기 위해 사용자가 인간인지를 확인하는 검증 과정이다. 그러나 이러한 분야에서의 인식 능력과는 달리, 형태 인식 능력이 가진 완결성, 유사성, 근접성, 단순성, 그리고 연속성의 원칙들은 인간의 통합적 사고 능력과 통찰력을 보여주는 중요한 사례이다. 이러한 통찰력의 특성들을 보다 잘 이해하기 위해서는 앞으로 장 이론이 설명하는 형태 인식 능력과 통찰력의 관련성에 대한 연구가 더욱 활성화될 필요가 있을 것이다.

4) 혼성성(hybridity)

가. 혼성성 개념의 변화

혼성성이 아직까지 우리에게 낯설고 부정적인 이미지로 남아있는 이유는 근대성이 가진 이분법적 사고에 우리가 너무 익숙해져있기 때문이다. 디지털 컴퓨팅의 출발점인 0과 1이라는 이분법적 부호화를 통해 신속하고 편리하게 정보를 처리하는 20세기 정보 이론의 기초는 바로 데카르트의 이분법적 사고를 바탕으로 하고 있다. 물론 이분법적 사고는 동서고금을 막론하고 체계적 · 분석적 사유의 기초 역할을 하였고, 17세기 후반 과학 혁명의 기초가 되었던 뉴튼 물리학 이론의 토대가 되기도 하였다. 그러나 근대 과학의 아버지라고 불리는 17세기 중반의 데카르트가 주장

꾸거나 무작위로 얼룩을 생성해 기계는 그 단어를 인식하지 못하도록 하는 방식이다. 이 과제는 글자를 학습한 5세 아동도 할 수 있는 수준이지만, 컴퓨터 프로그램은 이러한 왜곡되고 흐트러진 단어를 거의 읽을 수 없다(Crissey, 2002).

한 마음과 신체를 분리한 이원론적 사고가 근대적 관념을 지배하면서, 만물이 가진 혼성성에 대한 이해는 부차적인 것으로 전락하고 말았다.

자연과 사회에 존재하리라고 믿었던 순수한 본질적 원리나 요소에 대한 탐구는 모더니즘과 근대 사회에 대한 연구가 확장되었던 18세기까지 대부분 학자들의 인식론적 전제였다. 그러한 영향으로, 최근까지 혼성적이란 개념은 '박쥐', '짬뽕', '회색분자(grey area)'라는 용어와 관련된 것처럼, 그리고 사물이 '이것도 저것도 아닌' 상태를 갖는 것은 오염된, 혼합된, 모호한 것이라는 인식론적 폄훼의 대상이 되었다. 아울러, 사회적으로도 혼성적이란 개념은 순수하지 않고, 비천하고, 부도덕하고, 열등한 상태로 투사되어 사회적 낙인(stigma)의 대상으로 이념화되었다. 예를 들어, 생물학에서 사용되는 순종과 잡종의 구분은 우성 유전자(dominant gene)와 열성 유전자(recessive gene)의 구분처럼 기술적인(technological) 구분일 뿐이다. 즉, 순종과 잡종에 대한 가치 판단을 내리고 있는 것이 아님에도 불구하고, 그 개념에 대한 '사회적' 인식은 순종(우등, 순수)과 잡종(열등, 오열)에 가치를 부여하여 수용하고 있는 것이다.

하지만 19세기에 들어서면서 이러한 가치판단과 관점이 도전을 받기 시작했다. 잡종, 혼성의 개념이 등장하게 된 과정은, 18~19세기 생물학에서 기존의 고정된 종 분류 체계를 가지고는 도저히 새롭게 발견된 종들을 분류할 수 없다는 사실을 깨닫게 되면서였다. 즉, 신의 섭리라고 믿었던 '순종성'의 개념을 바탕으로 한 종의 분류는 인식론적 오류며, 종 자체는 고정된 틀이 아니고 끊임없이 등장하는 잡종들의 생태계라는 사실을 깨닫게 된 것이다. 진화론을 주창했던 Darwin 조차도 초기에는 자연 선택설을 중심으로 한 종의 분화 양상에 관심을 갖기 시작하였으며, 잡종화 혹은 변이(mutant)가 진화의 핵심 원리라는 사실을 이해하지 못하였다. 요컨대, 과학사회학자이자 철학자인 브루노 라투어Bruno Latour가 근대 과학의 발전은 '잡종화의 과정'이었다라고 주장했던 것처럼, 오늘날 잡종성은 그저 진화 생물학의 주변 개념이 아닌 핵심 개념으로 인식되고 있다(Blok & Jensen, 2011).

이러한 변화는 인문학과 사회과학에서도 마찬가지였다. 18세기 후반 독일의 자연철학자들은 데카르트의 이원론적[7] 사고나 뉴튼의 기계적 세계관에 반대하여 자연의 극성(polarity)을 조화와 다양한 자연현상의 통일성을 강조하는 차원에서 이해하기 시작하였다. 이는 엥겔스(F. Engels, 1883)가 마르크스 이론을 바탕으로 『자연 변증법(Dialectics of Nature)』에서 강조한 변증법적 사유를 통해 자연현상의 극성을 정적(static)이고 결정론적인 성격이 아닌 역동적이고 변증법적(dialectic)인 것으로 이해할 수 있게 된 계기가 되었다. 아울러 20세기 중반을 넘어서면서 유행한 포스트모더니즘적 세계관을 통해 혼성성이란 개념에 새로운 가치가 부여되기 시작했고, 점차 혼성성은 하이브리드 자동차, 하이브리드 시스템처럼 융통성, 적응성, 효율성 등의 긍정적 개념을 내포하게 되었다.

7) 데카르트는 신체(body)에 의한 행위(action)와 마음(mind)에 의한 정념(passion)을 구분하고, 인간의 지적 활동을 과학적(scientific)인 것과 예술적(artistic)인 것으로 구분한 바 있다(Baker & Morris, 2002). 여기서 데카르트는 과학적으로 작용하는 지적 활동은 "전적으로 마음의 인지적 작용으로 이루어져있고", 예술적인 노력은 "몸의 움직임과 경향성(disposition)에 의존한다"고 주장함으로써 인간의 이성(마음)과 감성(몸)의 분리라는 이원적 관점의 토대를 만들었다.(Glouberman, 1986, p. 51),

나. 지식의 혼성성이란 무엇인가?

앞 절에서 설명한 것과 같이 자연현상과 사회현상의 혼성성을 깨닫게 됨으로써 우리의 인식론에는 큰 변화가 생겨났다. 혼성성 이전의 이분법적 사고는 남녀 성별의 구분, 피부색에 대한 흑백 구분, 성적 취향(이성애만을 규범시하는 사고), 그리고 선악의 구분에 이르기까지 인간의 사고와 사회적 인식 및 가치관에 결정적인 영향을 미쳐왔었다. 이와 같이 양극단에서만 사물의 본질을 찾는 것이 아니라, 그 중간점이나 혼합의 상태에 본질이나 진리가 존재할 수 있다는 사고는 지식을 바라보는 시각을 근본적으로 바꾸어놓았다. 혼성성은 가치관이나 규범, 도덕의 문제와 같은 윤리적 문제들뿐만 아니라, 사회의 다양한 문제에 대해 이해하고 그에 대한 해결책이 어느 한 입장이나 한 분야의 지식에 의해서만 이루어지기 어렵다는 것을 깨닫게 해주었다. 동시에 복잡한 사회적 문제를 해결하기 위해서는 과학기술이나 공학적 지식들 자체만이 아니라, 심리학, 사회학, 경제학, 법학, 정치학, 철학, 환경학 등의 다양한 영역의 지식들이 필요하므로 학문 간의 교류와 통찰이 필요하다는 사실을 깨닫게 해준 것이다.

과학의 역사는 수많은 학문의 접목과 다양한 지적 배경을 가진 학자들의 업적이라는 것을 인정하지 않을 수 없다. 학문의 혼성성을 보여주는 사례들로는 보다 오랜 역사를 가진 생화학(biochemistry)이나 과학과 기술의 통합인 공학(engineering)이 있다. 분자생물학의 분자 구조 모형에 관심을 가졌던 왓슨(J. Watson)과 X선 결정학을 전공한 크릭(F. Crick)의 만남이 DNA 구조 모형을 이론화한 것도 혼성성의 대표적 성과라고 볼 수 있다. 보다 최근에는 분자생물학(물리학+생물학), 법의학(법학+의학), 금융공학(Finance+engineeing), 그리고 해양 과학(Maritime science :

해양생물학 · 해양물리학 · 해양지질학 · 해양 기술)등과 같은 분야들이 급부상하고 있다. 이처럼 혼성성(hybridity)은 지식의 본질이기도 하고, 모든 새로운 것은 기존의 것들에 대한 변형, 확장, 이동, 혹은 재적용의 결과이다.

아울러 최근에는 새로운 혼성성이 등장하고 있다. 실제 공간과 사이버 공간의 혼성성, 인간과 기계의 혼성성, 노동과 유희의 혼성성, 인지와 감정의 혼성성 등이 그것이다. 특히 가상현실, 사이버네틱스cybernetics, 에듀테인먼트edutainment, 가이아 이론(Gaia theory : Lovelock의 지구 유기체설)등의 개념들이 바로 21세기의 혼성성을 대표하고 있다. 이제 혼성성은 미래 학문 연구나 지식의 통합과 적용을 시도함에 있어서 가장 중요한 요인이 된 것이다.

다. 혼성성의 활용

지식 생태계에서 혼성성의 수용은 어떤 효과를 가져올까? 지식은 본래 명확한 경계가 나누어진 것이 아니다. 지식의 분류는 아리스토텔레스의 구분 이후 많은 학자들에 의해 이루어진 편의상의 구분일 뿐이다(지식의 분류에 대해서는 본서의 II장 3절의 융합 교육과정의 지식론에 소개되어있다.). 즉, 지식의 구분은 연구 방법, 연구 대상, 용도 등에 따라 편의상 이루어진 것이므로, 엄격한 경계를 지우는 것은 옳지 않다.

토마스 쿤Thomas Kuhn의 과학사에 바탕을 둔 철학적 연구를 시작으로 사람들은 자연과학이 문화의 일부분임을, 과학이 이상적으로 객관적 · 보편적인 것만도 아님을, 과학에도 사회적 · 문화적 요소가 녹아들어 있음을, 과학자들의 실천에는 인문학적인(humanistic) 전통도 있음을 알게 되었다. 인문학의 방법에도 단순히 텍스트를 해석하는 것이 아니라, 텍스트를 해석하는 과정에서 마치 자연과학자들이 하듯이 끊임없이 가설을 세우고 이를 검증하는 과정과, 문제를 던지고 이를 해결하는 과정이 텍스트와 해석자 사이에 존재함을 알게 되었다.

최근에는 유사한 지식 영역들의 경계가 무너지고 있을 뿐만 아니라, 전통적으로 소원하게 다루어졌던 학문 영역 간의 융합이 활성화되고 있다. 이러한 학문적 융합의 대표적인 이유가 연구 방법의 혼성화이다. 18세기 말엽부터 등장한 수학의 확률 이론은 통계학의 발전에 크게 의존하게 되었고, 20세기의 경제학 이론은 전통의 역사경제학 보다는 수학 이론의 발달에 힘입어 수학화되기 시작했다. 21세기에는 정보통신 기술이 발달함에 따라 학문 연구 방법에 있어서도 변화가 일어나게 되었는데, 경제학, 금융학, 전산학이 만나 핀테크Fintech(Financial + technology)라는 새로운 영역을 개척하기도 했다.

요컨대, Spohrer & Engelbart(2004)는 미래의 과학 연구의 분야를 다음 [표 1-2]와 같이 구분한 바 있다.

표 1-2. 미래 연구 분야의 통합성

일차적 체계	이차적 체계(System)	학문 분야
Ⅰ. 자연계 (Natural systems)	물리계 (Physical S.)	물리학, 천체물리학, 나노 기술 등
	생명계 (Living S.)	생물학, 화학, 동물생태학, 발생학 등
	인지계 (Cognitive S.)	인지 과학, 심리학, 신경생리학, 아동 발달학 등
Ⅱ. 인공계 (Human-made systems)	사회계 (Social S.)	사회학, 언어학, 경제학, 정치학, 문화 인류학 등
	기술계(Technology S.)	디자인과학, 인간공학, 바이오닉스 등

위 표는 시스템 개념을 바탕으로 과학적 탐구 대상이 어떻게 세분화되

고 있는지와 미래의 학문 분야들이 그 시스템 속에서 어떻게 나누어질 수 있는지를 잘 보여주고 있다. 그보다 중요한 것은 융합 지식의 관점에서 볼 때, 세부적 학문 분야들은 결코 독자적으로만 연구되거나 이해될 수 없다는 것을 의미한다. 미래 사회와 학문 연구의 방향은 위와 같은 시스템들이 완전히 통합적으로 다루어지는 방식으로 이루어질 것이다. 결국 지식의 융합은 독자적 학문 영역 자체의 존재를 부정하지는 않더라도 그 영역들이 홀로 존립하거나 연구될 때 이루어질 수 있는 것이 아니라, 주변 학문 및 지식 영역들의 끊임없는 교류와 소통을 바탕으로 한 연구와 논의를 통해 이루어지게 될 것이다.

5) 시스템 이론

지식 융합의 필요성을 이해하는 데 중요한 역할을 하는 또 하나의 관점은 바로 시스템 이론이다. 시스템 이론은 부분과 전체의 상호작용에 대해 연구하는 것으로써, 하나의 사실에 대한 지식(즉 관점이나 이해 혹은 설명)이 어떻게 전체의 맥락 속에서 이해될 수 있는지를 설명해주는 것이다.

가. 시스템 이론(Systems Theory)의 이해

시스템이란 서로 연관된 부분들이 모여서 만들어진 개체를 뜻한다. 따라서 시스템의 구성 요소는 개체, 이를 구성하고 있는 부분, 그리고 이들 부분 사이 및 개체와 부분 간의 상호 연관성이 강조되고 있다. 이러한 시스템 개념을 적용할 때 우리들 주변에는 수많은 각종 시스템이 존재하고 있는 것을 알 수 있다. 우주의 태양권 시스템으로부터 시작하여 우리의 물리적 환경을 구성하고 있는 자연 환경 시스템, 조직체 시스템, 그리고 우리들 자신의 생물체 시스템 등이 있으며, 이를 구성하고 있는 모든 부분 간의 상호 관계를 연구하고 이를 이해하는 데 도움이 되는 종합적인 틀을 제공하는 것이 기본 목적이다. 따라서 그 틀 자체가 일반 시스템 이론이라고 할 수 있다. 조직 연구에 있어서 시스템 이론은 일반 시스템 이론과 시스템 개념을 근거로 성립되었는데, 일반 시스템 이론은 여러 학문 영역에 걸쳐 과학적인 지식을 통합하는 기초로서 제시되었다.

하나의 시스템은 일관성 있는 전체로서 경계를 둘러싸고 내적 요소와 외적 요소가 구별되어 입력과 출력이 이루어질 수 있는 일관성을 가진 총체를 말한다(Ng, Maull, & Yip, 2009). 아리스토텔레스가 지식이란 부분들이 아니라 전체를 이해하는 것이라는 관점을 제시한 이후, 전체와 부분들의 상대적 역동성에 대해 많은 철학적 사유와 이론들이 제기되어 왔다. 이것이 20세기에 이르러 시스템 이론으로 발전된 것이다(Meadows, 2008). 시스템 이론을 기반으로 부분과 전체를 이해하고자 하는 것을 시스템적 사고(systems thinking)라고 하는데(Jackson, 2003), 부분들이 어떻게 연결되고 상호작용하여 전체의 새로운 양상을 만들어가는가를 주로 연구한다. 그러므로 시스템 이론은 그 총체적 존재의 조직과 기능, 그리고 산출을 이해하기 위해 부분적 요소들의 합이 아니라 전체로서의 현상을 분석하면서, 부분들의 관계와 상호작용에 초점을 맞추게 된다. 요컨대, 시스템적 사고는 어떤 조직이나 현상의 세부적 요소들의 역할을 분석하기보다는 조직 전체가 작동하는 양상을 총체적 관점(von Bertalanffy, 1968)에서 이해하려는 시도를 가리킨다.

시스템의 분석 단위는 부분들이나 구조들이 될 수 있고, 모든 시스템은 상위 시스템(supra-systems)과 하위 시스템(sub-systems)을 갖고 있다.

상위 시스템은 위계적으로 조직되어 시스템에 영향을 주는 것이고, 하위 시스템은 시스템에 의해 영향을 받으며 각자의 최종 상태(finality)를 결정하게 된다. 하지만 시스템 간의 경계가 유동적이기 때문에, 한 시스템은 상위 시스템 및 하위 시스템으로부터 물질과 에너지를 주고받으며 더 큰 시스템을 형성할 수도 있다(Barile & Polese, 2010). 이러한 시스템의 수준과 구조에 대한 개념은 지식의 개념화와 체계화, 그리고 일반화와 전이 등의 문제를 다루는 데 유용한 개념적 틀을 제공하게 된다.

시스템은 사물들이 조합되어 규칙적으로 상호작용이나 상호 의존성을 보이는 기관으로서, 자연적(호수), 인공적(정부), 물리적(우주선), 개념적(계획), 폐쇄적(봉인된 병 속의 화학성분), 개방적(나무), 정적(다리), 역동적(인간)일 수 있다. 즉, 가장 작은 시스템은 단일한 세포 조직이고, 가장 큰 시스템은 우주라고 볼 수 있는 것이다. 시스템의 요소는 부분, 사람들의 모임, 과정, 혹은 결과들이 될 수 있고, 그 특성은 투입물, 과정, 산출물이 될 수 있으며, 그 요소들 간에 관계나 상호작용과 특성들이 있다. 아울러 시스템적 사고에서는 관찰자/관찰 대상의 관계성에 주목할 필요가 있는데, 이를 통해 조직적 행동을 해석함에 있어 특정한 관점의 중요성을 이해할 수 있다. 이를 바탕으로 사회적 관계의 역동성, 개인의 삶의 양식, 동기, 그리고 조건 등이 조직의 운용에 어떤 역할을 하는지도 이해할 수 있다(Mele, Pels, & Polese, 2010). 요컨대, 시스템 이론은 자연계와 사회의 구성 및 운영 원리를 이해할 수 있는 개념적 틀이 될 수 있고, 그러한 의미에서 자연이나 사회에 대한 이해과 경험의 총합인 지식을 보다 체계적이고 통합적으로 다룰 수 있는 인식론적 틀이 될 수 있는 것이다.

나. 시스템 이론의 기본 원리와 속성

시스템이 물질, 에너지, 정보를 환경과 주고받는 동안 그것은 개방적 시스템인 것이고, 이러한 교환은 내적 요소들의 변환을 초래하여 항상성(homeostasis), 자기 조절(self-regulation), 평형화/균형(equilibrium/balance), 자기 생산(autopoiesis), 동종국성(equifinality/common finality)과 같은 현상을 일으킨다. 이와 같은 개념들은 생태주의적 과학 분야의 핵심 개념으로 활용되고 있고, 동시에 지식의 형성, 교류, 융합 등의 현상을 설명하는데 많은 시사점을 제공하고 있다.

시스템 이론의 핵심 개념에는 다음과 같은 기본 원리들이 있다. 것들이 있다(Beer, 1985; von Bertalanffy, 1962).

a. 항상성(Homeostasis)은 시스템과 외부 환경 간의 정보의 교환을 바탕으로, 시스템이 지속적으로 평형화 상태를 유지할 수 있도록 도와주는 기능을 가리킨다.

b. 자기 조절(Self-Regulation)은 하나의 적응적 매커니즘(adaptive mechanism)으로서, 시스템으로 하여금 자신의 구조적 한계 속에서 외부 세계와의 정보 교환을 통해 균형 잡힌 상태를 유지하도록 하는 기능을 말한다.

c. 평형화/균형(Equilibrium/Balance)은 참조 시스템(reference systems)의 틀 속에서 전체 혹은 일부 상위 시스템(supra-systems)의 요구에 맞게 적절한 조건을 제공하는 태도나 능력을 가리킨다.

d. 자기 생산(Autopoiesis)은 시스템의 자기 조직적(self-organizing) 특징으로서, 선택된 매커니즘을 통해 시스템의 내적 복잡성을 외부의 복잡한 환경 조건에 맞추어 나가도록 조절하는 능력을 가리킨다.

e. 동종국성(Equifinality)은 어떤 다양한 조건이나 상이한 경로를 따르더라도 결국에는 동일한 종착점에 도달하는 개방적 시스템이 갖는 원리를 말한다. 이러한 동종국성은 하나의 조직 속에서 부분들이 상호작용하면서 공동적 최종 목표에 도달함으로써 환경 속에서 생존해나가는 데 필요한 조건이다.

또한 위와 같은 시스템 이론의 기본 원리에 의한 시스템 속성은 다음과 같이 융합적 지식에 통찰력을 제공한다.

첫째, 융합적 지식은 단편적인 사실들을 아는 것이 아니라, 부분과 전체의 관계를 이해하는 것이다(전체성). 부분 간의 상호 연관성과 상호 의존성으로 말미암아 시스템은 단순히 부분의 집합체가 아니라 그 이상의 전체성을 띤 개체이다. 따라서 부분의 개별적 분석만을 통해서는 전체 시스템을 이해할 수 없고, 부분의 상호 관계를 중심으로 전체적인 분석을 통해야만 시스템을 이해할 수 있으며, 시스템의 부분도 전체 시스템을 고려하지 않고서는 정확하게 이해할 수 없다.

둘째, 융합적 지식은 지식들 사이의 연관성을 이해하는 것이다(구조성). 시스템을 구성하고 있는 부분들 사이에는 상호 연관성과 의존성이 존재하는데, 이것이 시스템의 가장 기본적인 속성이다. 그뿐 아니라 이들 부분은 상위 시스템과 하위 시스템의 여러 계층으로 구성되어 여러 관련 부분들이 한 시스템 속에서 그리고 다른 시스템과 상호 연관성과 의존성을 가지고 상호작용을 하고 있다. 따라서 시스템 간의 한계와 경계를 구분하기가 매우 어려운 상태에서 여러 시스템 계층이 서로 연결되어 마치 새들의 집과 같은 형태를 이루고 있다.

셋째, 융합적 지식은 특정한 목표를 가진 실제적인 지식이다(목적성).

시스템을 구성하는 부분 간의 상호 연관성은 시스템이 어떠한 목적을 달성하기 위하여 부분들이 상호작용을 하고 있다는 것을 의미한다. 일반적으로 시스템의 목적은 부분 간의 균형을 통하여 시스템 자체를 계속 유지하는 것이고, 나아가서는 더욱 성장하는 것이다.

넷째, 융합적 지식은 문제 해결을 위해 필요에 따라 새로운 정보를 수용할 수 있는 개방적인 지식이다(개방성). 한 시스템이 자체의 목적을 달성하려면 이에 필요한 입력이 투입되어야 한다. 투입된 입력은 전환 과정을 통하여 목적 달성에 필요한 활동이나 출력으로 변형된다. 이 목적 달성 과정에서 시스템이 얼마나 입력 에너지를 받을 수 있느냐에 따라서 시스템의 폐쇄성과 개방성이 결정된다. 즉, 폐쇄적 시스템[8]에서는 입력이 일단 결정되면 이것이 변하지 않는 반면에, 개방적 시스템에서는 입력이 계속적으로 투입되어 시스템의 목적 달성이 계속 유지될 수 있다.

다섯째, 융합적 지식은 마구잡이로 섞어놓은 지식이 아니라 지식의 효용성을 위해 적절한 통제와 피드백을 거치는 지식이다(조절성). 한 시스템이 자체의 목적을 달성하기 위하여 부분들이 서로 연관되어 상호작용을 하고 있다면, 이 상호작용이 효율적으로 잘 이루어질 수 있도록 하는 어떠한 통제 역할이 필요하다. 이 통제 기능은 그 시스템이 달성하고자 하는 목적과 실제 상황을 중심으로 발휘되므로 시스템 상황을 알려주기 위한 정보 피드백이 작용하게 되고, 이 정보 피드백이 정확하고 신속하

8) 엔트로피(Entropy) : 열역학 법칙에 의하면 시스템은 배우의 엔트로피 작용에 의하여 자연 소화 또는 부패되어 버리는 경향이 있다. 따라서 시스템은 엔트로피 작용에 대응할 수 있는 부엔트로피(negative entropy)를 에너지 입력 형태로 투입하여 엔트로피 작용을 제거시킴으로써 자체의 존재를 계속 유지할 수 있다. 그러므로 에너지 입력을 외부로부터 계속 받지 못하는 폐쇄적 시스템은 엔트로피 작용에 의하여 소멸될 가능성이 높아진다.

게 이루어지도록 자동 장치를 설치하게 되면서 이 통제 기능은 점점 자동화되어 간다.

여섯째, 융합적 지식은 지식의 세밀화를 부르며 점차 전문화될 수 있다(전문성). 시스템 수준이 높아지고 복잡해질수록 시스템을 구성하고 있는 부분의 기능이 더욱 전문화되고 기능 간의 차이가 커진다. 따라서 분화된 기능을 통합시키는 상호작용이 시스템 목적 달성에 매우 중요해진다.

일곱째, 융합적 지식을 통한 문제의 해결에는 다양한 접근법들이 존재할 수 있다(동종국성). 시스템이 도달하는 똑같은 결과에도 여기에 작용하는 원인 요소는 각기 다를 수 있는데, 이러한 현상은 시스템 부분 간의 유기적인 관계가 높은 개방 시스템에서 현저히 나타나고 있다. 그러므로 시스템 목적 달성에 있어서 의사 결정의 대안이 많을수록 효율적인 입력과 최선의 대안 선정이 중요하게 된다.

요컨대, 위와 같은 시스템의 속성들은 융합적 지식에 대한 다음과 같은 시사점을 제시하고 있다. 즉, 지식이 개별적으로 존재하는 것이 아니며 전체 지식의 체계 속에서 상호 연관되어 있고, 특정한 목적을 위하여 융통성있는 새로운 정보의 수용, 적절한 피드백에 의한 조절, 세분화와 전문화되어 있다는 인식을 바탕으로 지식이 융합적으로 구성된다면 문제 해결에 있어서 큰 효과를 발휘할 수 있다는 것이다.

다. 시스템 이론과 자기 학습

초기(1950~60년대)의 시스템 이론이 하나의 시스템이 주변의 시스템과 어떻게 상호작용을 하며 환경에 적응해나가는가를 탐구하는 데 주력하였다면, 1970년대들어 시스템 이론에 새롭게 등장한 개념들이 바로 자동 학습(auto-learning), 자기 조직(auto-organization), 그리고 자기 생성(auto-poiesis)[9]이었다(Maturana & Varela, 1975). 이 개념들은 시스템과 환경 간의 관계성에 대한 통찰을 바탕으로, 시스템 내부에서 부분과 전체의 관계를 통해 시스템이 어떻게 자신을 재창조하는가를 탐구한다. 자기 생성은 생물 시스템의 본질과 자기 재생의 과정(produces "itself from itself")에 대해 연구하는데, 자생적 시스템(autopoietic system)은 환경과 에너지를 교환하면서 단순히 환경에 적응하는 것을 넘어서, 시스템과 주변 환경이 구조적 결합(structural coupling)을 통해 공진화(co-evolve)하고 상호 결정(co-determine)하는 원리를 탐구하는 것이다(Beer & Gery, 1972).

이 자기 생성의 개념은 사회학에도 적용되기 시작하였는데, 루만은 그의 사회 체계 이론에서 자기 생산 개념을 체계화시켰다(Luhmann, 2007). 자연환경과 생명 시스템의 밀접한 관계를 탐구했던 자연과학과는 달리, 사회학에서는 복잡한 외부 환경으로부터 어느 정도 독립된 사회적 시스템을 전제하였는데, 이 과정 속에서 복잡성이 축소된 시스템에서 자기 규제나 자기 조직을 의미하는 자기 참조적(auto-referential) 시스템을 추구하게 되었다. 이 자기 참조 시스템은 자기 학습(auto-learning)의 원리를 바탕으로 시스템 스스로가 투입과 산출의 피드백을 자체적으로 해결하며 유지되는 것이다. 이때 시스템은 자신이 가진 지식에 기반하여 환경을 해석하는 행위인 회고적 지식의 기능을 수행하게 되고, 자신의 자원과 에너지를 시스템을 유지하고 문제를 해결하는 데

---

9) 이는 생명 시스템이 내부 기관을 조절하고 경계를 보호함으로써 시스템을 유지하고 새롭게 하는 원리를 말한다. 이 자기 생성을 통해 원시 박테리아가 최초의 생명 세포가 될 수 있었으며(Margulis & Sagan, 2000), 이 자기 생성의 원리를 토대로 한 자기 생산 매커니즘을 이해하는 것이 생명체의 다양성과 독특성을 이해하는 첩경이다(Varela, 1981).

사용한다(von Foerster, 1981).

Stermann(1994)은 이러한 자기 규제와 자기 조직의 원리를 바탕으로 사람들이 하나의 되먹임 과정으로써의 학습을 어떻게 수행하는가를 연구하였다. 그는 "학습이란 어떤 작업에 대한 피드백 정보를 받아 우리의 결정과 그러한 결정들의 동기가 되는 정신적 모형을 바꾸는 피드백 과정이다. 불행히도 실제적인 사회적 행위의 세계에서는 여러 가지 방해물들이 이러한 학습 피드백이 제대로 작동하는 것을 방해하고, 잘못된 신념과 행동이 지속되도록 만든다(Stermann, 1994, p. 291)"라고 주장한 바 있다. 이러한 학습의 개념이 스마트 시스템의 핵심 요소가 되었는데, 스마트 시스템은 그 구성 요소들이 자기 재구성의 원리를 바탕으로 시스템이 가진 자원을 최대한 활용하여 관련 요소들이 적시에 개입하고 바람직한 상호작용을 지속하도록 하여 목표를 달성해 나가게끔 조정하는 시스템인 것이다.

자기 규제 전략

학생들이 스스로 목표를 설정하고, 그 목표를 달성하기 위한 전략을 개발하고 아울러 자신의 학업 성취도를 반성함으로써 학습이 가장 잘 이루어질 수 있다. 이 과정을 심리학적으로 설명하면 자기 규제인데, 그 핵심으로 인지 관리 전략과 동기화가 있고 자기 규제를 위해서는 의지와 기술이 모두 필요하다. CUNY의 심리학 교수인 Barry Zimmerman은 자기 규제를 세 단계로 정의한다.

1) 예견 : 단기적이고 도전적이면서도 달성 가능한 목표를 설정하고, 목표 달성에 필요한 자신의 능력(자기 효능감)을 평가한다.
2) 수행 : 공부 시간 정하기. 기억술 활용하기, 내용 요약하기 등과 같은 효과적인 학습 전략을 개발하거나 채택한다.

3) 회상 : 위와 같은 전략이 학습 목표를 달성하는 데 얼마나 도움이 되었는지를 평가하고, 그 결과에 따라 적절하게 전략을 조절한다.

이와 같은 원리에 따라 자기 규제 전략을 활용한 학생들은 이전까지의 SAT 점수나 학점을 바탕으로 예측한 성적에 비해 30% 정도 성적이 향상되었다는 것을 발견하였다(Zimmerman, 1998).

라. 시스템 이론과 학문 간의 융합

시스템 이론은 자연, 사회, 그리고 여러 과학 영역에 대한 학제 간 이론으로 발전하면서, 자연 혹은 생태과학, 화학 및 생물학(자기 생산 측면), 사회학 및 심리학(인지적 측면), 그리고 정보기술 분야(사이버네틱스 측면) 등의 연구에 적용되고 있다. 보다 구체적으로는 서비스 시스템(Service Science, Management, Engineering and Design : SSMED), 능동 시스템(Viable Systems Approach : VSA), 스마트 시스템(시스템적 사고), 정맥(reticular) 시스템(네트워크 이론), 생활 시스템(자연 과학), 경제 시스템(경제학), 사회 시스템(사회학), 기관 시스템(법학), 기술적 시스템(사이버네틱스), 개념적 시스템(심리학), 그리고 생태 시스템(생태학) 등의 다양한 영역에서 연구가 수행되고 있다. 이처럼 현재 시스템 이론은 매우 다양한 학문 분야 및 실용 분야에서 활용되고 있으며, 그만큼 학문 간의 융합과 지식의 교류를 바탕으로 한 간학문적 접근을 필요로 하고 있다.

Von Bertalaffy(1956)은 시스템을 상호작용하는 요소들의 복합체라고 정의하면서, 시스템적 사고가 보편적 원리를 찾고자 하는 모든 학문 분야에서 중요하다고 강조한 바 있다. 그는 시스템 이론을 기존의 과학적 탐구의 토대가 되었던 분석적이고 기계적 패러다임과는 전혀 다른 새로운 과학적 패러다임이라고 보았다. 시스템 이론의 가장 중요한 요소는 상호작용인데, 그 핵심 개념은 한 요소가 독자적으로 존재할 때와 다른 요소들과 상호작용할 때는 근본적인 차이가 있다는 것이다. 이 상호작용의 방식에 따라 시스템은 크게 개방(open), 폐쇄(closed) 그리고 분리(isolated) 시스템으로 나뉜다. 개방 시스템은 에너지 물질, 정보, 그리고 인적 자원들이 시스템과 외부 환경 사이를 오갈 수 있고, 폐쇄 시스템에서는 에너지의 교환만 가능할 뿐, 정보와 물질의 교환이 이루어지지 않으며, 분리된 시스템에서는 모든 요소들의 교환이 이루어지지 않는다.

시스템의 가장 중요한 목적은 자체 시스템의 유지와 주변 시스템과의 교류를 통해 환경에 적응하는 것이다. Beer(1972)는 "변화하는 환경 속에서 생존하기 위해 시스템이 어떻게 적응할 것인가"라는 질문을 바탕으로 시스템의 생동성을 강조한 생동적 모형을 제시한 바 있다. 생동적 시스템(viable system)은 시스템이 자기 조직을 제어(regulatory)하고 주변 환경과 상호작용하는 방식이 생명체 조직과 같은 자율적 조직에 의해 이루어지는 것을 가리킨다. 이러한 생명체의 생동적 시스템을 간학문적으로 응용하여 기계공학의 분야에 적용한 대표적인 예가 바로 사이버네틱스이다. 사이버네틱스는 시스템이 내부의 복잡성과 주변 환경의 복잡성을 모두 고려하면서 피드백 교류를 통해 적응해 나가는 방식을 연구하는 분야이다(Golinelli et al, 2002; Barile, 2005). 이러한 유기체의 특징인 생동적 시스템을 로보틱스, 전자공학, 경영 시스템, 사회 시스템과 같은 다양한 시스템에 적용함으로써 시스템의 전체 조직 이해, 운영 방법 개선, 문제 해결, 새로운 제도의 적용, 그리고 대안적 시스템의 효과성을 판단하는 데 유용한 개념적 틀로 사용할 수 있는 것이다(Beer, 1972; Espejo & Harnden,

1989; Espejo, 1999; Christopher, 2007).

6) 게임화(Gamification)

게임 산업은 그 개발 과정에서뿐만 아니라 게임을 경험하는 과정에서도 지식의 융합이 큰 시너지를 발휘할 수 있는 미래의 유망 업종이다. 그렇다면 게임화는 지식의 융합과 어떤 관련이 있으며, 어떻게 지식의 융합을 촉발하는가? 게임화가 융합의 핵심 요인이 될 수 있는 이유는 게임의 세 가지 속성인 몰입, 협력, 시뮬레이션의 특성을 통해 이해할 수 있다.

가. 몰입

게임을 통한 학습이 가진 가장 두드러진 특징은 재미이다. 재미있기 때문에 학습자들의 몰입을 이끌어낼 수 있다는 것이다(Malone & Lepper, 1987). 즉, 게임의 장점은 참여자들로 하여금 몰입과 집중을 강화함으로써 게임에 대한 내적 동기화 효과가 크다는 것이다. 지커맨(2012)은 자신의 책에서 '게이미피케이션Gamification'을 '게임적인 사고와 기법을 활용해 유저를 몰입시키고 문제를 해결하는 과정'이라고 정의하고, '몰입(engagement)'을 '어떤 사람이 다른 사람이나 장소, 물건, 생각 등과 관계를 유지하는 기간'이라고 정의하였다. 게임이 가진 이러한 재미와 몰입의 특성은 학습의 차원에서 많은 장점을 가지고 있다. 게임이 대부분 내적 동기에 의한 활동이라는 점과 몰입력이 높다는 것 때문에 쉽게 학습의 내용에 집중할 수 있고, 초기 학습 효과가 크다는 것이다. 특히 '심시티SimCity'나 '문명(Civilization)'과 같은 시뮬레이션 게임들은 게임의 목표를 달성하기 위해 다방면의 지식들을 활용하고, 메타 인지적 전략을 활용하며, 리얼리티에 입각한 적용을 시도하는 등의 융합 지식의 활용 차원에서 효과를 갖는다.

그러나 이러한 재미, 몰입, 집중이라는 게임의 특성들은 자기 조절 능력이 부족한 청소년들에게 악영향을 미칠 수 있다는 문제가 있다. 그러한 악영향의 대표적인 예가 중독이다. 예를 들어 청소년 폭력 문제가 불거질 때마다 그들이 몰입했던 게임들과 게임 중독으로 인한 현실감 상실이 문제의 원흉으로 지목되며, 이를 예방하기 위한 정책으로 '셧다운 제도'가 등장하기도 했다. 그러므로 인간의 정신 활동에 있어서 몰입은 집중력 강화라는 긍정적인 효과와 중독성이 있다는 부정적인 영향을 같이 가지고 있는 양날의 검이다. 몰입이 가진 이 양면적인 성격을 잘 조절하지 못한다면, 모든 '교육용' 게임은 교육적 측면에서는 실패할 수밖에 없다.

나. 협력(collaboration)

역설적이게도 지커맨은 사람들이 게임에 몰입하고 중독되는 이유는 게임이 가져다주는 '재미' 자체가 아니라, 게임에 중독되게 하는 매커니즘 때문이라고 주장한다. 예를 들어, 게임에 중독된 사람들은 지속적으로 재미가 있어서 계속 게임에 빠져드는 것이 아니라, 다른 요인들 즉, 목표 의식, 동참자들과의 관계나 역할 부담, 혹은 스트레스 해소와 같은 부차적 이유 때문에 게임에 중독된다는 것이다. 즉, 게임에 참여함으로써 무언가의 보상을 받는 구조가 몰입을 가져온다고 주장한다. 사용자들이 다중 역할 게임(MMORPG)에서 특히 중독의 증상을 보이는 이유는 이 때문이다. 그리고 위와 같은 다중역할게임의 중독성은 인간이 관계적 존재이고, 다양한 조건에 의해 동기화되는 존재라는 것을 보여준다.

그렇다면 게임이 갖는 동기화 혹은 흥미 유발의 요소를 학습이나 훈련(운동)에 적용하여 몰입하게 하려면 어떤 보상 체계가 필요할까? 지커맨은 이러한 몰입을 위한 보상책으로 지위(Status), 접근권(Access), 권력(Power), 물품(Stuff) 등 네가지를 꼽고 있다. 게임에서의 순위는 '지위'를 말해준다. 게임 상급자에게 주어지는 할인권, 프로게이머 등과의 만남 권한 등이 '접근권'이다. 게임 속에서 다른 사용자를 지배할 권리, 포룸 등에서 관리 업무를 하는 것 등이 '권력'이며, 경품 등은 '물품'에 속한다. 결국 게임에 몰입 또는 중독시키는 것은 게임의 내용 자체가 아니라, 게임에 참여하는 과정에 수반되는 어떤 요소인 것이다. 결국 그 요소는 게임에 참여하는 사람들의 관계성이나 역할 분담의 문제이다.

그런 의미에서 사람 간의 관계 형성이나 집단적 참여를 바탕으로 하여 새로운 것을 탐구하고 교육적 목적도 달성하는 게임들이 많이 개발되고 있다. 예를 들어, 집단의 참여를 바탕으로 개발된 과학 영역의 게임 프로젝트가 바로 '폴드잇FoldIt'이다.[10] 이 게임은 2008년 5월 데이빗 베이커 워싱턴대 교수팀이 제작하였으며, '흔들기', '구부리기', '다시 만들기' 등

10) 이 폴드잇(FoldIt)은 2012년 저명 과학 저널 '사이언스'와 미 국립과학재단(NSF)이 선정한 '국제 과학·공학 시각화 대회'에서 1위로 뽑혔다. 이 게임을 제작한 워싱턴대 연구진은 "컴퓨터는 복잡한 계산에서는 인간을 능가하지만, 직관이 필요한 3차원 퍼즐 풀이에는 인간보다 떨어진다"는 점에 착안해 에이즈 치료제 개발에 필요한 단백질 3차원 구조를 분석하는 게임을 만들었다. 사람들이 폴드잇 게임을 하면서 단백질 구조를 탐색하는 것인데, 아미노산 사슬(초록색)을 분자 간에 밀고 끄는 힘을 고려해 이리저리 접어서 에너지가 가장 작은 안정된 3차원 구조를 만들면 된다(단백질은 20가지 아미노산으로 구성돼 있다. 이 아미노산 사슬들은 분자 간에 서로 밀고 당기는 힘에 따라 적절히 접히면서 3차원 구조를 만든다. 단백질 기능을 분석하려면 아미노산 사슬의 구조를 컴퓨터로 계산해야 하는데, 아미노산을 이루는 분자가 워낙 많아서 오류가 발생할 수 있다).

의 기능을 이용해 단백질의 3차원 구조를 더욱 효율적인 형태로 바꾸는 게임이다. 그리고 접힘 현상의 효율이 좋아질수록 높은 점수를 받을 수 있는 게임으로, 이 게임에는 6만여 명이 참여하였다. 또한 폴드잇 게이머들 덕분에 세포에서 에이즈 바이러스가 증식하는 데 필수적인 한 단백질의 구조를 알아냈다는 연구 결과를 지난해 9월 '네이처 구조 분자생물학'에 발표했다. 10년 간 수많은 과학자들이 해결하지 못한 문제를 게이머 수만 명이 달려들어 10일 만에 해결한 것이다. 이 사례는 게임의 형태로 수행된 집단 지성이 이루어낸 과학적 성과라고 볼 수 있다.

이와 비슷하게, 캐나다 맥길대에서 개발한 컴퓨터의 DNA 해독 오류를 찾아내는 '파일로Phylo'는 컴퓨터와 인간이 서로 부족한 부분을 보완하는 과학 연구 게임이다. 이 게임은 질병 유전자 해독 게임으로써, 기본 DNA 해독은 컴퓨터가 담당하고, 게이머들은 블록 형태로 제시되는 유전자 서열에서 위치가 잘못된 것을 찾는다. 복잡한 계산은 컴퓨터가 인간보다 훨씬 뛰어나지만, 시각 정보의 패턴을 인식하는 데는 인간이 더 낫다는 점을 활용한 것이다. 지난 2년 간 2만 명이 참가해 35만 건의 DNA 해독 오류를 찾아냈다고 연구진은 밝혔다.

미국 카네기-멜론대와 스탠포드대가 개발한 'EteRNA' 게임도 폴드잇과 비슷하다. DNA 유전 정보는 RNA를 거쳐 단백질을 만들고, 일부 RNA는 유전자 조절 기능이 있는데, 게이머는 간단한 규칙에 따라 유전자 조절에 핵심적인 역할을 하는 RNA의 새로운 구조를 만들어야 한다. 연구진은 이 가운데 매주 게임에서 최고 점수를 얻은 RNA 구조를 실험실에서 합성해 실제로 기능을 하는지 확인한다. 게임에서 최고점을 얻었을지라도 실제 합성하면 제대로 구조가 이뤄지지 않을 수도 있다. 이 게임의 모토가 '게임은 사람이 하고, 점수는 자연이 매긴다(Played by

Humans, Scored by Nature)'이듯이 게임의 결과는 실제 원리를 바탕으로 평가된다.

지금까지 소개한 것처럼 집단 참여 게임은 게임 속에 제시된 문제들을 많은 사람들이 집단 지성을 활용하여 공조와 협력을 통해 해결해나가는 기회를 제공한다. 이때 집단 지성의 역할은 서로 다른 관점에서 문제를 바라볼 수 있고, 브레인스토밍을 할 수 있고, 다양한 사례와 자료들에 대한 통찰을 통해 문제 해결의 실마리에 훨씬 쉽게 접근할 수 있다는 점이다. 요컨대, 집단 참여 게임의 특성은 게임 자체가 달성하고자 하는 인지적으로 뚜렷이 동기화된 목표가 있고, 게임의 내용이나 구조가 분명한 교육적 콘텐츠를 기반으로 이루어져 있으며, 게임의 개방성을 바탕으로 수많은 참여자들을 유인하여 집단 지성을 발휘할 수 있는 토대를 만들어 주었다는 점이다.

다. 시뮬레이션(simulation)

교육용 게임이 학생들로 하여금 지식의 통합적 적용을 자극함으로써 어떻게 학습에 도움을 주는가를 연구하는 분야가 바로 GBL(Game-based Learning)이다(Mozelius, Fagerström, & Söderquist, 2016). 예를 들어, 비디오 게임이 학습과 문해력 신장에 도움을 줄 수 있다는 연구(Gee, 2003)에서부터, 다중 참여 역할 게임(MMORPG)들이 참여자들의 내적 동기를 높일 수 있다는 연구가 있으며(Dickey, 2007), 시뮬레이션 게임처럼 참여자 스스로 목표 의식을 가지고 게임의 내용을 구성해나가는 방식은 교육적 효과가 크다.

지식의 융합 차원에서 시뮬레이션 게임은 다음의 세 가지 장점을 가지고 있다. 첫째, 현실의 문제를 모델링이나 시뮬레이션을 통해 실제 현실에서 할 수 없는 많은 지적 탐색을 통해 해결 방법을 찾게 한다. 둘째, 시뮬레이션이 문제 해결을 위한 맥락을 제공해 주고, 아이디어 산출의 구심점이 되는 플랫폼 역할을 한다는 것이다. 셋째, 시뮬레이션 게임은 이론을 실제 기술과 문제 해결에 적용해 볼 수 있는 가장 좋은 방식이라는 점이다.

지금까지 교육계에서는 '에듀테인먼트'라는 명목 하에 수많은 게임을 개발해 보급했지만 그리 성공적이지 못했다. 기존의 교육용 게임들은 부모나 교사, 교육 전문가들이 교육용 소프트웨어를 바탕으로 게임적 요소들을 작위적으로 적용하여 게임의 특성과 교육적 효과가 적절히 융합되지 못한 사례가 많았는데, 이러한 게임들의 한계는 사용자들(학생들)이 그 어느 누구보다 잘 느낄 수 밖에 없었다. 사용자들은 게임 제작자의 얄팍한(?) 의도를 쉽게 알아차리고 게임에 지속적인 흥미를 느낄 수 없었기에 교육용 게임은 실패하기 십상이었던 것이다.

게임화에 대한 지금까지의 논의를 바탕으로 게임화가 지식의 융합이라는 차원에서 세 가지 효과를 갖고 있음을 알 수 있다. 첫째, 학습자들이 게임의 내용을 통해서 내적 동기화가 쉽게 이루어지고, 이러한 내적 동기화는 학생들의 사고로 이루어진다는 것이다. 둘째, 게임에 참여하는 과정에서 다양한 개인들의 아이디어와 협력의 과정에서의 새로운 통찰과 집단 지성이 융합적 지식의 효과를 가져올 수 있다는 것이다. 셋째, 시뮬레이션 게임의 사례에서 잘 드러나듯이, 게임은 이론이나 개념을 현실의 사례에 적용하는 능력을 기를수 있는 가장 좋은 학습의 매커니즘이다. 특히 실제 과업들을 수행해 나감에 있어 필요한 능력은 다양한 지식을 활용하여 문제를 해결하는 것이라고 할 수 있다. 시뮬레이션 게임은 그러한 면에 있어서 탁월한 효과를 가지고 있다(Kriz, 2003; Leger, 2006).

7) 복잡성 이론

가. 복잡성 이론의 이해

지금까지의 과학 이론들은 자연계에 존재하는 여러 가지 복잡한 현상을 그동안 알려진 뉴튼의 물리학적 법칙들과 같은 주요한 인과적 법칙들을 바탕으로 파악하고 예측 가능하다고 믿었다. 기계주의적 단순 원리를 통해 자연계의 법칙들을 설명할 수 있다고 믿었던 이러한 분석적 사고는 오늘날 과학 문명의 토대를 다지는 데 중요한 역할을 하였지만, 동시에 자연계의 많은 현상들을 그러한 기계론적, 인과적, 환원주의적 이론만을 가지고 설명하기 어렵다는 것도 인정할 수밖에 없었다. 그 대표적인 현상이 바로 오늘날 복잡계(complex system)라고 특징지워질 수 있는 대기 현상, 생물학적 현상, 미립자 단위의 현상, 그리고 사회 현상과 인간의 정신 영역이다.

Mitleton-Kelly(2003)는 복잡성 이론의 접근 방법을 복잡 적응계(complex adaptive system), 소산적 구조(dissipative structure), 자기 생성적 이론(autopoiesis theory), 카오스 이론, 수확 체증과 경로 의존성이라는 다섯 가지 분야로 구분한 바 있다. 이러한 접근 방법이 공통적으로 주목하는 복잡성 이론의 특징은 전체가 부분의 합보다 크며 전체의 변화는 부분 간의 상호작용에서 기인한다는 것이다. 그 동안의 결정론적 또는 인과론적 세계관과 달리, 복잡성 이론에서는 세계가 예측 불가능한 결과를 초래하는 자기 조직적 방식으로 움직이므로 비선형적 창발(non-linear emergence)이 새로운 질서로 드러날 수 있다고 주장한다. 그런 점에서 부분의 합이 전체와 다를 수 있으며 항상 균형으로 회귀하지 않을 수도 있다고 본다.

Teisman & Klijn(2008)에 의하면 복잡성 이론은 기존의 기계론적 이론에 비해 다음과 같은 네 가지 차별화된 인식을 갖는다. 첫째, 전통적인 과학적 접근 방법이 가정하는 것보다 훨씬 동적인 것으로 현상을 바라본다는 것이다. 둘째, 현상은 외적인 영향력에 의해서만 발전하는 것이 아니라는 것이다. 행위자, 정책, 과정 등은 주어진 법칙이 아니라 자기 조직적 역량에 따라 변화하므로, 모든 것이 발생 가능한 혼돈스러운(chaotic) 상황이 가능하다는 설명이다. 셋째, 맥락의 중요성을 강조한다. 생태계의 복잡성을 예로 들면, 맥락은 생명체가 존재하고 행동하는 환경을 의미한다. 맥락의 다중성(multiplicity)과 그 안에서의 생명체들 행위의 역동성에 따라 시스템은 끊임없이 변화한다. 넷째, 행위자의 역할을 중시한다. 행위자들은 자기 조직적이며 그들이 처한 지형도에서 무엇을 원하고 어떻게 행동해야 할 것인가에 대한 인식을 스스로 창조한다고 보는 것이다.

콜체스터(2016)에 따르면, 복잡성은 또한 다음과 같은 특징을 지닌다. 첫째, 복잡성은 어느 체계 내 구성 요소들의 수에 대한 척도이다. 대규모 사회일수록 그 사회 속의 구성원들의 수가 훨씬 많고 그들 사이의 관계도 복잡하다. 그러므로 대규모 사회는 나름대로의 위계나 조직적 체계를 가지고 구성되지만, 그러한 체계가 고정적이거나 구성원 사이의 관계가 획일적이지 않은 경우가 많다. 그렇기 때문에 복잡성 이론을 통해 그러한 대규모 사회 속의 구성원 간의 관계성을 이해하지 않으면 안된다.

둘째, 복잡성의 수준은 체계 내 연결성의 정도를 측정함으로 알 수 있다. 사실 어느 체계 내 구성 요소들 사이 연결성의 수준이 낮을 때에는 간단히 개별적 구성 요소의 특성들을 서술함으로써 그 체계를 설명할 수 있지만, 연결성의 수준이 증가하게 되면 체계를 규정하게 되는 구성 요소들 사이의 관계들도 증가한다.

셋째, 복잡계 속에서도 구성 요소들은 차츰 안정화를 모색하고 패턴을 형성하거나 리듬을 갖게되는 경우가 있다. 이러한 경우를 적응(adaptation)이라고 볼 수 있는데, 이러한 적응은 카오스 이론의 경우 '혼란 속의 질서'라는 개념으로 이해할 수 있다. 즉, 복잡계는 수많은 요소들이 유동적이고 역동적 운동 양상을 띠지만 그 안에 규칙과 패턴을 갖고 있을 수 있다. 이러한 복잡계의 패턴화 경향을 자기 조직화라고도 한다. 이러한 특징으로 인해 복잡계는 복잡 적응계(complex adaptive system)라고도 불리우며, 그 개별적 구성 요소들이 상호작용하고 동조하여 패턴들을 형성할 수 있기 때문에 아래로부터 조직의 창발이 가능해지며, 중앙 집권적 통제로부터의 자율성을 갖고 있는 것이다.

넷째, 복잡성은 어느 체계 내 구성 요소들 사이의 다양성의 정도에 대한 척도이기도 하다. 부분들 사이의 다양성이 클수록, 근본적인 공통 특징들을 포착하기 위해 우리 모형은 더욱 복잡하고 추상적인 것이 되어야 한다.

위와 같은 복잡계 이론이 설명하는 복잡계의 특징은 시스템 내의 구성 요소들 간의 관계가 단순히 위계적, 선형적, 고정적인 것이 아니라, 끊임없이 변화하고 상호의존적이며 역동적인 관계를 통해 시스템이 생성, 유지, 발전된다는 것을 알게 해준다. 그리고 이러한 복잡성 이론은 지식들 간의 관계성뿐 아니라, 그 지식이 우리의 인식 속에서 다루어지는 방식에 대해서도 의미있는 통찰을 제시해준다.

나. 복잡계의 작동 원리

이러한 복잡계의 성격에 대한 이해를 바탕으로 복잡계의 대표적인 작동 원리를 몇 가지 제시해 보고자 한다.

(1) **상호작용의 원리** : 복잡성은 요소들 간의 관계에 의해 생성되는데, 단순한 구성 요소가 수많은 방식으로 상호작용함으로써 현상적으로 복잡성을 띄게 만드는 경우도 있다. 그리고 겉으로 보이는 현상은 규칙적인데 구성 요소들의 관계가 복잡한 경우도 있다. 이처럼 단순한 요소들 간의 상호작용 및 반복, 누적, 규칙적 패턴화를 통해 복잡하게 보이는 현상을 만들어 내는 것을 복잡계의 특징 중 하나이다.

(2) **피드백 고리**(feedback loops) : 복잡계는 피드백 고리의 형성을 통해 이루어지며, 피드백 고리를 통해 어떤 단계적 과정의 결과가 스스로에게 되돌아와 다시 미래의 행동에 영향을 주게 된다. 피드백 고리로 인해 그 시스템은 환경과 상호작용을 통해 계속적으로 적응할 수 있게 된다. 즉, 시스템이 환경의 변화 양상에 맞춰 자신의 구성 요소들을 재조직하면서 능동적으로 적응하는 것이다. 피드백 고리는 복잡계가 동적 평형을 이루게끔 하는 가장 중요한 요인이다. 피드백 과정에 의한 동적 평형을 통해 환경의 변화에 유연하게 적응할 수 있고, 시스템 자체에 자연스러운 복원력을 부여하게 된다.

(3) **동적 평형**(dynamic equilibrium) : 생명이란 작은 요소들로 분해될 수 있는 합성체라기 보다는 생명 시스템 내에서 작은 요소들이 역동적으로 흐르면서 상호작용하는 현상 자체이다. 신체의 말단 부위에서부터 내부 장기나 조직뿐만 아니라 고정적인 구조처럼 보이는 뼈나 치아에서조차 수많은 원자들이 생명체 내부와 외부를 빠르게 넘나들며 끊임없

는 분해와 합성을 반복하고 있다. 결국 생명 현상 과정에서 끊임없이 분자의 생성과 소멸을 반복하는 동적 흐름이 생명체 자신이 의식하지 않은 수준에서도 자발적으로 일어나고 있고, 이 동적 흐름의 평형 상태가 생명체를 유지하는 것이다.

동적 평형

"생명이란 동적 평형 상태에 있는 흐름이다."

과학자 쉰하이머는 "생명체인 우리 몸은 플라스틱으로 된 조립식 장난감처럼 정적인 부품으로 이루어진 분자 기계가 아니라 부품 자체의 다이내믹한 흐름 안에 존재한다"고 말함으로써 생명 시스템의 역동성을 강조한 바 있다. 이 역동성이 바로 생명체가 항상성을 유지하기 위한 전략의 하나인 동적 평형이다. 동적 평형은 시스템system이 환경으로부터 유입되고 유출되는 에너지와 물질의 흐름에 따라 그 시스템의 지속성과 안정성을 유지하기 위해 변화하는 적응 전략을 가리킨다. 시스템은 외부 자극에 의해 손상되거나 손실을 입게 되면 그 결함을 메우기 위해 자신의 평형점을 이동시켜 조절하고자 하는데, 그 조절 원리가 동적 평형이다.

동적 평형은 생명체가 매우 융통성있는 조절과 적응 능력을 지닌 시스템이란 것을 시사한다. "생명이란 요소가 모여 생긴 구성물이 아니라 요소의 흐름이 유발하는 효과이다"라는 말처럼, 환경에 적응해 나가기 위해 에너지와 물질들이 유기적으로 흐르면서 완성된 시스템을 이루고 있는 것이 바로 생명체인 것이다. 즉, 생명은 그 내부에 얽히고 설킨 형태의 상보성에 의해 지탱되며, 그 상보성으로 인해 끊임없는 흐름 속에서 동적인 평형 상태를 유지할 수 있는 것이다. 생명체를 유지하는 작은 세포들이 손상되더라도 새롭게 생성되는 세포들이 유전자의 지휘에 따라 자신의 역할에 맞는 적절한 위치와 형태를 띠고 생명체 내에 자리 잡게 된다(김승환, 1995).

(4) 비선형성(non-linear) : 복잡계는 비선형성을 띤다. 선형성이 특정 원인은 반드시 특정 결과를 가져온다는 인과관계의 원리에 바탕을 두었다면, 비선형성은 이러한 인과관계에 구속받지 않고, 특정 원인이 특정 결과에 영향을 미칠 수도 있고, 그렇지 않을 수도 있으며, 그 결과에 영향을 미치는 정도도 달라질 수 있다.

(5) 창발성(emergence) : 창발성은 본서의 앞 부분에서 설명한 바와 같이, 생명체와 같이 열린 시스템(open system)의 발생 과정에서 돌연변이처럼 새로운 형태나 종이 출현하는 것을 가리킨다. 자연현상에서도 복잡계 이론이 설명하는 혼돈 속의 규칙성 혹은 반대로 안정된 시스템에서 일어나는 갑작스러운 파국적 변화(catastrophic change : 나비효과(butterfly effect)와 같이 초기 조건의 미세한 변화가 종국에 전혀 예상치 못한 결과를 나타나는 것) 등도 창발성의 발현이라고 볼 수 있다.

(6) 혼돈의 가장자리(Edge of chaos) : 복잡계는 끊임없이 주변 환경과 상호작용하고 물질과 에너지를 교류하는 열린 시스템이기 때문에, 그 경계(boundary)가 명확하지 않다는 특성을 갖는다. 생명 현상이 그 대표적인 예인데, 생명체의 내배엽 기관의 핵심적 역할 중 하나는 외부의 음식물을 소화시킴으로써 외부의 물질을 자신의 몸 속으로 받아들이는 것이다. 그런데, 섭취된 음식물이 위에서 소화되는 과정을 보면 어느 순간에 그 음식물이 생명체의 일부로 포섭되는지를 구분하기 힘들다. 즉, 모든 생명 현상이 일어나는 단위 조직과 그 외부 환경과의 경계는 명확히 구분되기 어렵고 끊임없이 물질과 에너지를 주고 받는 역동적인 열린 상태이므로 '혼돈의 가장자리'가 되는 것이다.

(7) 자기 조직화(Self-organization) : 1953년 DNA 구조가 해명된 이래, 20세기 생명 과학이 생명을 '자기 복제를 하는 시스템'이라고 정의했던 것처럼, 복잡계의 원리 중의 하나인 자기 조직화는 생명체의 가장 대표적인 특성이기도 하다. 하지만 20세기 초반까지의 생명 시스템에 대한 이해는 데카르트가 생각했던 기계론적 생명관에 발목잡혀 있었다. 하지만 20세기 중반이 지나자 생명을 기계론적 시스템이 아닌 생태적이고 유기체적인 시스템으로 이해할 수 있게 되었다. 이 유기체적 생명 시스템의 가장 큰 원리들 중의 하나가 바로 자기 생성(auto-noesis)이고, 이 자기 생성의 원동력이 복잡계에서 나온다. 복잡계의 구성 요소(agent) 하나하나는 그 자체가 복잡 적응계이며, 그러한 복잡 적응계가 모여서 더 큰 복잡계를 이룬다. 생명체의 가장 작은 단위인 세포나 두뇌의 구성 단위인 뉴런neuron등이 그 대표적인 예이다. 이 구성 요소들은 각자가 가진 유전 정보의 지시에 따라 자기 조직화의 매커니즘을 통해 스스로를 복제, 복원, 방어해 나갈 수 있다.

그렇다면 이러한 복잡계의 작동원리들이 지식의 융합과 어떤 관련성이 있는지 생각해보자.

다. 복잡성 이론과 융합 지식의 관련성

과학에서 문화의 역할은 전통적인 인과 법칙에 기반을 둔 고전 과학과 복잡성 원리에 기반한 카오스 과학으로 대표되는 신과학의 관계에서 유비될 수 있다. 혼돈 속의 질서(order in chaos)라고 불리우는 카오스 이론(the chaos theory)은 무질서하게 보이는 자연현상 속에 복잡성의 원리(the complexity theory)로 설명될 수 있는 질서와 규칙이 존재한다고 주장한다(Gleick, 1987). 다양한 자연현상들 중에는 뉴튼의 물리법칙이 작용할 수 있는 거시적이고 인과론적인 현상들이 있는 한편, 고전적 물리법칙만으로는 설명이 불가능한 핵물리학, 기상학, 프랙탈기하학, 생명발생학 등과 같이 복잡성 과학으로만 설명될 수 있는 현상들이 존재한다(Briggs & Peat, 1989).

복잡성 이론의 대표적 적용 대상인 비선형적 동력학 시스템(nonlinear dynamic system : 변수들 간의 상관 관계가 시간이 지남에 따라 비선형적으로 변화하는 시스템)을 이해하는 데 중요한 역할을 한다. 이 시스템은 변화가 있을 때 균형으로 가려는 속성에 의해 변화를 억제하여 최초의 상태로 환원시키거나(negative feedback : 온도조절 난방장치), 변화가 일어나면 그 변화가 변수 중 하나를 더욱 강화시켜 더 큰 변화를 일으키기도 한다(positive feedback). 이 두 가지 피드백 시스템이 역동적으로 작동하면서 일시적인 변화 속에서도 정기적으로 균형 상태를 다시 회복하기도 하고, 때로는 초기 변화에 민감하게 반응하여 전혀 예기치 않은 결과를 낳기도 한다(예: 나비효과). 결국 이러한 비선형적 동력학을 통해서 시스템의 항상성이 파괴되는 현상(무질서를 통한 창발 효과)이나, 자기 조직화의 원리를 통해 다시 균형을 잡아나가기도 하면서 시스템이 존속, 유지되는 현상을 설명할 수 있는 것이다.

실제로 복잡성 이론의 도움으로 고전적 인과법칙이나 뉴튼적 물리법칙 만으로 설명하지 못했던 자연현상을 설명할 수 있었다. 생명 조직은 정적 피드백 및 부적 피드백의 이율배반적인 동력을 통해, 조직과 환경 간의 평형 관계를 유지하려는 안정화의 힘과 환경의 변화에 맞춰 조직을 새롭게 하려는 불안정화(창발)의 힘이 상호작용하면서 끊임없이 긴장 관계를 형성하는 조직이다. 이 긴장 관계가 변화의 원동력이며, 새로운 변화는 다시금 자기 조직화의 힘을 통해 안정을 모색해 나가면서 기존의 조직과는 한 차원 다른 새로운 조직으로 완성해 나가는 것이다. 이것은 복잡성 이론이 생명체가 단순히 환경에 적응하거나 피동적으로 환경에 의해 선택되는 것이 아니라, 능동적으로 새 질서를 창조해가는 자생적 시스템을 통해 환경에 어떻게 적응하는가를 설명하고 있는 것이다.

자연계에 대한 연구에서 시작한 고전 과학의 연구 방법론은 생명현상이나 사회 현상에 대해 설명하는 데 한계가 있었다. 복잡성 이론은 과학의 연구 대상이 자연현상만이 아니라는 것과, 고전 과학의 연구 방식만이 절대적인 것이 아니라는 것을 깨닫게 해주었다. 개인과 집단의 다양한 삶의 모습을 바탕으로 다원성, 복잡성, 비합리성, 예측 불가능성 등을 설명할 수 있는 문화는 고전 과학적 원리에 위배되는 것으로 이해하기보다는 복잡성 이론과 같은 대안적 연구 방법을 통해 이해를 모색해야 되는 대상이 되는 것이다. 이로써 우리는 최근에 활성화된 인지과학이나 생명과학 등의 연구를 바탕으로 기존의 기계론적, 선형적 사고방식에서 탈피한 창발적(emergent), 비선형적(non-linear) 사고의 중요성과 복잡계를 설명하는 자기 조직화(self-organization : Jantsch, 1980), 무산구조(dissipative structure : Simon, 1969), 혼돈 속의 질서(order out of chaos : Prigogine, 1984) 등의 개념으로 인간의 문화를 이해할 수 있는 중요한 이론적 틀을 얻게 되었다.

요컨대, 복잡성과 다원성은 과학적 탐구가 기존의 고전 과학의 이론 및 방법론적 관점에서 벗어날 것을 요구하고 있다. 복잡계를 가진 자연현상, 자기 생성과 창발성을 지닌 생명 현상, 그리고 예측 불가능하고 다원성을 지닌 사회 및 문화 현상을 이해하기 위해서는 복잡성 이론이 필수적인 인식론적 틀과 연구 접근법이 된 것이다. 복잡성 이론은 물리적 현상이나 생명 현상을 다루는 과학적 탐구 방법과 사회 문화적 현상의 탐구 방법이 완전히 분리된 것은 아니라는 것을 보여준다. 그런 의미에서 과학적 지식과 문화적 지식의 연관성을 다음 장에서 논의해 보자.

지금까지 지식의 융합을 촉발하는 기본 원리들로써 공감각, 공생, 접목, 잡종, 편집, 상보성, 전이, 비유적 사고, 브리꼴리르, 그리고 지평 융합 10 가지의 원리를 소개하였다. 이러한 원리들은 지식의 융합이 어떻게 이루어는지를 이해하거나 지식의 융합을 시도 할 때 유용한 준거가 될 수 있을 것이다.

03

융합의 핵심 요소들 : 과학, 문화 그리고 예술

1800년대 초에 자연과학과 인문학은 두드러진 조화를 이루며 공존했다. 프로이센 교육 시스템의 토대를 세운 독일의 철학자인 빌헬름 폰 훔볼트는 연구 대학을 설계함으로써 학문 연구의 기초 역할을 하는 학문 공동체의 본거지를 마련하였다. 그의 동생 알렉산드르 훔볼트는 19세기 당시의 가장 출중한 자연과학자이며 여행가이자 탐험가이다. 그는 전 세계를 돌아다니며 기후 현상, 지리적 환경, 동식물, 각지의 인구와 풍습, 그리고 사회와 문화를 탐색하였다. 알렉산드르의 세계 탐구의 원천은 그가 믿었던 '전체 자연의 통일성' 즉, '내적 에너지에 의해 움직이고 활기를 띠는 전체성'에 대한 낭만적 믿음이었다(Mcleen, p. 206). 이는 훗날 일련의 특수한 사실들 사이의 연결성을 찾으려는 방대한 자료 수집과 분석에 기반한 '훔볼트적 과학'의 출발이 되었다. 이는 관찰, 도구, 측정, 비교 분석 등을 바탕으로 둔 오늘날 과학적 방법론 발전의 토대가 되었다. 이러한 과학적 방법론의 적용에 있어서, 자연현상과 사회 현상 그리고 과학과 문화를 인위적으로 구분하는 것이 과연 어떤 의미가 있을까?

1) 과학과 문화의 연관성

과학(science)의 라틴어 어원은 *sciencia*로써 지식이라는 의미를 가지고 있다. 과학이란 한마디로 인류의 지적 사고의 총합이라고 볼 수 있다. 과학에 대한 고전적 정의는 "지식을 체계화하고 조직화하는 것으로 우주에 대한 검증 가능한 설명과 예측의 형태를 띠는 것"으로 이해되어 왔다. 현대 과학은 위와 같은 고전적 정의에 과학적 절차, 기술적 도구, 학문적 조직 및 통합 등에 대한 강조가 덧붙여져 보다 확장된 개념으로 이해되고 있다. 이러한 과학이나 기술의 개념은 사실 불변적인 관념이라기보다는 인류의 필요에 의해 역사적, 사회적으로 규정되는 것이며, 이러한 과학의 성격과 역할을 논의하는 분야가 바로 '과학의 사회학(sociology of science)'이다.

과학의 사회학은 사회과학과는 전혀 다른 개념으로, 과학이나 기술이 어떻게 사회적으로 성립, 발전, 활용되는가를 연구한다. 과학에 대한 포괄적인 이해는 결국 사회라는 큰 틀 속에서 가능하며, 과학적 지식도 사회적으로 구성된다. 많은 학자들은 과학적 지식이 개인적 차원(예, 인지적 구성주의) 뿐 아니라 사회적 차원(예, 사회적 구성주의)에서 형성될 수 있다고 강조해왔다. 근대 과학의 출발점이 되었던 데카르트의 이원론처럼, 앎(지식)과 앎의 주체(인간)는 결코 분리될 수 없다. 과학과 문화도 마찬가지다. 인류학의 창시자라 불리우는 타일러(Tyler, 1871)는 문화를 '지식, 신앙, 예술, 도덕, 법률, 관습과 그 밖에 사회의 한 구성원으로서의 인간에 의하여 획득된 능력을 모두 포함하는 복합총체'라고 정의한 바 있다. 이처럼 문화는 단순히 개인이나 집단의 삶의 양식만이 아니라, 그러한 삶들이 만들어내는 의미들의 관계성(the relationship of meanings)을 이해하고 그것들이 사회 속에서 인간의 사고와 행동에 영향을 미치는 방식에 대한 이해의 총합이다. 만일 과학이 기초 지식, 정보의 원천, 혹은 시스템의 근원이라면, 문화는 그러한 지식이 소통되고, 활용되며, 의미를 생성하고, 가치를 만들어감으로써 사람들의 사고와 행동에 영향을 미치는 모든 과정을 포괄하는 것이다.

레비-스트로스Levi-Strauss는 모든 인간의 사고에 내재하는 기본적인 논리 구조는 고대의 신화와 현대의 과학에서 동일하다고 강조한 바 있다. 즉, 신화적 그리고 과학적 사고는 본질적으로 동일한 지적 사고 과정을 거치고 있지만, 그 논리 구조의 적용되는 대상이 자연현상, 사회 현상, 혹은 인간의 심리와 같이 서로 다른 대상이라는 것이다. 비록 현대 과학 문명의 발달에 의해 과학적 지식이 점차 보편화되고 전문화되어 가고 있지만, 그것을 기존의 토착적 혹은 원시 문화적(indigenous) 지식과 구별지으려는 태도는 바람직하지 않다. 또한 과학 발전을 위해서도 도움이 되지 않는 것이다.

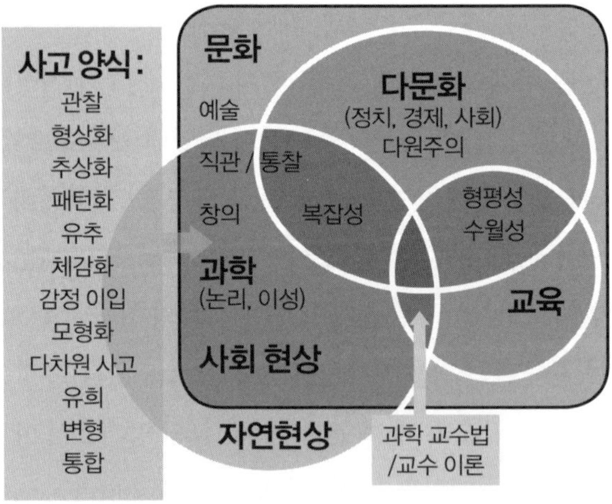

그림 1-2. 과학과 (다)문화적 지식의 지형도

위 [그림 1-2]가 보여주는 것처럼 과학적 탐구의 주체인 인간은 사회 및 문화의 영향을 크게 받고 있는 존재로서, 인류의 사고와 경험의 총체인 문화의 영향력에서 벗어날 수 없다. 예를 들어, 인간의 사유 양식에서 과학적이고 창의적 사유의 대표적인 12가지 형태인 형상화, 추상화, 패턴화, 모형화 등의 사고방식의 개발은 예술적 감성, 직관력, 통찰력, 창의적 사고 등에 의존하지 않고서는 이루어질 수 없는 것이다. 즉, 다양하고 창의적인 사고의 방식을 훈련시켜주는 경험은 문화로부터 나오고, 그 결과로 과학적 사고력이 길러질 수 있는 것이다.

이처럼 인간의 과학적 지식을 지원할 수 있는 다른 형태의 사고력의 원천을 문화적 지식(cultural knowledge)이라고 부를 수 있다. 만일 과학적 지식을 얻는 과정에서 탐구적 사고, 가설 설정, 패턴 인식, 예측 가능성, 논리 및 분석력 등이 필요하다면, 문화적 지식을 습득하는 데에는 비판적 사고, 이해력, 변칙성 인식, 감성 및 심미안, 즉흥적 대처, 경험의 공유 등이 중요한 역할을 할 것이다(Klein, 2010). 요컨대, 위와 같은 과학적 지식과 문화적 지식이 유리된 것이 아니라, 광범위하게 축적된 문화의 지식 속에서 과학적 지식이 나올 수 있는 것이며, 그러한 문화적 지식이 직관이나 통찰력, 복잡성 원리의 수용, 그리고 창의성의 발현에 기여함으로써 과학적 지식의 습득에 이바지하게 된다는 것이다.

미국의 과학 철학자인 A. N. Whitehead(1926)는 과학과 종교가 대립관계가 아니라, 종교가 신의 섭리를 통해 정신세계에 의미와 가치를 부여하는 반면, 과학은 자연법칙을 통해 물질세계를 이해하려는 시도라고 주장한 바 있다. 같은 맥락에서 아인슈타인은 "종교 없는 과학이나 과학 없는 종교는 절름발이"라고 종교와 과학의 상호 의존성을 강조하기도 했다. 즉, 과학은 홀로 설 수 있는 체계가 아니며, 과학적 사유를 가능하게 하는 인간의 경험과 사유의 총체인 철학의 일부분, 그리고 종교를 포함한 문화의 일부라고 볼 수 있다. 세상의 모든 지식은 결국 인간의 경험과 사유의 총합이라는 측면에서 볼 때, 그 중 과학자들의 탐구 방법에 의해 얻어진 과학적 지식은 전 인류의 지식과 경험의 총합인 문화적 지식의 일부일 수밖에 없다. 그리고 미래에도 여전히 상당한 불확실성에 대비한 채 살아갈 수밖에 없는데, 그러한 불확실성의 문제를 제대로 준비하고 해결하는 것은 과학의 힘만으로 가능한 것이 아니므로, 과학 이외의 다른 지적 수단들(철학적, 역사적, 사회 문화적, 정치 경제적 요인들)을 고려해야 한다. 과학의 역할이 미래에도 매우 중요하지만, 인류가 앞으로 맞이하게 될 여러 문제들에 대한 해결책을 과학에만 의존하는 것은 인류의 미래를 준비하는 매우 편협한 태도가 될 수 밖에 없는 것이다.

그렇다면 언제 어디서부터 과학이 다른 지적 전통들로부터 분리되게 되었을까? 과학적 지식과 비과학적 지식의 이분화는 데카르트의 이원론적 사상에 크게 기인한다. 데카르트는 아래 [표 1-3]과 같이 인간 사고에 대한 이원론적 관점을 제시한바 있다.

표 1-3. 데카르트의 인간 사고의 이원론적 관점

데카르트의 이원론	신체 (body)	행위 (action)	예술적 (artistic)	불확실성 (uncertainty)/ 개연성 (probability)
	마음 (mind)	정념 (passion)	과학적 (scientific)	확실성 (certainty)

위의 이분법에 의해 데카르트는 과학적 진리가 '확실하지 않은(merely probable)' 지식을 모두 제거하는 과정을 통해 얻어질 수 있다고 믿었다. 이러한 태도는 과학자들로 하여금 자신의 연구 분야에 있어서 예술적 불확실성을 통한 접근을 배재하는 태도를 낳게 하였다.

실제로 과학과 예술은 단순히 확실성과 불확실성으로 이분화될 수 있는 것이 아니며, 지금까지 여러 분야에서 창의성의 발현은 과학적 접근과 예술적 접근의 융합 속에서 이루어져 왔다(Root-Bernstein, 2008; Stein, 1953). 실제로 예술적 불확실성이 창의성의 발현을 통해 과학적 발견에 영향을 준 사건들은 수도 없이 많다(Robinson, 2010). 예를 들어 DNA 분자구조 모형은, 직접적 관찰에 의해서가 아니라 예술적 직관력과 상상력을 통해 만든 것이다. 이것은 자연 상태에 존재하는 실제 모습이라기보다는 우리가 이해하기 쉽게 추상화하여 모형화한 것으로, 발견이라기보다는 창조에 가깝다고 한다(Watson, 2011).

학문 간의 융합이라는 새로운 패러다임에 따른 과학 탐구를 위해서는 과학에 대한 기존의 편협한 관점이 아니라, 인지, 사회, 문화 등을 통합적으로 고려한 이론 및 기술적 접근이 필요하다. 예를 들어, 과학과 문화의 공조 관계를 가장 잘 드러내는 통합적 연구 분야가 바로 인지과학(cognitive science)이다. Sperry(1993)는 20세기 후반의 과학계의 가장 큰 변혁이 바로 인지 혁명(cognitive revolution)이며, 이는 기존 과학계의 귀납적이고 미시적인 인과적 결정론과는 전혀 다른 연역적이고 거시적인 탐구 패러다임으로의 전환이라고 강조한 바 있다. 그런데 이러한 인지과학을 연구하기 위해서는 철학에서부터 심리학, 언어학, 인류학, 인공지능, 그리고 신경과학에 이르기까지 광범위한 분야의 이론적 이해와 학문적 통찰을 바탕으로 해야 한다.

2) 문화적 지식과 창의성

창의성 하면 대표적으로 떠오르는 개념이 과학과 예술이다. 새로운 과학적 발견이 창의성에 의존하고, 예술적 영감, 통찰, 직관, 표현의 다양성 등이 창의성 발현에 기여한다고 믿기 때문이다. 사실 인간의 사고와 행동, 다양한 경험에 가장 광범위하게 영향을 미치는 것은 바로 총체적인 문화적 경험이다. 지식이 경험의 총체라고 했을 때, 융합적 지식 혹은 지식의 융합도 다양한 문화적 경험으로부터 나온다고 볼 수 있다.

창의성 연구가 발전되어온 과정을 보면 바로 그러한 인식의 변화를 잘 드러낸다. 창의성 연구 초기에는 창의성에 대한 표준화된 정의를 통해 창의성을 보다 체계적이고 검증 가능한 특질로 이해하고자 했다. 하지만 점차 그러한 창의성 개념의 한계가 드러나기 시작했으며, 보다 포괄적이고 다면적으로 창의성을 이해하려는 시도가 이루어졌다. 그리하여 등장한 창의성의 특질들이 바로 민감성(sensitivity), 융통성, 문제 해결력 등이었다. 새로운 창의성 개념을 제시한 연구의 한 예는 Dailey, Martindale, & Borkum(1997)의 연구이다. 연구에서 창의적인 사람은 공감각 능력(Synesthesia)과 외관 인식 능력(physiognomic perception)을 가지고 있다고 하였다. 그리고 창의적인 사람은 '뛰어난 민감성으로 환경 속에 존재하는 간극이나 부족함을 쉽게 인식할 수 있고', 어떤 사건에 대해 '통찰을 가지면서도 기존 사물 간의 관계성을 느슨하게 하는(loose associations) 능력' 즉, 융통적 사고 능력을 가진 사람이라고 주장한 바 있다. 더 나아가 이러한 민감성과 융통성은 예술가나 화학자처럼 서로 다른 지적 영역에서 큰 성취와 전문성으로 나타날 수 있다고 하면서 창의성이 영역 특수적(domain specific)일 수 있다는 이론을 제안하였다(Runco & Jaeger,

2012).

이렇게 창의성의 개념에 새로운 특질들이 포함됨과 동시에, 문화가 창의성에 기여하는 효과, 특히 (다)문화적 요인이 기여하는 영향에 대한 심리학계의 인식은 1990년도에 들어서면서 표면화되기 시작하였다. 이러한 인식의 변화를 보여주는 대표적인 연구가 Sternberg & Gordeeva(1996)의 연구이다. 이 연구에서 252명의 심리학 연구자들은 창의적이고 참신한 심리학자의 요건이, 세계화 및 개방화에 따라 세계적 상호 관련성이 증가하는 시점에서 다문화적 자각과 능력을 지닌 연구자라고 응답하였다(Runco, 2014). 얼마 후 1999년 미국 심리학회에서 주관한 전국 다문화 학회에서는 연구자들의 다문화 역량(multicultural competence)이 앞으로 심리학 연구, 훈련, 교육 등에 필수적이라는 사실을 표명하기도 했다.

2000년 이후에는 다문화적 경험이 창의적 수행을 이끌어내는가를 조사한 연구가 많이 등장하였다. 이러한 연구들은 대체로 다문화적 요소에 노출되는 것이 인지적 기능의 활성화를 유도하여 창의적 개념의 확장에 기여하는 효과를 갖고 있음을 보여주고 있다.

그렇다면 다문화적 경험을 바탕으로 하는 지식의 융합이 어떻게 창의성의 토대가 될 수 있는지 살펴보자. 창의성을 개인 내적 특질로만 이해했던 시점에서는 '창의성이 무엇인가'(즉, 창의성은 어떤 사고 과정에서 나오는가)란 질문에 천착하였지만, 창의성을 개인 외적 차원에서 이해하기 위해서는 '창의성은 어디에서 오는가(즉, 무엇이 창의성 발현에 영향을 미치는가)'라는 질문이 주도하였다. 그러한 맥락에서 Csikszentmihalyi(2014)은 개인들이 수행하는 창의성은 결코 사회적 역사적 배경으로부터 분리되어 생각될 수 없다고 하면서, 창의성은 사회적 배경(field), 문화적 영역

(cultural domain), 그리고 창의성 발현의 주체로서의 개인들, 이 세 가지가 형성 조건이 된다고 주장하였다(p. 47). 즉, 개인들의 창의성은 그러한 혁신이 일어나는 문화적 경험과 사회적 형성 요인(동료들의 도움) 없이는 발현되기 힘들다고 주장한 것이다. 다시 말해서, 창의성은 단순히 개인적 사고의 결과가 아니라 사회 및 집단의 다양한 경험, 상호작용, 협업의 결과라는 것이다. 결국 다양한 지식과 경험의 활용, 그리고 사회적 협업을 통해야만 창의성이 발현될 수 있다는 것이다.

그렇다면, 다문화적 경험과 그에 따른 사고의 확장과 융합은 어떻게 창의성의 발현에 기여하는가? Leung, Maddux, Galinsky, & Chiu(2008)는 다문화적 경험이 다음과 같은 측면에서 창의성 발현에 기여할 수 있다고 보았다.

a. 다양한 경험의 입력 효과이다. 다문화적 경험을 통해 새로운 사상, 개념, 그리고 삶의 방식들을 입력받음으로써 자신의 사고에 창의적인 확장을 가져올 수 있다.
b. 문화적 중의성에 대한 경험 효과이다. 다문화적 생활 경험(음식, 의복, 관습, 기후 등)은 사람들로 하여금 동일한 행동이라도 문화에 따라 다른 기능과 함의를 가질 수 있다는 것을 깨닫게 한다.
c. 갈등과 중재 경험의 효과이다. 앞서 논의한 바와 같이 한 문화는 그 구성원들에게 구조화되고 반복적인 삶의 방식을 제공함과 동시에, 그들이 다른 문화에 노출되고 새로운 환경에 적응해야 할 때는 불안을 유발하는 원인이 된다. 따라서 다양한 문화에 대한 새로운 경험은 사람들로 하여금 그로 인한 비관습적인 지식, 행동, 가치관을 수용하는 열린 태도를 갖게 한다.

d. 심리적 개방성 효과이다. 풍부한 다문화적 경험은 사람들로 하여금 다양한 원천에서 아이디어를 탐색하고 창의적 과정에 투입하는 데 활용할 수 있는 심리적 준비를 할 수 있게 한다.

e. 복잡성 경험과 문제 해결 전략 개발의 효과이다. 자신의 문화와 다르거나 상충되는 가치를 가진 외국 문화들과의 심리적 불일치를 해결하는 과정을 경험하며 복잡성에 대한 적응과 문제 해결 전략을 개발할 수 있는 힘을 길러준다.

위와 같은 다섯 가지 요인들이 창의성의 발현에 기여하는 효과에 대한 몇 가지 연구의 예를 들어보자. 다양한 문화에 노출된 사람들은 표면적으로 상이한 아이디어를 각각의 문화에서 추출하여 그것들을 새로운 방식으로 비교하거나 통합할 수 있는 능력을 발휘할 수 있고, 보다 높은 창의성은 바로 그러한 상이성 속에서 공통성을 발견하거나 유사성 속에서 독특한 사고를 이끌어내는 능력이라는 연구 결과가 있다. 또한 다문화적 경험이 가져다주는 융통성과 개방성, 그리고 다양성 인식 능력, 특히 지식이나 학문적 구분을 넘어선 융합적 사고가 창의적인 문제 해결에 큰 도움이 된다는 연구(Guimera, Uzzi, Spiro, & Amaral, 2005)들도 있다. 이러한 연구들이 문화적 경험이 창의성에 기여할 수 있음을 잘 보여주고 있다.

3) 지식 융합을 위한 예술적 원리

예술 혹은 예술적 사고와 융합 지식의 관련성은 예술적 사고의 본질이 무엇인지를 살펴봄으로써 이해할 수 있다. 철학자 데니스 더튼Dennis Dutton은 예술의 보편적 특징을 다음과 같이 일곱가지로 나타내었다.

a. 특정 예술 분야에 대한 전문성 혹은 탁월성

b. 현실적 유용성이나 실용성을 초월하는 숭고미

c. 특정한 양식이 요구하는 구성 규칙을 충족시키는 양식(Style) 적합성

d. 예술 작품에 대한 평가, 감상, 해석을 중시하는 비평 가능성

e. 현실 세계의 실제적 경험을 모사하거나 모형화(modelling)하는 가상성

f. 예술을 일상 생활과 별도로 취급하고, 경험을 극적으로 되새겨 봄으로써 초점화하는 주목성

g. 마지막으로 무한한 상상 가능성이다.

위와 같은 특징들을 갖는 예술적 지식, 영감, 사고, 기술들은 '이성'을 중심으로 하여 발달한 근대적 합리적 사고와 다른 특징을 갖는다. 이성적, 합리적 사고가 세분화, 논리, 분석적 사고를 강조하는 것이라면, 예술적 사고는 그러한 이성적 합리성에 '구애받지 않는' 사고라는 점에서 융합적 지식을 촉발할 수 있는 가능성을 크게 열어준다. 그러한 맥락에서 라마찬드란이 제시한 예술의 10가지 보편 원리에 대해서도 살펴보자. 본 저서는 이 원리들을 참고하여 예술적 사고와 융합적 지식의 관련성을 다섯 가지 측면 즉, 은유, 심상, 범주화(간략화), 복합 양식, 디자인 원리들(대조, 대칭, 리듬, 균형 패턴)로 설명해보고자 한다. 과연 예술적 창조의 원리들이 융합적 사고와 어떤 관련이 있을까?

가. 은유(Metaphor) : 문화적 은유와 척도로서의 예술

예술은 문화를 직접적인 방식이 아닌 은유적으로 형상화한 것, 즉 문화적 은유(Cultural Metaphor)이다. 문화가 사람들의 삶에 어떤 영향을 미치는지를 잘 이해하기 위해서는 보이지 않는 문화적 영향들을 가시적으

로 형상화하는 작업이 필요한데, 예술이 그런 역할을 하는 것이다. 이처럼 예술은 하나의 비유(allegory)로써, 삶 속에 내재되어 있는 어떤 의미를 표출하거나, 실제 세계를 다양한 양식을 통해 보여준다. 문화는 사람들이 자신을 들여다봄으로써 실재를 탐색할 수 있게 해주는 환류 체계이다. 그것은 예술 행위를 통해 가능해진다는 말이다(Singley & Anderson, 1989). 예술은 그 사회의 문화를 직·간접적으로 드러내는 역할(즉, 문화적 은유의 역할)을 함으로써 우리가 문화적 본질에 대한 이해를 할 수 있도록 돕는 것이다.

또한 예술은 문화적 은유로서의 역할과 동시에 문화적 척도(Barometer)의 역할을 한다. 이는 특히 다양한 문화, 사고, 그리고 삶이 공존하는 다문화 사회에 있어서 더 중요하다. 예술적 자유, 예술가적 활동의 범위, 그리고 예술 작품의 다양성은 그 사회의 문화적 수준을 가늠하는 척도가 될 수 있다. 그런 의미에서 문화적 다양성과 예술적 다양성은 불가분의 관계인 셈이다. 결국 예술적 행위나 예술 작품들을 통해 우리는 문화적, 사회적, 정치적, 경제적 요인들이 우리의 삶에 미치는 영향을 이해할 수 있는 통찰을 얻게 된다. 그리고 그 배경에는 문화적 다양성이 핵심적인 역할을 하는 것이다(Chapman & Crimmin, 2007).

나. 심상(mental image)

예술적 표현에 있어 흔히 활용되는 심상화는 지식이나 정보를 다른 정신적 부호로 변화시킴으로써, 기억이나 학습의 효과를 훨씬 향상시키는 역할을 한다. 초기에는 심상이 감각적 특징이라기보다는 기술적 특징이기 때문에(명제 이론), 심상이 어떤 대상이나 장면에 대한 시각적 형상화(그림)라기보다는 그 장면에 대한 묘사에 훨씬 가까우므로 학습에 더욱 효과적이라는 주장이 있었다. 그리고 심상이 언어적 부호와는 독립적으로 존재하는 또 다른 기억 부호이기 때문에(이중 부호화 이론), 언어적 부호와 심상적 부호를 동시에 접하여 기억하면, 둘 중 하나만 자극해도 그 기억을 인출하기 쉬어 학습에 효과적이라는 주장도 있었다(Paivio, 1975).

이처럼 심상은 단순한 사물의 이미지가 아니라, 어떤 개념에 대한 시각적 모형(visual model)이기 때문에 인지적 작용이며 결과인 것이다. 그리고 시각 모형은 정보를 시각화하는 양적 데이터나 기술적 일러스트레이션(technical illustration)처럼 물리적 사물 자체가 아니라 개념적 지식을 구현한 것이다. 사람들은 일반적으로 개념적 지식을 언어로 표현하지만, 언어로 표현된 그러한 의미는 종종 내재적으로 시각적 정보로 처리되기도 한다. 이때 시각 모형은 그러한 언어들 이면에 존재하는 이미지 구조를 가진 의미(image-schematic meaning)의 표현인 것이다.

시각 모형은 다양한 시각적 요소나 스타일(diagrams, maps, graphs, charts, pictures, cartoons 등)을 활용하여 정보를 시각적으로 재현함으로써, 보다 분명한 개념을 제시하거나 효과적으로 소통하고, 생각을 공유하는데 큰 효과가 있다. 특히 복잡한 문제들을 다룰 때에는 해당 문제들의 시각적 재현물 혹은 모형들을 활용하는 것이 우리의 인지 작용을 확장하는 방법이다. 예를 들어, 접근성이 높은 다이어그램(affordance diagrams)은 동시에 여러 사물의 관계들을 표현해 낼 수 있기 때문에 개념적으로 복잡한 문제에 대한 사고의 이상적인 도구가 될 수 있다. 즉, 다이어그램 자체가 외적인 암기 보조자(external mnemonic aid) 역할을 함으로써 우리의 인지 작용이 보다 복잡한 관계성을 인식하고 대상들을 쉽게 조작하는 데 집중하도록 돕는 것이다. 수많은 과학적 발견들이 시각 심상을 통해 이루어졌다. 예를 들면, 아인슈타인A. Einstein은 꿈속에서 빛의 속도로 하늘을 날면서 정지해있는 물체를 관찰한 결과, 빛의 속도로 움직이는 물체와 정지해 있는 물체의 물리적 법칙이 다르다는 사실에 대한 깨달음을 바탕으로 상대성 이론을 정립하였다. 패러데이Faraday도 전기장과 자기장으로부터의 힘을 선분으로 시각화함으로써 전자장의 현대식 이론을 정립하였다(Williams, 1971). 케큘Kekule는 뱀이 스스로의 꼬리를 물고 있는 것을 상상한 후에 벤젠의 분자구조를 발견하기도 했다(Wilcox & Greenbaum, 1965). 이러한 개념의 시각적 형상화가 시각모형의 역할이며, 그러한 심상을 활용한 예술적 표현이 지식의 형성과 공유 및 창의성의 발현에 기여하는 방식이다.

R. A. Finke는 인위적 형태의 시각적 통합에 대한 초기의 연구(1977)를 확장하여 사람들이 부품을 시각적으로 조합하여 창의적인 작품을 만들어낼 수 있는지를 연구하였다. 이때 사용된 부품으로는 구, 반구, 정육면체, 원추, 원기둥, 직육면체 철사, 관, ㄱ자 모양의 받침대, 평평한 정사각형, 갈고리, 바퀴, 고리, 핸들와 같은 기본적인 모양들 중에서 3개를 선택하여 실용적인 물건이나 장치를 만들어보라고 지시하였다. 이때 만들어진 물건은 8개의 범주(가구, 개인 용품, 운송 도구, 과학용 장치, 가정용 용구, 연장이나 부엌 세간, 무기, 그리고 장난감) 중의 하나여야 했다. 이러한 조건으로 만들어진 물건들에 대해 실용성과 독창성을 5점 척도로 평정하였다. 실험에서는 피험자들에게 특정 물건을 임의로 제시하거나 특정 범주 안에서 만들어보라고 지시하였다. 그러한 제한 속에서 피험자들이 얼마나 창의성을 발휘하는지를 실용성(4.5이상)과 독창성(4.0이상)을 가지고 판단하였다. 이 실험의 결론은 제약이 아주 심한 조건이 창의적인 작품 생성에 가장 성공적이었다는 사실이다(Finke, 1996).

다. 범주화(categorizing)

예술 작업의 또 다른 특징이 범주화인데, 범주화는 사물의 특징을 중심으로 간략화하여 구별짓는 인지적 작업이다. 범주화를 통해 인간은 많은 사물과 그 각각이 갖는 복잡한 특징을 단순화시켜 이해할 수 있고, 인지적 부담을 줄여 훨씬 더 효율적이고 합리적으로 학습할 수 있다. 범주화의 사고방식은 예술 활동 과정에서도 기본적 사고 능력과 인식(판단, 구별, 의미 부여 등) 능력으로 작용한다. 자아와 대상을 구별하여 인식하고, 각각의 특징을 파악하며, 장단점을 분석하고, 필요한 부분을 위계적이고 조직적으로 수용하는 능력도 모두 범주화의 사고에 포함될 수 있다. 그런 측면에서 범주화는 정보의 조절과 융합에 유용한 필수적인 사고 방식이다.

Bruner, Goodnow & Austin(1956)은 범주화가 갖는 다섯 가지 이점을 제시한 바 있다. 첫째, 사물의 범주화는 환경의 복잡성을 줄인다. 과학자들에 따르면, 인간이 시각적으로 변별할 수 있는 색깔의 수는 700만 가지가 넘기 때문에 만일 이 모든 색상에 독자적으로 반응하려면 색각의 이름을 학습하는 데에만 평생이 걸릴 수 도 있다고 하였다. 하지만 비슷한 색깔을 범주화한다면, 우리는 그 범주에 속한 색깔에만 반응하면 되기 때문에 인지적 부담을 훨씬 줄일 수 있다. 둘째, 범주화를 통해 새로운 사물을 확인할 수 있다. 우리는 어떤 사물이나 형태를 특정 명칭(가구, 친구, 적, 음식 등)으로 범주화할 때 그 사물이나 형태를 인식했다고 느낄 수 있다. 셋째, 범주를 확립하게 되면 계속적인 학습의 필요성이 감소한다. 새로운 물체를 기존의 범주 속에 포함시킬 수 있다면, 그 새로운 사물에 대해 새롭게 학습할 필요가 없이 해당 범주에 속하는 사물들에 대한 지식을 바탕으로 새로운 사물을 인식하거나 다룰 수 있다.

넷째, 특정 행위가 적절한지를 결정하는 데 도움이 된다. 범주의 특성에 따라 그 범주에 속한 사물이나 행위에 대해서 인지적 판단과 그에 따른 적절한 행동이 수월해진다. 보양식과 음식물 쓰레기라는 범주의 기준은 그 범주에 속하는 음식에 대해 어떤 태도를 취할지를 쉽게 판단할 수 있게 해준다. 마지막으로 다섯째, 사물을 분류하고 관계를 설정할 수 있게 해준다. 범주화는 분류의 과정을 바탕으로 상위 관계와 하위 관계로 나누어 조직화할 수 있다. 즉, 범주화를 더욱 세부적이고 위계적으로 체계화한 분류 체계를 통해 사물들의 구분, 즉 범주화를 더욱 조직적으로 할 수 있다.

이처럼 범주화는 체계적으로 사물을 인식하고 지식을 구조화하기 위해 매우 유용한 사고방식인데, 이러한 범주화를 위해서는 사물들을 주요한 특징을 중심으로 추상화하거나 간략화할 필요가 있다. 간략화(simplification)는 사물의 형태나 특징을 단순화하거나, 과장하거나(caricatcher), 사물의 특성들을 분리해내고(isolation) 사물의 성격과 의미를 더욱 강조하는 방식이다. 그리고, 간략화된 대상은 반복되거나 패턴화됨으로써 절제감과 균형감을 주어 보는 이로 하여금 편안한 느낌이 들게 해준다. 그런 의미에서 예술적 표현의 중요한 원리인 간략화나 추상화(abstraction)는 우리가 범주적 사고를 훈련하고 자극하는 데 큰 도움을 주게 된다.

라. 복합 양식성(multi-modality)

지식은 다양한 양식(mode)을 통해 재현된다. 구석기 인류는 돌로 만든 도구나 석기에 모양을 새겨서 소유 관계를 나타내었으며, 이것은 도상적(iconic, figurative) 양식의 정보이다. 이러한 도상은 이미지, 상형문자, 색인(index), 징표(sign) 등을 통해 세분화되어 발달하면서 점차 추상화되고 상징화되어 기호(symbol)가 되었다. 이 상징들이 임의성(태양을 가리켜 'sun'이라고 하자)을 바탕으로 보다 많은 대상과 의미를 표현할 수 있게끔 체계화된 것이 바로 문자 체계이다. 문자 체계가 만들어지기 이전에는 모든 지식은 구전으로 전해질 수밖에 없었다. 1930년대 구조언어학자인 Milman Parry는 일리아드와 오디세이가 기록 없이 지어진 구전문학이었다가 기원전 6~7세기에 이르러서야 기록되어 오늘날에 이르렀다는 것을 처음으로 밝혔다(Gleick, 2011). 이처럼 구전되어오던 고대 인류의 수많은 경험과 통찰들은 기록에 의해 비로소 지식으로 보존될 수 있게 되었지만, 15세기 구텐베르크의 인쇄술이 발명되어 책이 보급되기 전까지는 인류 대부분의 지식은 구전과 필사본에 의존하여 보전되어 왔다.

지식의 대량 생산이 가능해진 15세기 이후에는 거의 대부분의 지식이 책 속에 담겨지게 되었고, 그러한 상황은 컴퓨터와 인터넷이 발전된 20세기까지 이어졌다. 하지만 오늘날 지식은 단순히 텍스트의 형태로 재현되지 않는다. 이러한 정보통신 기술의 발달은 지식을 책 속에 갇힌 텍스트의 족쇄에서 해방시키고 있다. 이제 더이상 책 속에서 지식을 찾을 필요가 없어진 것이다. 그 대표적인 예로, 오늘날에는 유튜브Youtube가 수많은 지식과 노하우를 세상 속 여러 사람들에게 책보다 훨씬 빠르고 효과적으로 전달하는 데 활용되고 있다.

복합 양식성(multi-modality)은 지식을 다양하게 재현하는 데 중요할 뿐만 아니라, 학습에도 영향을 미친다. 지금까지 '이론적 학습'이라고 불린 개념 학습은 실제로는 정보의 다양한 양식을 그대로 살리지 못하고, 개념적으로 추상화하여 학습하고 기억했다는 점에서 범양식적(amodal) 학습에 해당한다(Reed, 1985). 이러한 범양식적 시스템에서는 지각 정보가 직접 표상되는 것이 아니라 속성 목록 또는 의미 연결망의 연상어나 결합어 목록으로 표상된다. 즉, 개념 학습은 마주친 지각 경험을 직접 표상하지 않고 추상화하여 표상한다는 차원에서 양식을 초월한 지식에 대한 학습이라는 것이다. Barsalou(1999)는 이와 다른 이론적 접근법으로, 지각 경험이 그대로 장기 기억(LTM)에 저장되는 지각 상징 시스템(perceptual symbol system)을 제안한 바 있다. 지각 상징 시스템은 청각, 시각, 촉각, 미각, 후각 등의 감각 경험을 저장하기 때문에, 복합 양식적(multi-modal) 접근법에 속한다. 지각 기호 시스템에서는 지각 경험을 재연 또는 모사함으로써 장기 기억으로부터 정보를 인출한다.

범양식적 접근이 개념 학습에 도움이 되기는 하지만 모든 지식을 추상화한다는 것이 결정적인 한계점이다. 그러므로 범양식적 접근은 실제의 지식이나 경험으로부터 다양한 양식을 토대로 하고 있지만, 그러한 지식과 경험의 본래적 속성을 그대로 살리지 못하고 있다. 반면 복합 양식 학습은 여러 양식으로 재현된 지식을 그 양식에 맞는 적절한 감각 경험들을 통해서 직접적으로 기억하고 인출하는 학습이다. 그런 의미에서 복합 양식적 지식은 인간의 다양한 감각과 표현 능력을 존중하고 자극한다는 점에서 예술의 역할과 맞닿아 있다. 즉, 예술적 경험 및 지식은 복합 양식적이고, 지식을 복합 양식적으로 다루기 위해서는 다양한 학문적 영역을 넘나들 필요가 있다.

마. 디자인 원리들

주제(motifs), 균형(symmetry, balance), 대조(contrast), 리듬(rhythm), 패턴(pattern) 등과 같은 예술적 디자인의 원리들은 지식이 융합되는 다양한 방식들을 설명해주거나 제시해 줄 수 있다. 이러한 (예술적)디자인 원리들은 지식들이 융합되는 방식과 융합 지식이 갖는 구조, 융합 지식의 구성 요소로써, 세부 지식들의 역할 등을 이해함에 있어서 유용한 개념적 틀 혹은 모형이 될 수 있다. 즉, 각 지식들이 갖는 주제(motif)를 중심으로 통합을 시도하거나 융합된 지식들 간의 관계가 균형 혹은 대조를 이루고 있는지 파악할 때, 그리고 융합된 지식이 갖는 리듬이나 패턴 등이 무엇인지 이해하는 데 도움이 된다.

디자인 원리들 중에서 구성적 균형(compositional balance)의 예를 들어 보자.

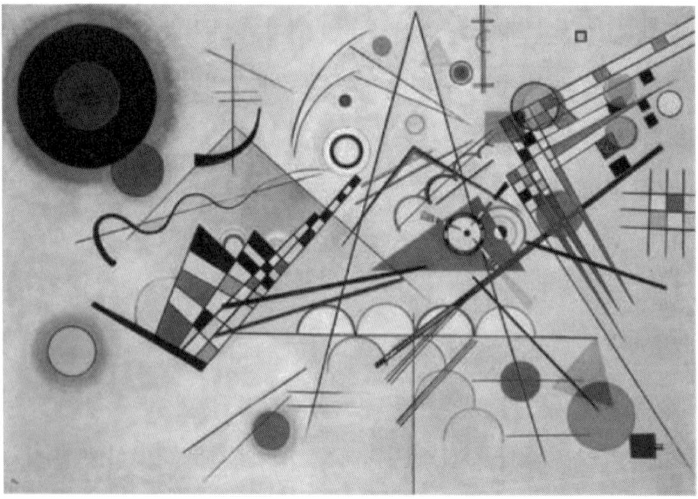

그림 1-3. 칸딘스키의 구성(Composition) 8

위 [그림 1-3]에서 칸딘스키는 다양한 도형들을 이용해 시각적 무게, 방향, 균형 등을 표현하고 있다. 물론 위와 같은 디자인 요소들은 미술에서 다루는 시각적 요소들(형태, 색깔, 크기, 방향, 균형감 등)만을 가리키는 것이 아니라, 음악에서 다루는 청각적 요소들(소리 크기, 화음, 음정, 리듬, 속도 등)이나 무용(균형, 무게중심, 변화, 속도, 에너지 등)에서 다루는 신체 운동적 요소들도 모두 포함한다. 그렇다면 이러한 예술 영역의 원리들은 지식의 융합에 있어서 어떤 역할을 하는가?

첫째, 위와 같은 예술적 원리들은 사물이나 현상의 특성(attributes)을 재현하는 주요한 특질들이다. 삼각형이라는 사물의 형태에 대한 관념적 틀이 없다면 우리는 어떻게 피라미드의 측면 모양을 이해할 수 있을까? 그리고 그 피라미드가 정방형의 균형 잡힌 대칭적 구조를 가졌다는 사실을 어떻게 이해할 수 있을까?

둘째, 위의 디자인적 요소들은 예술 분야에서만 적용되는 것이 아니라, 우리의 마음이 작동하는 방식을 나타내는 정신적 표상(mental representation)의 역할 즉, 우리의 마음이 작동하는 방식을 설명해주는 개념적 틀 역할을 하는 것이다. 예를 들어, 리듬, 패턴, 대조, 화음 등의 개념을 통해서 우리는 소리나 사물의 형태들이 무작위로 배열되있는 것이 아니라, 그 속에 어떤 반복적 규칙이나 흐름, 혹은 방향성을 있음을 인식할 수 있다. 언어는 사고의 매개체(medium)에 그치지 않고, 개념을 표상함으로써 사고 자체가 된다. 즉, 위와 같은 개념들을 통해 우리의 마음은 그러한 개념들이 표상하는 사고를 경험하게 되는 것이다.

셋째, 바로 이러한 이유로 인해 우리는 위와 같은 예술적 원리를 이용해 우리의 사고를 재구성할 수 있다. 이것이 바로 예술적 원리들이 지식의 융합 과정에서 기여하는 직접적 효과이다. 즉, 우리는 우리가 가진 별개의 지식들을 그들의 유사점과 차이점에 따라 서로 비교하고 대조하며, 그 지식들 속에서 패턴이나 경향성, 추세 등을 발견함으로써 그 안에 내재된 규칙, 법칙, 연관성, 특이성 등을 이해할 수 있는 것이다.

요컨대, 예술적 디자인의 원리들은 지식을 표상하는 필수적인 매개체이며, 지식의 융합을 위한 유용한 도구의 역할을 한다. 따라서 향후 지식의 융합을 시도(구성)하거나 이해함에 있어서 이러한 예술적 원리들이 어떤 구체적인 역할을 하는가에 대한 보다 체계적인 연구가 이루어져야 할 것이다.

04

소결 :
융합 지식의 가능성과 한계

미래 사회의 지식과 교육을 규정하는 키워드에는 융합적 지식, 멀티태스킹, 사이버 학습, 모빌리티 등이 포함될 수 있을 것이다. 테크놀로지의 발전과 사회적 관계망의 확장으로 인해 사람들이 항상 서로 연결되어 있지만, 그 안에서 사람들은 더욱 외로움을 느끼기도 한다. 가상현실 게임이나 소셜미디어를 바탕으로 사람들은 수줍음이나 공간상의 제약을 극복하고 자유롭게 표현하고 소통할 수도 있지만, 이러한 문화는 그들로 하여금 실제 세계와 가상 세계를 점차 구분하지 못하는 존재로 만들 수 있다(Turkle, 2012). 이미 많은 현대인들의 삶 자체가 실제와 공간이 혼합된 삶(life mix)을 살고 있다. 과연 미래에는 실제적 삶을 가상적 삶으로 대체하고, 실제적 삶을 포기해도 될 것인가?

이러한 삶의 방식에 대한 실존적 고민은 생활, 작업, 학습, 지식의 문제에도 그대로 적용되는 문제이다. 현대인들은 이미 스마트폰과 같은 모바일 기기를 손에서 떼어놓지 못하고 잠자는 시간만 제외하고는 이메일, 페이스북, 링크드인, 카톡 등을 통한 각종 이동형 업무처리 앱을 통해서 일과 여가, 사회적 관계망의 유지를 병행하고 있다. 이제 현대인들은 개인 일과와 직장 업무, 휴식 등의 엄격한 구분이 허용되지 않은 환경 속에서 살고 있다. 이게 바로 멀티태스킹의 함정이다. 우리가 동시에 두 가지 이상의 작업을 수행한다는 것은 우리에게 더 이상 사적 업무와 공적 업무, 놀이와 작업의 경계가 확실하지 않다는 것을 의미한다. 멀티태스킹은 초기에는 해로운 것으로 여겨졌지만 어느 순간 개인의 능력으로 포장되기 시작했고, 이제 다시 그 장단점이 재조명되고 있다(Jenkins, ; Ophir & Clifford, Wagner, 2009; Jackson, 2008).

지식의 융합도 같은 맥락에서 이해할 수 있다. 과연 지식의 융합은 왜 필요하며, 어떻게 미래 사회의 발전에 기여할 수 있는가? Matthias Horx(2009)는 테크놀로지의 종말(Technolution)에서 개인과 사회가 소통하는 방식을 능동적 방식과 수동적 방식으로 나누고, 좌표축에 의거 여덟 가지 활동을 다음 [표 1-4]와 같이 구분하였다(Matthias Horx, 2009, pp. 71-73).

표 1-4. 커뮤니케이션의 좌표축

구분	능동	수동
개 인	학습 / 심사숙고	정보 수집과 관찰 / 오락
사회	경영 / 네트워크	수다 / 연애 수작

- 경영 : 사회적 상황을 조종하기 위해 매우 능동적으로 커뮤니케이션 한다. 강력한 반응과 연결을 이끌어내기 위해 소리, 언어, 사진 등 가능한 모든 방법을 이용한다.
- 네트워크 : 비교적 편안한 커뮤니케이션으로, 비록 사회의 의도를 따르고 사회 구성원으로서 행동하지만, 개인의 지위나 인맥을 다지는 쪽에 더 가깝다.
- 연애 수작 : 유혹, 꼬드김, 자기 과시. 환상을 심는 행위. 종종 약간의 거짓말과 과장된 몸짓도 곁들인다.
- 수다 : 커뮤니케이션의 곁가지로, 무해한 소음으로 우리 곁에 머문다. 전자 시대에도 여전한 커피 모임이 그러한 예이다.
- 오락 : 자아의 망각과 강력한 자극을 추구한다. 그러나 직접적인 행동을 요구하는 자극은 사양 한다.
- 정보 수집과 관찰 : 정보를 얻으면 우리의 뇌는 이식의 단계적 변화를 일으킨다. 콘텍스트 시스템의 업데이트 버전이다.
- 심사숙고 : 기존 정보를 관리하기 위해 비공식 맥락을 스스로 바꾼다.
- 학습 : 높은 의지와 뇌의 폭넓은 활동을 요구한다. 감정과 상호작용 없는 학습은 비효과적이다.

위와 같이 Horx(2009)가 개인 · 사회, 능동 · 수동의 두 가지 축에 따라 구분한 여덟 가지 활동은 미래 인간의 삶에 어떤 성격을 갖게 될까? 개인의 능동적 소통 방식으로서 '학습'과 '심사숙고'는 어떤 지식을 어떻게 다루는 활동일까? 군중(사회)들이 수동적으로 벌이는 '수다'나 '연애 수작'은 우리의 삶에서 필요한 활력소가 될까, 아니면 불필요하여 제거의 대상이 되는 활동이 될까?

최근 융합적 지식과 테크놀로지의 발달을 적용한 스마트 냉장고가 소개된 바 있다. 스마트 냉장고는 가족들의 생체 리듬을 원격으로 체크하여 배고픔이나 기호를 판단하고, 부족한 음식을 자동 주문으로 채워 넣는 역할을 한다. 그런데 과연 복잡하기 끝이 없는 인간의 호감과 거부감, 배고픔, 알레르기, 연민, 유행, 일탈 행위들을 과연 냉장고가 모두 이해하고 필요한 것을 스스로 결정할 수 있을까? 만일 그것이 가능할지라도 생활이 스마트 냉장고에 의존하는 현대인의 삶은 과연 얼마나 만족스러울까? Horx는 이러한 테크놀로지에 대한 환상은 세계를 조종하고 제어하려는 인간이 가진 자동화 유토피아 관념의 일부에 불과하다고 지적한다(Horx, 2009, p. 78).

인공지능의 경우도 마찬가지이다. 인공지능 기술이 첨단화되고 실용화되고 있는 현실을 목격하고 있는 오늘날, 융합적 지식이 과연 무슨 의미가 있을까? 인공지능에 관한 기술이나 아이디어를 확장시키는 역할을 하는 것도 융합적 지식의 목적 중의 하나가 되어야 할까? 인공지능 개념의 창시자이자 기계가 인공지능을 가졌는지를 판별하는 튜링테스트 Turing test를 개발한 앨런 튜링은 "인공지능의 발명은 자동차에서 바퀴를 떼어내고 그 자리에 발을 달기 위해 골머리를 앓는 행위와 같다"라는 말을 한 바 있다(Horx, 2009, p. 86). 인공지능 분야의 권위자인 MIT공대의 Rodney Brooks는 2002년 독일의 시사지 자이트Zeit와의 인터뷰에서 "우리가 줄곧 해온 모든 일은 지능의 모방에 불과했다"라고 고백하기도 했다. 같은 맥락에서 디자인계의 거장인 Norbert Boltz는 「뱅-디자인」에서 "인공지능을 통해 인간의 지능이 얼마나 희귀한 능력인지 배울수 있다"라고 말한 바 있다(Horx, 2009, p. 87).

위와 같은 석학들의 고백은 테크놀로지와 지식의 관계를 어떻게 설정해야할 것인가에 대한 중요한 성찰의 포인트를 제공한다. 그것은 지식은 '인간 삶의 경험의 결과물'이라는 것이다. 이 정의에는 세 가지 키워드가 있다; 바로 인간, 삶, 그리고 경험이 그것이다. 지식은 바로 이 세 가지 요소들의 결합체이고, 오직 그러한 차원에서만 의미가 있다. 기계가 생산해내고 다루는 폭발적인 지식은 그 안에 '인간'이 없고, '삶'이 없고, '경험'이 없으면 아무런 의미도 없다는 것이다. 인공지능이 지식과 다른 점, 즉 지식을 대신할 수 없는 점이 바로 여기에 있다. 그리고 그러한 지식은 본질적으로 융합적이다.

조세프 라이히홀프(2012)는 '자연은 왜 이런 선택을 했을까?'에서 이런 말을 한 바 있다.

"진화는 결핍에서 온다. 이것이 중심 원리다. 풍족함은 개선의 여지를 남기지 않는다. 무언가가 부족할 때 비로소 대안이 제시되고 이전보다 더 효율적인 것을 선택하게 된다."

미래 사회의 기술 발전이 인류의 진화 과정의 일부라면, 그것은 오직 '인간의 필요'에 기술이 어떻게 기여할 것인가에 대한 고민에서만 의미를 갖는다. 그리고 그 '인간의 필요'는 자본주의나, 기술 관료, 엘리트 계층 등의 필요에 의해 결정되어서는 안 된다. 인간의 필요는 인류 공동체의 공영과 공동적 생존, 그리고 발전을 모두 포함하는 것이어야 하고, 오직 그것을 반영하는 기술의 진보 혹은 (융합)지식의 활용만이 사회적 정당성을 갖게 될 것이다.

II. 융합 교육과정의 이해

01

융합 교육과정의 개념

"기초과학을 통해 학생들의 논리력이 향상되고 비판적 사고가 형성되면서 창의력이 나온다. 예를 들어, 천체물리학은 우주만을 배우는 것이 아니라 논리적 사고를 싹트게 합니다. 문제를 해결하는 방법도 배우게 됩니다. 최근 이슈인 환경 문제, 에너지 문제의 경우도 물리학을 알면 더 치밀하게 에너지를 관리하고 대처하는 방법을 알게 됩니다. 경제도 같습니다. 투자를 할 때 수학을 잘 알면 좋은 투자로 이어질 가능성이 높습니다."

"시험 볼 때만 써먹을 수 있는 지식은 살아있는 지식이 아닙니다. 과학 수업에서 얻은 지식이 나의 일상과 밀접한 관계가 있다는 것을 학생들에게 가르쳐야 합니다. 한국 학생들이 흥미를 가질 만한 이슈를 기초과학 이론과 연결시켜 설명하면 학생들은 과학에 흥미를 갖게 될 겁니다. 이처럼 재미를 통해 더 어려운 주제를 다루는 식으로 발전시켜야 합니다." - George Smoot, '버클리 캘리포니아대 물리학과 교수, 2006년 노벨물리학상 수상자(2009).'

위와 같은 주장들은 기초적 지식들이 융합함으로써 비판적 사고나 창의적 사고의 토대가 될 수 있다는 것과, 그러한 지식들은 시험준비를 통해서가 아니라 실생활 작은 부분 하나하나에 관심을 갖기 시작하면서 얻어질 수 있다는 사실을 강조하고 있다. 이처럼 융합적 교육과정이란 바로 기초적 기식(fundamental knoweldge)을 바탕으로 한 지식들의 융합을 통해, 학생들이 실제적 삶의 경험들을 자신들 만의 지식으로 승화시킬 수 있는 수업들로 체계화한 교육과정이라고 이해할 수 있을 것이다.

1) 융합 교육과정의 등장과 변천

사회가 발달함에 따라 지식이 폭발적으로 증가하면서, 이를 후대에 가르쳐야 한다는 교육적 부담도 키지고 있다. 하지만 지식의 증가와는 별개로 사회에서 요구하는 태도, 기술, 가치관 등에 대한 교육적 요구도 적지 않기 때문에, 학교 교육에서 어떤 내용을 어느 정도 수준으로 다루어야 하는가의 문제는 교육과정의 중요한 이슈이며 학교교육의 책임으로 간주되고 있다.

융합 교육과정을 이해하기 위해 우선 융합과 통합의 개념을 구분하여 생각할 필요가 있다. 융합(fusion)은 '전체를 구성하는 요소들이 상호 간의 구분이 없이 보다 자연스럽게 뭉쳐진 상태'를 가리킨다면, 통합(integration)은 "부분들이 결합됨으로써 각 부분들이 지니지 않은 전체성을 만들고 있는 상태"를 가리킨다. 여기서 융합과 통합의 차이는 융합은 각 구성요소들이 독자적으로 존재하지 않은 자연스러운 혼성적 상태라면, 통합은 각 부분들이 독자적으로 존재하지만, 그 독자성을 탈피하여 전체성으로 거듭나는 상태를 말한다. 융합이 사물의 보다 자연스러운 상태를 가리킨다면, 통합은 임의적 혹은 의도적으로 결합하는 것을 말한다. 그런 의미에서 본 저서에서는 융합과 통합이 학교교육에서 쓰이는 방식을 '지식의 융합'과 '교육과정의 통합'으로 정리하여 사용하고자 한다. '지식의 융합'은 사회적 및 자연적 현상에 대한 지식이 단편적인 사실에서 나오는 것이 아니라, 다양한 현상을 서로 다른 관점으로 그리고 변화 양태까지 파악하기 위해 융합적 인식이 필요하기 때문에 그러한 지식의 융합적 특성을 자연스럽게 수용한다는 것이다. '교육과정의 통합'은 학생을 효과적으로 가르치기 위해 기존의 분절된 지식의 범주를 학교교육의 실천 차원에서 의도적으로 통합한다는 의미이다. 이러한 구분은 융합(fusion)과 통합(integration)이라는 본래의 언의(lexicon)에 비추어 봐도 손색이 없는 구분이다.

교육과정 통합은 지식이란 파편적인 것이 아니라 궁극적으로 통합적이라는 인식론적 토대를 바탕으로 한 것이지만, 실제로는 지식이 폭발적으로 증가하는 미래에 대응하기 위한 학교 교육과정의 역할에 부응하고자 한 것이었다(Vogler, 2003). 미래의 학교에 대한 기대를 바탕으로, 교육과정 통합의 방향을 바라보는 시각은 다양하게 존재한다. 첫째, 학생 중심의 관점에서 통합교육과정을 바라보는 시각은 수업의 중심을 교과 지식이 아니라 학생에게 맞춘다. 따라서 교사의 역할도 학생을 교과에 맞추려하는 것이 아니라, 교과를 학생에게 맞춰주는 역할을 해야 한다. 한 교과에서 나온 주제를 중심으로 하거나 여러 개의 교과를 연결하여 학생들의 학습을 돕기 위한 보다 적절한 수업을 구성하여 학생과 함께 수업을 진행하는 것이 통합 교육과정의 목표이다.

둘째, 교육과정의 통합은 학생들이 개별적 교과 지식의 습득이 아니라, 지식 세계의 전체성을 탐색하기 위한 기회라고 보는 관점이다. 즉, 통합적 접근의 의미는 여러 교과 지식들의 논리적인 통합의 수준에 의해 판단할 수 있는 것이 아니라, 학습자 자신과 그들의 세계에 대해 의미 있는 문제와 개념들을 보다 전체적인 견지에서 탐구하는 기회를 준다는 의미가 있다는 것이다(유광찬, 2008).

셋째, 교육과정 통합을 통해 지식의 전체성을 인식하는 기회가 된다는 의미도 있지만, 실제적인 교육과정에서는 교과들의 상호 관련성(interrelation)을 모색하는 것이 더 현실적이라는 입장이다. 즉, 교육과정 통합을 통해서 교과지식들 간의 차별성을 파악할 수도 있지만, 실제적으로는 교과지식들 간의 관련성에 초점을 맞추어 종합적인 사고의 신장을 도모할 수 있는 교육적 접근이라고 본다(김대현, 2011).

그렇다면 교육과정의 통합은 어디에서부터 시작되었는가? 20세기 초반에 Dewey의 경험주의 철학을 바탕으로 한 진보주의 교육 운동(The Progressive Education Movement)이 한창이었던 시기에 교과 지식 자체에 대한 학습에서 벗어나 아동의 흥미와 호기심을 중심으로 한 교육의 차원에서 교육과정에 대한 통합적 접근이 관심을 끌었다. 지식의 통합, 그리고 이를 실천하기 위한 교육과정의 통합에 대한 대표적인 관점의 예로, Dewey(1916)는 교과 지식은 현재 사회생활에 필요한 내용을 중심으로 이루어져야 하고, 학습은 지식 자체가 아니라 실제적인 경험의 재구성이며, 그러한 경험은 통합적으로 조직되어야 한다고 주장하였다. 같은 맥락에서 독일 교육철학자 프뢰벨Fröbel(1926)도 유아는 모든 경험을 통합함으로써 전인 발달을 이룰 수 있다고 주장한 바 있는데, 이처럼 교육과정 통합은 경험주의를 바탕으로 하여 유아교육의 교육원리로써 적용되기 시작하였다..

교육과정 통합은 특히 1940년대에 대두된 중핵 교육과정(core curriculum) 개념의 등장과 더불어 활발히 논의되기도 하였다. Lorenzen(1940)은 사회문제 연구를 위해 교과 영역들을 통합하고자 하였는데, 이것이 곧 중핵 교육과정의 출발점이었다. 중핵 교육과정은 진보주의 교육의 한계를 극복하기 위해 학생의 흥미와 간학문적인 지식의 관계를 연계시키거나 아동이 인식한 문제들을 사회문제와 통합하여 가르치고자 하는 접근법으로써, '아동의 적합성'과 '사회적 적합성'을 동시에 고려하고 지식 탐구의 중요성을 강조한 것이다. 중핵 교육과정의 특징(Oliva, 2001)은 다음과 같다.

a. 모든 학생에게 필수적으로 요구되는 내용으로 교육과정의 일부분을 구성하고,
b. 교과를 결합하거나 융합하며,
c. 수업 내용은 대부분 학문의 경계를 횡단하는 문제들로 구성된다는 것이다.

그에 따라 중핵 교육과정의 대표적 학습 방법은 문제 해결법이며, 교사들과 학생이 함께 교육과정을 설계하기도 했다.

그러던 중 1960년의 Jerome Bruner의 학문 중심 교육과정이 학문 영역마다 특수한 지식의 구조에 대한 탐색을 강조하면서 교육과정에 대한 분과주의적 접근이 우세해지고 교육과정의 통합에 대한 관심이 잠시 움츠러들기도 했다. 하지만, 이러한 학문 중심 교육과정의 지나친 분과주의적 접근은 1970년 들어 엘리트 중심의 교육과 지식 중심 학문 탐구의 편중성에 대한 비판에 직면하였고, 다시금 융합적 지식에 대한 관심이 고개를 들기도 했다.

이러한 시대적 변화를 거친 후, 1970년대 후반 들어 '교육과정 통합(curriculum integration)'이란 개념이 이론적으로 체계화되기 시작하였다. 이때 통합(integration)이란 용어는 두 개 이상의 교과를 조합(combination)하는 것을 나타내기 위해 사용되었다. 1980년대에 들어서

도 통합 교육과정은 당시의 급속한 사회 변화에 교육 제도가 융통성있게 대처하기 위한 필수적인 수단이라고 보았고, 기존의 형식적인 학교교육에 대한 개혁의 한 방법으로써 여겨졌다. 그러나 21세기에 들어선 이후까지도 통합 교육과정 개념의 정의에 대한 학자들의 동의가 이루어지지 않았다. 앞서 언급한 것처럼, 교육과정 통합에 대한 이해는 한동안 동일한 주제에 대해 2개 이상 교과의 핵심 개념을 동시에 다루는 것이라는 가장 단순한 의미에서 사용되어 왔다(Buxton & Whatley, 2002).

2) 교육과정 통합과 융합의 개념 차이

가. 지식의 통합과 융합

지식의 통합(integration)은 그 자체로써는 의미를 갖기 어려운 단편적 지식, 정보, 사실들을 특별한 목적에 활용하기 위해 수집하고 정리하여 보다 일관성 있게 지식을 체계화하는 과정이라고 볼 수 있다. 그런 의미에서 지식의 통합은 다음과 같은 역할을 한다. 첫째, 우리 사고의 범주를 확장(expand)함으로써 우리가 직면한 다루기 어려움직한 난관들을 극복할 수 있는 아이디어들을 조합할 수 있다. 둘째, 상충하는 아이디어들을 조율(reconcile)함으로써 우리는 잠재적 가정들과 논리적 불일치(logical inconsistencies)들에 대해 보다 개방적으로 숙고해볼 수 있다. 셋째, 다양한 관점을 통합(synthesize)함으로써 우리의 사고를 보다 분명하게 하여, 일관성이 없거나 불일치하거나 불확실한 영역의 지식들을 정리할 수 있다. 넷째, 아이디어들을 연결함으로써 우리는 부분의 합 이상의 총체성(whole)을 창조해낼 수 있다. 그러므로 지식 통합의 목표는 다양한 아이디어를 엮어서 보다 일관성 있는 지식의 네트워크를 만들고, 그 네트워크를 바탕으로 한 상호 연결된 아이디어들의 조합이 가져오는 시너지를 통해 복잡한 상황들에 대해 더욱 지적인 해결 능력을 발휘할 수 있도록 하는 것이다.

반면, 지식의 융합(fusing) 혹은 융합적 지식(fused knowledge)이란 개념은 각 교과 지식이 독자적인 학문 영역이나 지식의 특징을 가지고 있다는 전제가 강하지 않다. 예를 들어, 과거에는 화학 분야의 지식과 생물학 분야의 지식이 엄격히 다르다고 여겨졌지만, 오늘날 생화학 분야에 대한 학문적 성과들은 두 영역이 결코 간단히 분리될 수 있는 영역이 아니라는 것을 깨닫게 해주었다. 즉, 지식의 통합이 지식의 독자성을 전제로 한 이후에 그것의 결합을 의미하는 것이라면, 융합적 지식이란 어떤 한 지식이 다른 지식에 포함되거나(embedding)나 인위적으로 통합(integrating)한다는 개념이 아니라 기본적으로 지식을 학문 영역별로 분리하여 다루지 않는다는 것을 전제로 한다.

요컨대, 이와 같은 융합과 통합의 기본 개념을 바탕으로 할 때, 융합적 지식을 습득하기 위한 방법론으로 써 통합교육과정이 필요한 것이다..

나. 교육과정의 통합과 융합

지금까지 '융합적 지식과 이를 위한 통합교육과정'이라는 표현이 교육과정에 있어서 융합의 개념을 구분하는 효과적인 방법이지만, 일반적으로 교육과정 융합과 교육과정 통합이 혼용되어 사용되고 있다. 그러한 일반적 이해의 틀에서 교육과정의 통합과 융합의 차이는 두 가지 점에서 논의할 수 있다. 첫째, 통합 교육과정이 하나의 교과 지식에 다른 교과 지식을 내포(embedding), 삽입(inserting), 이식(implanting)하는 것이라면, 융합 교육과정은 두 개 이상의 교과 영역의 내용을 동등하고 균형 있게 다루는 것을 목표로 하고 있다. 즉, 융합 교육과정은 단순히 한 교과 지식에 다른 교과 지식을 끼워 넣거나(incorporating) 혹은 결합(combine)하고자 하는 것이 아니고, 두 개 혹은 그 이상 교과들의 학습 목표나 표준(standards)을 이음새 없이 융합함으로써 교과 내용 간의 충분한 결속이 이루어지게 하는 것이다.

둘째, 통합 교육과정은 지식이나 학문 영역을 우선으로 한 다음, 그것의 통합을 통해 현실 문제에 접근하고자 한다면, 융합 교육과정은 지식이 적용되는 현실 세계의 문제들에 대한 인식을 우선으로 하고, 그러한 문제를 다루기 위해 학문과 지식의 역할이 무엇인가를 고민하는 것이다. 즉, 지식의 통합이 지식(이론)에서 출발하여 지식의 통합을 통해 실천의 문제를 다루려는 연역적 접근이라면, 지식의 융합은 현실적 문제를 해결하기 위해 관련된 지식들을 탐색하고 해결책을 모색하는 귀납적 접근을 취하는 관점으로 이해할 수 있다.

이러한 이유들을 놓고 볼 때, 오늘날의 지식에 대한 접근은 지식의 통합의 차원에서보다는 지식의 융합의 차원에서 이루어지는 것이 더욱 시의적절하다. 우리는 구분되어 있는 지식을 의도적으로 통합하려고 하는 것이 아니라, 지식은 본질적으로 융합적이기 때문에 그러한 지식의 본질에 맞는 학문적이고 교육적인 실천 방법을 모색해야 한다. 그것이 바로 융합 교육과정인 것이다.

3) 융합 교육과정의 목적과 특징

융합 교육과정은 세 가지 측면에서 그 의의를 찾을 수 있다. 우선 일정한 교육목표를 달성하기 위한 교육 내용 차원의 융합적 접근 측면이 있고, 다음으로는 그러한 융합된 교육 내용을 바탕으로 학습자의 지식적 측면뿐 만이 아닌 정서, 인성, 기술 등 전인적인 성장을 위한 통일적 접근의 측면이 있다. 마지막으로 개인들이 보다 온전한 교육을 바탕으로 더 바람직한 사회를 만들어갈 수 있도록 융합 교육과정의 목적 측면이 있다.

이러한 목적은 융합 교육과정의 다음과 같은 특징으로 인해 달성될 수 있다. 첫째, 지식의 분절화를 극복함으로써 배우고자 하는 어떤 주제나 현상과 관련된 다양한 분야의 교과 지식을 종합적으로 다룰 수 있다. 둘째, 학생들의 심리적 특성을 더 많이 고려할 수 있고, 학생들의 다양한 학습 스타일을 보다 존중해줄 수 있다. 셋째, 학습 동기를 더 효과적으로 유발하기 때문에 학습 효과를 증진시켜줄 수 있다. 또한 지식 습득 자체뿐 아니라 전반적 사고력의 발달에도 도움이 된다. 넷째, 교과 지식 자체보다는 실제적인 삶 속에 적용될 수 있는 지식과 기술에 집중하여 가르칠 수 있기 때문에, 학습된 지식을 적용해볼 기회가 많다. 다섯째, 교육과정 편성의 차원에서도 보다 효과적으로 교육 내용을 조직화하고 한정된 시간을 중요하고 핵심적인 내용을 가르치는 데 할애할 수 있다.

현재까지 많은 현장 교사들은 학생들이 교과 통합을 통해 지식과 기술을 넓힐 수 있다는 데 동의하고 있다(James, Lamb, Householder, & Bailey, 2000). 하지만 지금까지 교과 지식은 개별 학문들 영역의 구분에 따라 분과주의적으로 조직되어왔기 때문에, 지식의 융합은 현실적으로 쉽지 않다. 두 개 혹은 그 이상의 교과 영역에서 서로 완전히 융합된 성질의 지식이나 기술들을 교육목표로 설정할 수 있으면 좋겠지만, 이것은 지금까지 형성되어온 학교교육 지식의 환경 속에서 그리 쉬운 일이 아니다. 융합하고자 하는 교과들 간의 지적 연관성이나 중요도(비중), 그리고 핵심 개념들을 어떻게 설정할 것인가에 대한 학문적 갈등도 문제가 되지만,

교과 혹은 학문 분야 간의 주도권 문제와 같은 비학문적 갈등 요인들도 융합 교육과정의 개발에 큰 영향을 미친다.

그렇다면 학교 교육과정에서 지식의 융합은 어떻게 이루어지는가? 교육과정의 융합은 교육과정 내에서 교과 지식들이 조직되는 여러 원리들을 바탕으로 이루어질 수 있다. 교육과정 내용 조직의 원리에 대한 초기 이론에서 타일러Tyler(1949)는 제시한 계열성(sequence), 연속성/계속성(continuity), 통합성(integration)을 강조하였으며, 쉬레이더Schrader는 계속성, 나선성, 응집성, 그리고 통합성을 제시하였다. 이러한 교육과정 내용 조직의 주요한 원리들은 다음 [표 2-1]과 같다.

표 2-1. 교육과정 내용 조직의 원리들

구분	정의	설명
범위 (Scope)	내용의 폭과 깊이	교육과정 내용 선정 시 최우선 고려 사항
계열성 (Sequence)	내용의 순차적 조직(통시적)	학습 내용이나 경험의 시간적 순서로써, 내용 계열화의 원리에 따른다(예, 연대기, 유용성, 문화기 이론, 발달단계, 논리적 관계 등)
통합성 (Integration)	학문의 융합, 통일(통시적)	교육과정 경험의 수평적 관련성 Beane(1997) : 교육과정 통합의 차원 (경험, 사회, 지식, 교육과정 설계 방안 통합) Ingram(1979, p. 44–54) : 교육과정 통합의 기능을 인식론적 기능, 심리학적 기능, 사회적 기능으로 나눔.
연속성 (Continuity)	내용의 반복성 (공시적)	이미 배운 내용과 앞으로 배울 내용과의 관련성으로써, 교육 내용의 반복 및 누적 효과를 노린다.
연계성 (Articulation)	내용 상호 간 관련성(통시적)	교과의 수평적 관련성이나 학습자의 내적 지식의 통합.
균형성 (Balance)	내용상의 균형	내용들, 관점들, 이론/실천의 균등한 이해와 분배

4) 교육과정의 융합 방식과 융합 교육과정의 여러 형태

교육과정은 학교교육이 체계적이고 효율적으로 이루어질 수 있도록 학생들이 배워야할 지식 즉, 교과 내용을 선정하고 체계적으로 조직하는 역할을 한다. 교육과정 지식에 대한 융합적 접근이 시도되기 이전에는 전통적으로 내용 중심(content-oriented) 교육과정과 두세 개의 내용(교과)을 통합한 내용 중심 통합(integrated) 교육과정이 있었다. 또한 교과 내용이 아닌 학생들의 사고 과정을 중심으로 지식을 통합한 사고 과정 중심(thinking-oriented) 교육과정이 개발되기도 하였다(Costa & Liebman, 1997). 이처럼 여러 학문 분야의 지식이 교육과정에 포함되는 방식에 따라 다양한 교육과정의 설계가 이루어진다. 20세기 중반 이후의 교육과정의 발전 과정을 놓고 볼 때, 교육과정의 설계 방식은 크게 다음의 세 가지 설계 유형으로 나누어 이해할 수 있다.

첫째는 교과 중심 설계이다. 이는 교과(subject)의 형태로 분류되고 구성된 지식 자체의 존재를 그대로 인정한 채, 통합의 정도에 따라 네 가지 유형 즉, 분과형, 상관형, 융합형, 광역형으로 구분한 것이다. 분과형은 교과 각자가 독립적으로 다루어지는 교육과정이고, 광역형은 다양한 분야의 교과들이 교육과정 안에서 통합적으로 다루어지는 방식을 말한다.

둘째는 활동 중심 설계이다. 아동 중심, 활동 중심 교육 원리를 강조한 Dewey의 교육 사상을 기반으로 한 진보주의 교육 운동(the progressive education movement)의 결과로 나타난 교육과정이다. 그러므로, 활동 중심 설계에는 교과 지식을 중심으로 하기보다는 학생들의 흥미나 호기심을 기반으로 지식을 재구성하는 아동 중심(child-centered) 교육과정과, 지식을 이론적으로 다루는 것이 아니라 실제적인 활동과 경험을 중심으로 수업을 조직하는 활동 중심 교육과정이 있다.

셋째는 문제 중심 설계이다. 이는 1970년대에 등장한 사회 재건주의(social reconstructionism) 교육 사조의 영향을 받아 소개된 교육 과정이다. 문제 중심 설계는 기존의 교과 지식이나 학생들의 흥미, 호기심에 기반한 경험 자체를 중심으로 수업 내용을 설계하는 것이 아니라, 학생들이 직접적으로 사회에 적응하고 사회문제를 이해할 수 있도록 수업 내용을 조직하는 것이다. 문제 중심 설계의 대표적인 교육과정에는 항상적 생활 장면 중심의 설계와 사회문제 중심의 중핵 설계가 있다. 전자는 학생들이 살아가는 가정과 사회에서의 일상적 삶의 모습들을 중심으로 학생들이 보다 직접적으로 사회에 적응하고 사회 문제들에 참여할 수 있도록 돕는 수업 내용으로 교육과정을 구성하는 방식이다. 후자는 사회가 당면한 여러 문제들과 사회적 요구들을 중심으로 수업 내용을 구성하되, 학생들의 요구와 교과 지식의 성격을 동시에 고려하여 그 중첩되는 요소들을 중심으로 교과 내용을 구성하는 중핵 교육과정의 성격을 갖는다. Oliva(2001, p. 273)는 이러한 중핵 교육과정의 특징을 다음과 같이 제시하였다.

a. 모든 학생에게 필수적으로 요구되는 교과 지식의 일부분을 포함하면서도, 교과 지식을 결합하거나 융합할 수 있고,
b. 수업 내용의 대부분이 학문의 경계를 횡단하는 문제들로 구성되며,
c. 주된 학습 방법으로 교사와 학생들의 협력을 강조하는 문제해결 학습, 프로젝트 학습을 수행함으로써 보다 실용적이고 실제적인 학습을 할 수 있다는 것을 강조하였다.

위와 같이 교육과정의 설계방식에 따라 다양한 교육과정 통합의 유형이 존재하고 있다. Jacobs(1989, pp. 14-18)는 이를 종합하여 교육과정의 설계 방식을 다양한 지식들의 통합 정도에 따라 순서대로 '분과형, 병행형, 다학문형, 학제형, 통합 일괄형, 완전 개방형'으로 구분하기도 하였다. 여기서 분과형은 각 교과 지식들이 완전히 별개로 다루어지고 통합이 이루어지지 않는 상태에서 교육과정을 설계하는 것이다. 병행형은 두 개 정도의 교과 지식이 같이 다루어지는 수업을 포함한 교육과정이다. 다학문형은 두 개 이상의 복수의 교과 지식들을 포괄하여 설계된 수업으로 이루어진 교육과정을 가리킨다. 그리고 학제형 교육과정은 오늘날 인문학, 자연과학, 사회과학처럼 특정 학문 영역 내의 모든 지식을 포괄하는 수준의 수업으로 이루어진 교육과정이다. 통합 일괄형은 학문 영역의 구분을 넘어서 완전히 지식을 통합하여 구성한 수업으로 이루어진 교육과정이다. 마지막으로 완전 개방형은 학문 영역이나 교과 지식의 구분 자체가 없이 수업 내용을 구성하여 설계된 교육과정을 가리킨다. 이러한 Jacobs의 구분은 교육과정 융합이 얼마나 다양한 수준과 통합의 정도로 이루어질 수 있는지를 잘 보여주고 있다.

아울러, 교육과정이 융합되는 방식에도 다양한 유형이 존재한다.

첫째, 개념적 통합(conceptual integration)은 과학적 지식 체계를 신봉하는 과학자들이 가장 선호하는 형태의 교육과정 통합으로, 통합적으로 가르치고자 하는 학문 분야들이 공유할 수 있는 기본 개념을 수립하여 그것을 중심으로 수업을 전개하는 것을 말한다. 물론 과학 교과가 아닌 사회 교과나 인문 교과에서도 개념적 통합의 방식으로 교육과정 융합을 시도할 수 있다.

둘째, 탐구 과정 중심의 통합(expedition-based integration)은 교과 지식

이 갖는 핵심 개념 자체로부터 통합의 구심점을 찾는 것이 아니라, 학생들의 사고 과정이나 지식을 탐구하는 과정을 중심으로 수업을 전개하되, 그러한 수업 주제나 내용에 관련된 지식을 통합적으로 다루는 것이다.

셋째, 간학문적(inter-disciplinary) 통합은 학문 간의 구조적 혹은 탐구 방법상의 관련성을 생각하여 학문 간의 내용을 구조적으로 묶어서 통합하는 방식으로, 유사한 성격의 지식이나 학문 영역 간의 통합을 시도할 때 유용하다.

넷째, 다학문적(multi-disciplinary) 융합은 각 교과 영역의 자율성이 보장되면서 여러 다른 학문 분야의 지식이 통합되어 다루어질 수 있도록 수업 내용을 조직하는 것을 가리키며, 학문 간의 전통적인 유사성이나 인접성에 얽매이지 않고 보다 포괄적인 통합을 시도한다.

다섯째, 탈학문적(post-disciplinary) 통합은 교육 내용을 구성할 때 특정 학문 분야를 고려하지 않고 수업 주제나 이야기의 전개 순서대로 관련 지식을 활용하여 수업 내용을 구성하는 것이다.

다음 절에서는 융합 교육과정이 학생들의 사고력 개발, 지식 습득, 그리고 창의성의 발현 차원에서 학교 교육과정에 어떤 의미를 갖는가를 논의해보기로 하자.

02

융합적 지식과 사고

1) 융합적 지식과 창의성

융합적 지식과 창의성의 관계에 대해 이해하기 위해서는 창의성에 대한 새로운 이해로부터 출발해야 한다.

가. 확산적 사고와 지식의 융합

창의성 연구의 토대를 마련한 대표적인 학자인 Guilford(1959)는 창의성을 창의적 문제 해결을 위한 핵심 능력으로 간주하였고, 이를 바탕으로 "창의적 문제 해결"을 위한 4단계(문제인식, 아이디어 생성, 아이디어 평가, 해결책 확인)이론을 제시한 바 있다. 한편 Rhodes(1961)는 창의성 개념을 창의성 발현을 위한 4가지 요인들을 중심으로 한 4P이론(사람(Person), 산물(Product), 과정(Process), 그리고 환경(Press))의 차원에서 설명하였다. 현재는 4P이론에 단계(phase : The Stages of Creativity)가 더해져 5P이론이 널리 알려져 있다.

Rhodes(1961)의 4P(person, product, process, press)이론

1) 사람(Person)은 창조의 주체로서, 창의적 생산물을 만들어내는 개인의 심리와 연관되는 요인들을 다룬다. 이 요인은 개인의 성격적 자질(예, 낙관성, 솔직함, 자신감)이나 동기 부여(내재적 및 외재적), 그리고 감정적 요소(흥분, 희망, 공포)의 측면에서 창의성을 지니고 있는 사람마다 뚜렷이 구별된다고 여겨진다(Cropley & Cropley, 2013).

2) 산물(Product)은 창의적 활동의 산출물(output)에 관한 것이다. 이 산출물은 일반적인 새로운 발명품(artefact) 뿐만이 아니라, 창의적 과정(process), 시스템, 그리고 기발하고 유용한 아이디어나 서비스까지 확장될 수 있다(Cropley & Cropley, 2005). Mackinnon(1978)은 창의적 산출물의 특성을 참신성(novelty)과 유용성(usefulness) 두 가지로 설명하면서, 창의적인 산물은 독창적이고 놀라운 것(original and surprising)이어야 하고, 실제 문제(real problem)를 해결하거나 실제적 필요(real need)를 만족시켜야 한다고 보았다.

3) 과정(Process)은 창의적인 산출물을 낳는 사고방식에 관한 것이다. Guilford(1950)에 따르면 창의적 사고방식에는 수렴적 사고와 확산적 사고가 있다.

4) 환경(Press)은 창의력을 촉발해내는 환경적 동력으로써, 창의성에 대한 사회적, 조직적 요인들(환경)의 역할에 대한 것이다. 적합한 환경(press)은 개인 또는 집단의 창의성을 가능하게 하고, 창의성을 격려하거나 촉진하는 구체적인 조건들을 제공한다. 환경적 요인은 다음과 같다.

a. 운영의 지원 요인(창의성에 대한 보상책, 도전(risk-taking)의 격려),
b. 물리적 환경(적절한 시설과 보조 기구),
c. 규범으로부터의 일탈에 대한 사회의 관용,
d. 전문적인 활동을 지배하는 규칙과 기준 등

> 예를 들어, 물질적인 제도적 구조와 시설(작업 장소, 실험실, 정보 처리 시설, 도서관, 교실, 워크샵 등), 물질적 구조와 사람 간의 상호작용에 영향을 미치는 비물질적인 제도적 요인(전통, 기준, 규범, 그리고 관습 등), 그리고 상호작용에 영향을 미치는 심리적인 요인들(역할, 관계, 사회적 계층, 상호작용 규칙, 의사소통 경로 등)이 모두 환경적 요인에 포함된다.

아울러 전통적 창의성의 개념을 바탕으로 최근의 '창의성'에 대한 정의들 중의 하나로, Plucker & Beghetto(2004, p. 90)는 "창의성을 소질, 과정 및 환경 사이의 상호작용으로써, 개인이나 집단이 사회적 맥락 속에서 참신하고 유용한 산물을 생산하는 것이다"라고 정의한 바 있다. 위와 같은 창의성에 대한 개념과 이론들을 정리해보면 다음과 같은 사실을 확인할 수 있다. 첫째, 창의성은 실제적 문제 해결에 기여하는 실용적이고 실천적 능력이라는 점이다. 둘째, 창의성의 발현은 여러 단계의 과정들과 그 과정 속에서 여러 요인들의 영향을 받아 이루어진다는 사실이다. 그리고 셋째, 가장 중요한 것은 창의성이 개인의 타고난 지적 자질이 아니라, 집난과 사회 그리고 장의성이 발현되는 과정에서 생겨나는 수많은 환경적 요인의 최종 결과물이라는 것이다.

그렇다면 이러한 창의성의 개념과 특성들은 융합적 지식과 어떤 관련이 있는가? 이는 창의적 과정(process)을 촉진하는 확산적 사고의 역할에 주목함으로써 이해할 수 있다. Guilford(1959)의 초기 창의성 이론에서도 창의적 사고의 과정을 확산적 사고와 수렴적 사고로 구분하여 다음 [표 2-2]와 같이 그 특징을 논의하였다.

표 2-2. 확산적 사고와 수렴적 사고의 특징

구분	확산적 사고	수렴적 사고
대표적인 과정들	비인습적으로 생각하기 새로운 견해를 파악하기 이질적인 것을 결합하기 다양한 답변을 생산하기 관점을 이동하기 알려진 것을 변형하기 새로운 가능성을 파악하기	논리적으로 생각하기 익숙한 것을 인지하기 비슷한 유형의 것들을 결합하기 최상의 답을 탐색해 나가기 집합 기법을 재적용하기 이미 알려진 사실을 고수하기 정확성과 정답을 모색하기
대표적인 결과들	대안적이거나 다양한 해결책 산출 일상적인 것으로부터 일탈 기발하고 새로운 답변에 도달 과업에 대한 새로운 접근 방법들 즐겁거나 도전적인 과업의 가능성 탐색하기	이미 존재하고 있는 것에 훨씬 익숙함 사실을 더 잘 파악함 신속하고 "옳은" 답변에 도달 존재하고 있는 기술들의 향상시킴 어떤 이슈들을 해결(종결)하기

창의력을 발휘하기 위해서는 기존 지식의 새로운 조합을 요구한다는 점에서 수렴적 사고도 필요하지만, 문제 해결의 실마리를 찾아내는 데에는 확산적 사고가 훨씬 큰 역할을 한다.

최근에 Sternberg(2007)는 확산적 사고를 바탕으로 창의성을 개발하기 위한 조건들을 다음의 3가지로 제시하였다.

a. 학생들은 창의성에 종사하는 기회를 가져야 한다. 기회는 프로그램과 코스들을 통틀어 통합적이고 상호 보완적인 방식으로 내장되어야 한다.
b. 학생들은 창의성을 요구하는 과업에 종사할 때 호의적인 격려를 받아야 한다.
c. 학생들은 훌륭한 창의성을 발휘할 때 보상을 받아야 한다는 것이다.

또한 이러한 조건을 바탕으로 Sternberg(2007)는 창의적 습관을 기르기 위한 열 두 가지 전략들을 다음 [표 2-3]과 같이 소개하고 있다.

표 2-3. 창의성 습관을 개발하기 위한 열 두 가지 열쇠(Sternberg, 2007)

12가지 핵심적인 창의적 습관(Twelve keys for developing the creativity habit)	문제를 재정립하라.
	질문하라 그리고 가정(假定)을 분석하라.
	창의적인 아이디어는 스스로 구상된다고 가정하지 말라.
	아이디어 생성을 장려하라.
	지식은 양날의 검이라는 점을 인지하고, 그에 따라 행동하라.
	장애물을 확인하고 그것을 극복하는 아이들을 격려하라.
	합리적인 위험 감수를 장려하라.
	모호함의 관용을 장려하라.
	자기 옹호를 하는 아이들을 도와라.
	하고 싶은 것을 찾는 아이들을 도와라.
	아이들에게 만족을 유예하는 것의 중요성을 가르쳐라.
	창의성을 촉진하는 환경을 제공하라.

확산적 사고의 특징 중 한 가지 예를 들면, 낯선 것들끼리 연관성을 찾는(making associations) 과정이 있다. Mednick(1962)은 참신성은 전통, 관습, 정통(예, 닭과 달걀의 연결, 잔디와 녹색의 연결은 일상적인 연결)을 넘어서거나 기능적 고착성(functional fixedness : 가장 많이 쓰이는 기능과 연결하려는 경향)을 넘어서는 생소한 인식과 경험들에서 나온다고 강조하였다. 즉, 확산적 사고는 다양한 지식과 경험에 대한 수용적 태도와 지식의 영역과 경계에 구애받지 않는 접근, 지식의 상호 연결과 재배치 등을 통해 촉발되는 것이다. 요컨대, 창의성을 배가시키는 확산적 사고는 지식의 융합이나 융합적 지식을 활용함으로써 더욱 촉발될 수 있다.

나. 창의성과 네트워크 이론

본 저서의 Ⅰ장 2절에서 네트워크의 원리가 지식의 융합에 어떤 역할을 하는지 자세히 소개하였다. 같은 맥락에서 창의성이 단순히 개인적 사유의 특징이 아니라 집단적이고 공동체적인 협력의 산물이 될 수 있다는 것을 이해할 필요가 있다. 그런 차원에서 네트워크의 특성(인적 조직, 정보망, 정보의 교류 등)이 어떻게 창의성의 발현에 관여하고 있는지를 Sgourev(2016)의 설명을 통해서 이해해 보자.

우리는 지적 공동체 구성원 간의 네트워크에서 중심부(core)에 있는 것과 주변부(periphery)에 있는 것 중에서 어느 쪽이 창의성의 발현에 더 큰 영향을 받을까? 핵심 써클 혹은 내부 서클의 영역에 있는 사람들은 집단 내 다른 영향력있는 구성원들과 밀접한 관계를 맺을 수 있다. 이처럼 중심부에 있는 사람들은 여러 사람들과 대면 접촉의 기회도 많고 트렌드를 접할 기회도 많으며, 다양한 자원들과 아이디어들을 조합할 기회가 더 많기 때문에 창의성을 발휘할 가능성이 더 높은 것으로 여겨지고 있다.

이러한 이유로 인해 많은 연구들이 지적 공동체에서 주변부 인물들로부터 새로운 아이디어가 나오는 일이 드물다는 결과를 내놓았다. 반면 다른 사회학 연구들은 주변부 인물들이 네트워크 중심부의 특징인 동료들로부터의 압력이나 높은 기대에 얽매이지 않기 때문에 정체 상태에 도전하여 변화를 가져오는 핵심 요인이 된다고 주장한다. 즉 중앙 집중적인 환경보다는 분산적 환경이 기존의 틀(네트워크의 중심성)에서 보다 자유롭기 때문에 창의성이 발현될 가능성이 더 높다는 것이다.

결국 네트워크의 중심성(network centrality)은 단계적 변화에는 적합하지만, 보다 급진적이고 보다 광범위하고 예측하기 어려운 개혁을 설명하는 데는 적합하지 않다. 즉, 중심부 보다는 주변부가 급진적 참신성의 주요 원천인 것이다. 그러한 측면에서 자유도가 높은 비결정적인 (indeterminate) 관계성이 결정적이고 촘촘한 사회적 관계성보다 훨씬 더 창의적 가능성을 발현시킬 수 있다고 주장하는 학자들도 있다.

이와는 다른 연구의 흐름은 참신성의 출현(emergence of novelty)을 다중 연결 네트워크(multiple connected networks)의 맥락에서 고차원적으로 분석하면서, 창의성을 개인적 특질이 아니라 시스템적 특질로 인식한다. 다중 네트워크의 구조 속에서 참신성은 사회적 관계성이 흐르는 교차점에서 차고 넘치기(spillover), 위치 변화(transpositoin), 그리고 재조합(recombination) 등의 매커니즘을 통해 나타난다. 이 말은 새로운 아이디어가 산출되는 것은 개인이 아니라, 사회적 관계로 이루어진 네트워크의 작동에 의한다는 것이다. 개인은 단지 아이디어나 실천이 상호 교차된 네트워크 속에서 위치 변화의 이동 수단일 뿐이라는 것이다.

이처럼 창의성은 인성이나 개인적 특질에 의해 결정되는 것이 아니라 개인적 특성을 초월해서(supra-individual) 나타나는 특성일 수 있다. 아이디어의 생성은 개인에 의해서가 아니라 개인들 간에 흐르는 네트워크에 의한 것이다. 요컨대, 모호성, 이질성(heterogeneity), 그리고 기회 포착(opportunism)이 바로 창의성 생성을 위한 원재료인데, 이것은 재조합(recombination), 위치 전환(transposition), 그리고 혼합(mixing)의 매커니즘을 통해 새로운 것들이 나타날 수 있다는 말이다.

또한 Cattani & Ferriani(2008)에 따르면 기존의 창의성과 혁신(innovation)에 대한 연구는 지나치게 개인이나 네트워크 혹은 현장(field)의 관계나, 구조(structure)와 수행자(agency) 사이의 연결성에 국한하여 연구되었다고 주장한다. Cattani & Ferriani는 그보다는 창의적 과정의 핵심 요소가 되는 개인, 네트워크, 그리고 사회 문화적 현장의 삼중적 상호작용 차원에서 이해해야 한다고 주장한다. 또한 창의성에 대한 분석을 거시적 수준과 미시적 수준으로 구분하여 나타나는 격차를 줄이기 위해

두 가지 과정[(구조적 과정이 어떻게 개인으로 하여금 기회와 아이디어-수행의 조건을 생성하게 하는지(Macro)와 개인이 주어진 기회를 어떻게 활용하여 창의성을 가능케 하는지(micro))을 다룰 수 있어야 한다는 것이다. 예를 들어, 개인의 경력 변화는 전문성](전문적 지식)의 변화를 야기할 뿐만 아니라, 개인의 정체성에도 변화를 가져왔다. 그러한 변화가 개인들의 창의성을 증가시키는 요인이 되기도 한다. 이러한 변화를 경험한 개인들은 여러 분야의 새로운 지식과 경험의 혼재를 견디어 내는 힘이 강화되고, 지적 영역들 간의 경계를 넘어서는 경험(즉, 영역의 구분에 얽매이지 않은 사고와 실천)을 통해서 창의성을 발휘할 수 있는 역량도 훨씬 커지는 것이다.

다. 모호성과 창의적 사고

지식이나 경험이 파편화(fragmentation)됨으로써 나타나는 의미와 실천의 다양성은 모호성(ambiguity : 두 가지 이상의 서로 다른 해석이 공존함으로 인해 명확성과 확실성이 없는 상태)을 가져오게 한다. 그런데 이 모호성이 바로 창의성의 핵심 요인인 것이다. 모호성에 대한 인내가 왜 창의성의 발현과 관련이 있는지 생각해보자.

창의적(혁신적) 사고는 경계를 허무는 과정에서 나오고, '경계 허물기'는 범주화된 경계의 구분에 구속되지 않는 사고에서 나온다. 범주화(categorization)는 인간 사유 방식의 하나로써 사물 간의 다양하고 복잡한 차이들을 몇 가지 인식 가능한 특성을 기준으로 분류하는 것이다. 이러한 범주화를 통해 우리의 두뇌는 수많은 사물들과 사건들에 대한 정보처리를 보다 쉽게 수행하여 인지적 부담을 줄이고 학습의 효율성을 높일 수 있다. 그러므로 범주화는 모호성을 참지 못하고, 새로운 정보나 복잡한 사물의 특성들을 기존에 형성된 범주적 틀 속에 분배해 놓는 경향이 있다. 문제는 이러한 범주화가 결코 완전하거나 정확한 것이 아니며, 범주화가 습관화될 경우는 사물 간의 미세한 차이를 구별하지 못하거나 관습적 사고의 틀에 얽매이게 될 위험성이 따르게 된다는 것이다.

사물들을 범주화하는 것은 인지적 부담을 줄이기 위한 전략일 뿐, 그 범주가 사물의 본질을 대변한다고 볼 수 없다. 오히려 모호성이 사물의 본질일 수 있다. 다중적 의미가 존재함으로 인해 일어나는 혼란(모호성)은 참신성의 생성에 본질적인 요소가 되는 아이디어, 사회적 구성(social construction), 그리고 발명품들을 재해석하게 만든다. 따라서 이러한 모호성을 그대로 수용하고 그것을 사고의 출발점으로 삼는 태도 속에서 창의성이 발현될 수 있는 것이다.

또한 모호성은 어떤 사실이나 현상들을 인위적으로 구분하여 인식하지 않는 상태이다. 다양한 색깔로 물들어가는 노을을 바라보는 인간의 의식은 인지의 영역인가, 정서의 영역인가, 아니면 감각의 영역에서 일어나는 작용인가? 현재까지 우리가 그러한 의식의 영역을 이해하기 위해 시도하고 있는 학문적 접근은 편의상 일시적으로 설정한 탐구의 발판(scaffold)일 뿐이다. 노을을 바라보는 인간의 의식에 대한 이해(즉, 인간 사유에 대한 지식)은 그렇게 인위적으로 구분할 수 있는 것이 아니다. 인지, 정서, 감각적 행동 등은 우리가 편의상 인간의 의식의 다양한 상태들을 구분해놓은 하나의 방법이다. 이러한 구분의 유용성이 많지만, 그러한 구분에 구애되지 않는 것이 바로 인간의 지각 능력의 본질을 이해하기 위한 창의적인 접근이 될 수 있다. 그러므로 이러한 모호성을 자연스럽게 받아들일 수 있는 마음가짐에서 창의성의 씨앗이 발현 될 수 있다.

요컨대, 앞서 소개한 지식 융합의 원리이며 특성인 혼성성(hybridity), 접목, 브리콜뢰르 등의 개념들은 지식 자체가 엄격하게 구분되는 것이 아니라 본질적으로 다양한 지식들이 혼합될 수 있고 지식들 간의 경계가 모호할 수 있다는 것을 보여준다. 하지만 그것이 지식의 결격 사유가 아니라 지식의 본질일 수 있으며, 더 나아가 그러한 모호성이 창의성 발현의 자원이자 원동력이 될 수 있다는 것에 주목할 필요가 있다. 이를 융합적 지식과 창의성의 관련성을 통해 보다 자세히 논의해보기로 하자.

2) 융합적 지식과 창의적 사고

지금까지 지식에 대한 분과적 접근이 아니라 융합적 접근을 통해서 학교 교육의 내용이 재조직되어야 하고, 그에 따른 수업 모형이 개발되어야 한다고 강조하였다. 본 절에서는 어떤 지식이 창의성 있는 지식이며, 융합적 지식이 어떻게 창의성을 개발할 수 있는지에 대해 좀 더 자세히 살펴보기로 한다. 창의적 사고와 융합적 지식의 관련성을 탐색하기 위해 첫째, 사고는 어떻게 작동하는가? 둘째, 사고에는 넓이와 깊이가 있는가? 셋째, 다양한 경험은 창의력을 어떻게 촉발하는가? 라는 세 가지 질문을 통해 탐구해보자.

가. 사고는 어떻게 작동하는가?

창의성의 역할을 생각할 때, 대부분의 사람들은 어떤 문제를 해결하기 위해 인간의 사고를 최고조로 가동하여 해결책을 찾아내는 장면을 우선적으로 연상하게 된다. 이러한 경향을 유레카(Eureka) 환상이라고 부른다면, 그러한 환상에 얽매여 있기 때문에 우리는 창의성을 대단한 발견과 성취에만 연결시키고, '창의적 문제 해결(능력)'과 같은 요소를 가장 중요한 교육목표로 설정해놓고 있다. 그렇다면 과연 창의성은 그렇게 새롭고 혁신적이고 대단한 성취를 가져오는 사고만을 가리키는가? 이런 의문에 대하여 창의성을 매우 일상적인 상황과 행위로 이해하고자 하는 접근인 일상적 창의성(everyday creativity)의 개념도 있다(Richards, 2007). 문제는 만일 창의성이 일상적인 사고와 성과라면, 그것은 결국 많은 사람들이 원하는 창의성이 아닐지도 모른다.

정보화 전문가인 Nisbett(2016)은 인간의 사고를 다음과 같은 세 가지 특징을 통해 설명하였다. 첫째, 세상을 이해하는 것은 언제나 추론과 해석의 문제다. 우리는 사람이나 상황을 판단할 때, 심지어 물질계를 지각할 때도 축적된 지식과 보이지 않은 정신 과정에 의존하여 판단하지 결코 현실을 있는 그대로 읽지 않는다. 결국 세상은 객관적 실체로 이루어진 것이 아니라, 사람들의 이해와 해석으로 이루어졌다는 것이다. 둘째, 사람들이 갖는 기질(특성, 견해, 능력, 취향 등)은 우리의 생각보다 영향력이 크지 않다. 우리가 놓인 상황이나 맥락이 우리의 생각과 행동에 훨씬 큰 영향을 미친다. 그런데도 우리는 사람들의 생각과 행동의 원인을 그들이 갖는 기질(지능, 창의성 등) 때문이라고 생각하는데, 이를 심리학적으로 근본적 귀인 오류(fundamental attribution error)라고 한다.

근본적 귀인 오류(Nisbett, 2004)

사람들은 사회적으로 큰 성공과 업적을 이룬 사람들을 바라보면 그들을 '대단한' 사람이라고 인식한다. 사람이 이룩한 업적의 원인을 그 사람의 기질로 인식하는 경향이 매우 큰데, 이를 근본적 귀인 오류라고 부른다. 사람들의 행동과 업적은 실제로는 환경이나 상황으로부터 큰 영향을 받게되는 경우가 많지만, 그러한 성공과 실패의 책임을 그 사람 자신에게로 돌리는 것도 결국 근본적 귀인 오류에 해당한다. 사람들의 행동에 영향을 미치는 맥락에 대한 여러 연구 중의 하나인 Darley J.와 Latane B.의 방관자 개입 연구에서는 다양한 위급 상황을 연출하여 피험자들이 위기에 빠진 사람들을 얼마나 적극적으로 돕는가를 관찰하였다. 결과적으로 피험자들이 위기에 빠진 사람을 도울 확률은 주변에 다른 사람의 존재가 있는가에 크게 좌우되었다. 피험자 개개인의 정의감이나 용기의 문제가 아니라, 주변맥락과 상황이 사람들의 행동에 영향을 크게 미친다는 것이다(Nisbett, 2004).

셋째, 의식보다 무의식이 사람들의 행동과 판단에 훨씬 더 큰 영향을 미칠 수 있다. 무의식은 말 그대로 우리가 의식하지 못하지만, 환경으로부터의 정보를 의식보다 훨씬 광범위하게 접수하며 처리하고, 우리의 행동에 영향을 미친다. 그러면서도 무의식은 의식이 효과적으로 대처하지 못하는 많은 문제들을 합리적으로 해결한다. 예를 들어, 우리가 순희보다 영희가 더 따뜻한 사람이라고 생각할 때, 그 실제적 이유가 영희와는 따뜻한 커피를 마셨고, 순희와는 냉커피를 마셨기 때문일 수도 있다는 사실을 인지하지 못한다. 그런데 무의식적 지각, 신념, 행동과 같은 무의식적 정신 작용은 결코 직접적으로 파악할 수 없기 때문에, 그 무의식에 직접적으로 접근하거나 다루는 것은 불가능하다.

위와 같은 니스벳의 주장은 창의성을 올바로 이해하기 위한 새로운 관점을 제공해준다. 창의성은 어떤 구체적인 단위나 특성이 아니기 때문에 구명하거나 직접적으로 접근할 수 있는 정신적 요소가 아닐 수 있다는 것이다. 그리고 창의성 자체의 영향보다는 환경이나 상황적 요소가 문제 해결이나 고차원적 사고의 발현에 더 크게 작용할 수 있으며, 무엇보다도 창의성은 직접적으로 다루어지거나 가르쳐질 수 없다는 것이다. 예를 들어, Sweller(1983)은 무목적(non-purposive)적인 조건에서의 창조성에 대해 연구하였다. 그는 물건의 쓰임새를 생각하기 전에 물건의 모양을 조합해보는 것이 더 효과적인 이유는 물건의 쓰임새와 그 모양에 대한 기존의 선입견이 보다 창의적 사고를 제한할 수 있기 때문이라고 하였다. 그러한 맥락에서 Finke(1992)는 사람들의 창의성을 고무하기 위해서는 특정한 목적이나 목표에 얽매이지 않도록 무엇이든 만들어보도록 격려하는 것이 더 효과적이라고 주장하였다. 그는 새롭게 만드려는 물건이 무엇에 쓰일지 모르는 상태에서 사물이 결합된 형태를 '발명전 형태'(preinventive form)라고 불렀다. 그리고 그는 이 '발명전 형태'를 만들어내는 데 우선적으로 집중한 다음, 나중에 그것을 어떻게 활용할 것인지 생각하는 것이 창조성 발현에 더 도움이 된다고 주장했다.

위와 같은 무목적적 창의성의 본질을 보다 구체적으로 이해하기 위해, Sloman(2002)는 인간의 추리적 사고를 결합에 기초한 추리와 규칙에 기초한 추리로 두 가지로 나누어 그 특징을 다음과 같이 설명하였다(p. 489).

표 2-4. 추리적 사고의 두 종류 : 결합적 추리와 규칙적 추리

	결합 시스템 (결합적 추리)	규칙 · 기초 시스템 (규칙적 추리)
조작의 원리	유사성	기호 조작
지식원	개인의 경험	언어와 문화
관계	결합	인과 및 논리
처리의 본질	재생적, 자동적	생성적, 전략적
기능	직관, 창의성, 시각적 인식, 연합 기억	숙고, 형식적 분석, 확인, 전략적 기억

Sloman은 추리가 결합적이어야 하는지 규칙적이어야 하는지는 과제 자체에 의해 결정되는 것이 아니라고 주장한다. 여기서 창의성은 결합적

추리에 더 가까운데, 이러한 견해는 자발적으로 전개되는 통찰형 사고가 주로 전두피질에서 시작되지 않는, 결합적이고 무의식적인 사고라는 주장과 일치한다. 한편, Finke(1996)는 위와 같은 결합적 추리를 비구조적 창의성(충동적이고 반사적이며 자발적이고 장난끼와 은유적 사고를 가진 사람들)으로, 규칙적 추리를 구조적 창의성(조직적 통제적 사고)으로 구분하기도 하였다.

요컨대, 창의성을 어떤 사고나 논리적 능력으로 인식하느냐에 따라 창의성에 대한 다양한 접근이 이루어질 수 있다. 인간의 심리적 특질인 지능, 정의감, 협동심, 애착, 호기심 등의 요인들이 인간의 복잡다단한 심리상태를 조직적이고 개념적으로 정리한 하나의 설명에 불과한 것처럼, 창의성도 '창의적인 사고'을 구명하기 위한 편의상의 학술적 개념이다.

나. 창의성은 사고의 깊이와 관련이 있는가?

사고(thinking)는 단편적이고 일시적인 정신 현상(mental phenomenon)이기 때문에, 그 폭과 깊이를 논하기 위해서는 결국 지식(knowledge)이라는 커다란 범주 속에서 사고가 어떤 위치를 차지하고 있는지를 이해해야 한다. 지식의 형성 및 발전은 아리스토텔레스가 수립한 형식 논리학에 크게 의존하고 있다. 아리스토텔레스의 형식 논리학의 대표적 예는 '전제와 결론'으로 이루어진 이단논법과 '대전제, 소전제, 그리고 결론'으로 이루어진 삼단논법이 있다.

"어떤 사람도 말이 될 수 없다면, 어떤 말도 사람이 될 수 없다. 또한 어떤 옷이 하얗지 않다면, 하얀 것도 옷이 될 수 없다. 하얀 것이 옷이 되려면 어떤 옷은 반드시 하얀색이어야 하기 때문이다."(전제=>결론 : 이단논법)

"모든 사람은 죽는다. 소크라테스는 사람이다. 그러므로 소크라테스는 죽는다."
(대전제+소전제=>결론 : 삼단논법)

위와 같은 논리적 사유로 생성된 지식은 경험을 필요로 하지 않는다. 아리스토텔레스의 논리학은 '개념'을 다룸으로써 새로운 지식을 창조했고, 그 지식은 개인의 경험이 아닌 보편적 법칙으로써 진리가 된 것이다. 미국의 철학자인 월터 옹W. Ong은 이러한 아리스토텔레스의 형식 논리학이 그리스 문화가 알파벳 문자를 채택하고 기록이 가능해진 이후에야 발명되었다고 주장한다. 즉, 형식 논리학은 기록에 의해 가능해졌고, 이러한 기록이 인류의 지식 축적을 가능케 한 것이다.

사고는 논리적이거나 체계적으로 다루기에 한계가 있다. 즉, 사고는 즉흥적이고 직관적이며 비구조적이라는 점에서 체계적이고 포괄적인 성격을 가진 지식과는 차이가 있다. 창의성의 성격을 이해하기 위해 다음과 같은 질문들을 궁구해보자.

첫째, 창의성은 사고의 수준일까 아니면 지식의 수준일까? 창의성이 인간 사고의 어느 수준에 해당하는 것일까라는 질문에 대한 학자들의 의견은 일치하지 않고 있다. 하지만 최근에는 창의성이 순간적으로 번뜩이는 단순한 사고가 아니라 창의성을 발현시키는 폭넓고 깊이 있는 지식의 산물이라는 점에서 합의가 이루어지고 있는 추세이다.

둘째, 창의성이 보다 실용적으로 현실적 문제를 해결해 내는 능력을 가리키는 것일까 아니면 매우 고차원적인 사고 능력을 가리키는 것일까? 많은 학자들은 창의력의 가장 중요한 두 가지 속성으로 참신성(novelty)과 유용성(usefulness)을 강조하고 있다(Amabile, 1996). 이러한 견해는 창의성의 본질에 대한 학계의 동의가 내려지지 않은 상황 속에서 창의성의 실제적 효과 차원에서의 특징을 이야기한 것이다.

셋째, 창의성이 어떤 깊이를 가진 사고인지를 이해하기 위해 창의성을 철학적 사유와 비교해 보자. 18세기 독일 사상가들에 의해 철학은 지식의 모든 분야에서 경험적 발견을 심사하는 주된 방법론의 역할을 하였다. 칸트I. Kant는 법학, 의학, 신학은 단순히 실용적 연구에 불과하다고 평가절하하는 한편, 속박되지 않은 지적 자유를 향한 철학의 '무용성(uselessness)'을 매우 높이 샀다. 헤겔G. W. F. Hegel은 강의 도중 기침을 하거나 말을 더듬고 코담배를 피우고, 노트를 뒤적거리고 간혹 몇 분 동안 눈을 감기도 하고, 발작하듯이 손을 흔드는 것과 같은 산만한 강의를 하기로 유명했지만, 그 강의의 '깊이' 때문에 매우 인기가 있어서 그의 강의록은 당시에도 베를린 암시장에서 비싸게 거래될 정도였다. 위와 같은 우화들이 상징하는 것처럼, 철학적 사유는 실용성이 떨어지지만 깊이 있는 사고를 가능하게 한다는 점에서 그 가치가 있다.

그렇다면 창의성은 위와 같이 유용성에 얽매이지 않으며 깊이 있는 사유를 지향하는 철학적 사유와는 다른 것일까? 결론적으로 말하면, 깊이 있는 사고(숙고, 통찰, 집중 등)가 누적되다가 그러한 자극이 임계치(threshold)를 넘어섰을 때, 창의적 사고가 발현될 수 있다는 것이다. 예를 들어, 깊이 있는 사고가 어떻게 촉발되는가를 설명하는 이론 중의 하나로 '자극 초과 효과'란 개념이 있다. 자극 초과 효과(peak shift effect)는 인간의 감각 기관들이 익숙해진 자극 이상의 자극을 받을 때 더욱 활성화(지각, 주의 집중, 반응)된다는 사실에 기반하고 있다. 즉, 우리의 신경세포는 일상적 자극의 범주를 범어선 과장이나 왜곡에 더욱 반응한다는 것이다. 이 효과는 인간이 새로운 것을 경험하거나 학습할 때, 기존의 학습된 감각적 경험과 인지 수준을 벗어나는 새로운 자극들(경험, 의미, 동기 등)이 주어질 필요가 있다는 것을 의미한다. 예를 들어, 예술적 경험을 통해 얻어지는 영감, 아이디어, 표현의 방식들이 바로 그러한 자극 초과 경험으로부터 촉발되거나 반대로 촉진해주는 역할을 한다.[1] 그런 의미에서 예술은 일상적, 일반적, 규범적인 경험, 사고, 행동들에 안주하려고 하지 않는다. 예술이 추구하는 이러한 자극 초과 경험의 원천은 자신에게 익숙한 분야 혹은 자신의 전문 분야에서 벗어나 보다 다양한 사고와 지식과 교류의 경험으로부터 더욱 활성화될 수 있다. 예술적 경험과 영감이 창의력의 발현에 중요하게 여겨지는 것처럼, 창의성의 발현은 깊이 있는 사고와 관련이 있는 것이다.

다. 창의성은 사고의 폭과 관련이 있는가?

창의성은 사고의 폭과 어떤 관련이 있는가? 사고의 폭이 넓다라는 말은 많은 경험이나 정보를 통해서 생각이 다루는 횡적 범주가 확장된다는 의미이다. 그렇다면 많은 정보와 경험은 어떻게 연결되어 사고의 폭을 넓힐 수 있는가? 예를 들어, 정보를 조직하는 여러 가지 방법들 중에서 의미 연결망(meaning network)을 구축하는 방법이 있다. 의미 연결망은 개념을 나타내는 매듭(nodes)과 두 개념 간의 관계를 나타내는 이음(links)을 통해 개념들이 서로 연관된 방식을 보여준다. Holley & Dansereau(1984)

1) Dewey(2005/1934)는 감각이란 경험에 의해 직접적으로 체화됨으로써 그 자체의 의미가 조명을 받는 상태라고 보았기 때문에, 감각 기관들이 완전하게 구현되었을 때 그 기관들의 기능을 드러내 보여주는 유일한 징표가 감각이라고 주장한 바 있다. 이때 감각들은 생명체가 자신을 둘러싼 세계와의 끊임없는 상호작용에 직접적으로 참여하는 생체 기관 자체가 되는 것이다. 이러한 참여가 이 세계의 다양하고 놀랍고 멋진 경험들을 그 생명체가 경험하는 질적 수준에 따라 그에게 드러내 보여주게 된다는 것이다(p. 22). 요컨대, 이러한 듀이의 관점에서 보면, 예술은 변화하는 삶의 경험들의 총합이 형상화된 결과물인 셈이다.

는 의미 연결망 구축 훈련을 받은 학생들(실험 집단)과 그렇지 않은 학생들(통제 집단)을 비교했을 때, 실험 집단이 단답형이나 논술형 문제에서 더 높은 점수를 받았다고 보고한 바 있다. O'Donnell, Dansereau & Hall(2002)은 이러한 의미 연결망 구축을 효과적으로 활용하기 위한 학습 전략에 대한 연구를 통해 다음과 같은 전략을 제시한 바 있다.

a. 학생들이 잘 알고 있는 내용에서 시작함으로써 적절한 정보를 탐색할 필요성을 줄인다.
b. 시작할 때의 보기로 여러 개의 잘 조직된 연결망을 제시한다.
c. 상이한 유형의 링크와 개념들 간 관계의 본질에 관해 토론할 기회를 준다.
d. 글 속 정보와 연결망 속 정보 간의 대응 관계를 반드시 인식할 수 있도록 한다.

SemNet은 이러한 원리를 이용해 만든 학습 소프트웨어인데, 이 소프트웨어는 생물학 개론을 학습하는 학생들을 위해 약 2,500개의 생물학 핵심 개념을 추출하고 이를 중심으로 각 개념들에 연결된 관련 개념들을 제시해 줌으로써 생물학에 대한 이해를 넓혀주는 효과를 가져다 준다. 이처럼 인간의 사고는 의미 연결망이라는 매커니즘을 통해서 다양한 경험과 정보를 상호 연결시킴으로써 사고의 폭을 넓힐 수 있는 것이다.

그렇다면, 위와 같은 다양한 경험들로 인해 넓어진 사고의 폭은 어떻게 창의력을 촉발하는가? 창의성에 대한 인지적 접근은 다양한 경험, 특히 문화적 경험들이 어떻게 창의성을 촉발하는지를 잘 설명해준다. 이 접근의 핵심 가정은 창의적 사고가 일상적 과업 수행에 작용하는 인지 과정과 본질적으로 다르지 않기 때문에, 누구나 일상적 인지 과정을 효과적으로 훈련하거나 활용한다면 뛰어난 창의적 성과를 얻을 수 있다는 것이다. 이러한 창의적 인지 접근은 창의적 사고가 두 가지 인지적 과정 즉, 생성적(generative) 과정과 탐색적(exploratory) 과정을 거치며 이루어진다고 가정하고있다. 이 두 가지 과정이 어떻게 창의성 발현에 기여하는지 간략하게 정리해 보자.

사람들은 우선 생성적 과정을 통해 창의적 가능성을 가진 아이디어 후보들을 생성해내기 위해 관련된 정보를 적극적으로 추출하거나 탐색한다. 생성적 과정을 효과적으로 수행하기 위한 전략 중 하나로, 겉보기엔 무관한 개념들의 특성을 기존의 개념에 추가하여 개념의 범주를 넓히는 개념적 확장(conceptual expansion)을 들 수 있다. 이 개념적 확장에 관한 연구의 한 예를 들면, Chen & Andersen(1999)는 전이(transference)를 새로운 심리학적 구조로 제안하면서, 한 아이디어가 기존의 아이디어의 범주에서 벗어나 새로운 아이디어로 생성되는 현상이 전이이며, 창의성의 한 측면이라고 주장하였다. 아울러 이러한 전이가 개인적 차원은 물론 사회적 차원에서도 일어날 수 있고, 그것이 사회적 창의성의 한 현상이라고 주장하였다(Perry-Smith, 2006).

다음으로 탐색적 과정은 생성적 과정을 통해 산출된 후보 아이디어를 철저히 검증하면서 최종 아이디어를 선택한 후, 다음 단계인 교정(modification), 정교화(elaboration), 그리고 변형(transformation)의 과정을 거쳐 최종적으로 창의적 아이디어가 만들어진다고 본다. 즉, 탐색적 과정은 생성된 참신한 아이디어를 수정하거나 정교화하고, 필요에 따라 변형시킴으로써 최종적 아이디어로 정련하는 과정을 가리킨다. 이 탐색적 과정의 각 단계들은 순수하게 개인적 인지 작용에 의해서만 일어나는 것이 아니라, 동료들과의 협업, 컨설팅, 피드백, 평가 등의 사회적 활동을 통해서 더욱 활발히 일어날 수 있다는 것이다.

요컨대, 창의성에 대한 인지적 접근은 창의성이 특정 개인의 내적인 사고 과정을 통해서만 만들어지는 것이 아니라, 일상적 과업 수행의 과정에서 충분히 생성될 수 있으며, 그 일상적 과업은 그 사람이 속한 문화나 인간 관계의 협력과 도움으로 수행할 수 있다. 이것은 창의성을 내생적(innate), 고정적 특질로 보는 것이 아니라, 일상적 사고와 경험을 통해 길러질 수 있다는 것을 강조한 입장이다. 결국 '인지적' 접근이라는 표현은 창의성이 순수하게 인지적 차원에서만 발현되거나 마음의 내생적(innate) 조건일 뿐만이 아니라, 환경이나 문화 속에서의 경험과 인식이 창의성의 발현에 기여한다는 것을 의미하는 것이다. 그러므로 창의성에 대한 인지적 접근은 인간의 다양한 경험과 환경, 그리고 사회적 상호작용이 어떻게 창의성의 발현으로 이어질 수 있는가를 설명하는 중요한 이론적 토대가 되고 있다. 따라서 이를 이해하기 위해서는 심리학에서 다루는 인간 마음의 세 가지 상태인 인지(cognition), 정서(affection), 그리고 의지(conation)의 모든 영역에서 창의성이 어떻게 작동하는지 연구할 필요가 있다.

요컨대, 사고의 폭과 깊이가 창의성의 발현에 영향을 미친다는 것은 창의성이 돌발적으로 발생하는 인지 작용이 아니라, 수많은 경험과 지식의 축적과 깊이있고 집중적인 사유의 결과로 나타나는 현상이라는 것을 의미한다. 이런 의미에서 창의성의 발현을 위해서는 지식의 융합 혹은 융합적 지식이 중요한 역할을 한다는 것을 알 수 있다.

3) 융합적 지식과 비판적 사고

학생들이 대학에 들어가서 무언가를 배운다는 것에는 이의가 없지만, 그들이 정

말 사고하는 것을 배우는지는 확실치 않다. -Wilbert J. McKeachie(1992)

가. 비판적 사고의 인식론

비판적 사고란 용어는 과학적 사고의 다른 이름으로 쓰일 만큼, 다양한 관점과 의미의 스펙트럼을 가지고 있다. 비판적 사고에 대한 몇 가지 간단한 정의의 예를 들면, 비판적 사고는 논리적 추론을 형성하는 것이라는 정의가 있으며, 비판적 사고는 논리적 추론을 위한 가장 기본적인 사고라고 여기는 입장도 있다. 또한 비판적 사고는 수용, 거부, 유예 등의 판단을 위한 조심스럽고 숙고적인 결단이라고 여기는 입장도 있다. 좀 더 자세한 정의의 예를 들면, Halpern(2014, p. 4)는 비판적 사고란 인지 기술이나 전략을 사용하여 바라는 결과를 얻을 가능성(probability)을 증가시키는 것으로, 유목적적이고, 이성적이며 목표 지향적 사고라고 하였다. 이러한 사고에는 문제 해결, 추론의 형성, 가능성(likelihoods)의 계산, 의사 결정 등을 포함하며 사고자가 특정 맥락과 사고 과업 유형에 맞는 사려 깊고 효과적인 기술을 사용하는 것이라고 정의하였다.

그렇다면 비판적 사고를 구성하는 요소는 무엇인가? 가장 중요하게 언급되는 요소는 바로 상위 인지(metacognition) 즉, 사고에 대한 사고(thinking about one's thinking)이다. 비판적 사고는 어떤 주제, 내용, 문제에 대한 사고의 모드로써, 사고자는 사고의 내재적 구조를 다루면서 지적인 표준을 그 구조에 부여하여 자신의 사고를 개선해나갈 수 있다는 것이다(Paul, Fisher & Nosich, 1993, p. 4). 상위 인지가 비판적 사고의 가장 중요한 요소라는 사실을 수용한다면, 비판적 사고가 융합적 지식의 형성에도 중요하다는 사실을 깨달을 수 있다. 비판적 사고와 지식 융합 능력 혹은 융합적 사고를 할 수 있는 능력과의 관련성은 다음의 정의를 통해 확인할 수 있다.

> 비판적 사고는 숙련되고 능동적인 관찰, 의사소통(정보를 넘어 의문들, 명령들, 언어적 발화, 신호 등), 정보(factual claims), 그리고 주장들에 대한 해석과 평가이다(Fisher & scriven, 1997, 21). 즉, 비판적 사고는 사고 자체나 그 과정도 중요하지만, 그러한 사고의 결과까지도 포함한다. 예를 들면, 과학적 사고는 그런 사고 자체만으로 평가되는 것이 아니라 과학적 사고가 가져온 결과를 포함하여 평가된다. 이와 마찬가지로, 비판적 사고도 사고 자체 보다는 그러한 사고가 일정한 수준(명료성, 연관성, 합리성 등)에 도달해야 하기 때문에, 개인에 따라 그러한 사고의 기술이나 수준에 차이가 있을 수 있는 것이다. 그러한 의미에서 비판적 사고는 훈련될 수 있는 기술이라는 성격을 가지며, 그 능력치가 여러 준거를 바탕으로 평가될 수 있는 것이다.

이처럼 비판적 사고는 의문을 제기하고 사고에 대한 사고(상위 인지)를 포함하기 때문에 다음 다섯 가지 성격을 갖는다.

a. 자발적이고 능동적이며 회고적이다.

b. 관계적이다.

c. 해석적이다. 비판적 사고는 텍스트, 대화, 영화, 도해, 행동, 신체 언어 등에 대한 해석을 포함한다. 이는 해석이 많은 대안 중에서 최상의 것을 선정하여 구성하는 작업이기 때문이다. 즉, 관계적이고 회고적(reflective)인 사고인 것이다.

d. 평가적이다. 평가는 어떤 사물의 장점, 질적 특성, 효용성과 가치를 결정하는 과정으로, 비판적 사고는 주장의 진리성와 개연성(probability)

혹은 신뢰성(reliability)를 평가하는 역할을 하기 때문이다.

e. 창의적이다(Critico-creative thinking).

어떤 주장이나 현상 등을 비판적으로 사고한다는 것은 비난이나 거부와 같은 부정적인 의도 뿐만 아니라 다른 가능성, 대안적 고려, 다른 선택안 등에 대한 매우 상상력 있고 창의적인 추론을 필요로 하는 행위이다. 어떤 이슈에 대해 올바르게 판단하기 위해서는 다른 사람의 견해에서 오류를 찾아내는 것뿐 아니라, 최상의 주장을 이끌어내어 자신의 판단 근거를 제공해야 하고, 그러기 위해서는 창의적이 되어야 한다.

요컨대, 비판적 사고는 추론 능력, 상위 인지 전략, 관계적 · 해석적 · 평가적 사고, 자발적이고 능동적이며 반성적인 회고력, 그리고 창의적 사고까지도 포함하는 개념으로 이해할 수 있다. 무엇보다도 비판적 사고는 융합적 지식을 학습함에 있어서 즉, 지식의 융합의 과정에서 지식들을 유추, 비교, 평가, 전이하는데 중요한 역할을 하는 사고라고 볼 수 있다.

나. 비판적 사고의 훈련

Glaser(1941, p. 5)는 비판적 사고를 갖기 위해서는 다음과 같은 사항들이 필요하다고 강조하였다.

a. 개인의 경험 범주에 놓인 문제와 대상에 대해 사려깊은 방식으로 고려하고자 하는 태도에 놓여있는 것,

b. 논리적 사고(enquiry)와 이성적 사고(reasoning)의 방법에 대한 지식,

c. 이러한 방법론을 적용할 수 있는 기술.

비판적 사고는 어떤 믿음이나 어떤 형태로 제안된 지식에 대해 검증하고자 하는 지속적인 노력이며, 증거를 바탕으로 그것을 지지하거나 그것을 바탕으로 발전된 결론을 내리고자 하는 태도를 요구한다.

한편 비판적 사고는 무엇을 믿고 행해야 할지를 결정하기 위해 집중하는 이성적이고, 회고적인 사고이기 때문에 의사 결정에 있어서 중요한 요소가 된다는 입장도 있다.

그렇다면 비판적 사고 능력을 가졌다는 것(ability)과 비판적 사고를 수행한다는 것(performance)은 어떤 차이가 있는가? Sears & Parsons(1991)은 비판적 사고를 좋은 사고의 태도라고 이해하면서, 사람들이 많은 실수를 하는 것은 비판적 사고 능력 자체가 없어서가 아니라 비판적 사고를 시도하지 않기 때문이라고 주장하였다. 그리고 비판적 인식을 갖춘 훌륭한 사고와 그렇지 못한 빈약한 사고의 차이는 그들의 태도에 있다고 보고, 비판적 사고자의 태도나 성향을 몇 가지 제시하였다. 예를 들어 계획을 세우는 자세(willingness to plan), 융통성, 인내심(persistence), 자기 교정의 태도(willingness to self-correct), 주의 기울이기(being mindful : 상위 인지 혹은 상위 인지적 감독), 그리고 공감을 추구하는 자세(consensus-seeking)가 여기에 포함된다(Halpern, 2014). 그러므로 우리는 비판적 사고를 개인의 특질이나 마음의 상태 차원에서가 아니라, 어떻게 위와 같은 심리적 태도를 가지면서 현실적 문제를 해결하는 과정에서 비판적 사고를 수행하고, 그 과정에서 융합적 지식을 어떻게 활용할 수 있는가에 더 큰 관심을 가져야 할 것이다.

03

융합 교육과정의 지식론

1) 지식의 분류와 교육과정의 융합

융합 교육과정의 올바른 방향을 설정하기 위해서는 사회가 변화하는 방향과 그러한 사회적 변화가 지식 사회 혹은 학계에 무엇을 요구하는지를 이해할 수 있어야 하고, 이를 바탕으로 학교교육이 어떤 역할을 해야 할 것인지 판단해야 한다. 그러한 의미에서 오늘날 급변하는 사회 속에서 지식이나 학문을 바라보는 인식이 어떻게 변화하고 있는가에 대해 빅휴용(2011)에 소개된 내용을 중심으로 간단히 정리해보고, 이어서 학교교육의 사회적 역할에 대한 문제에 대해 논의해보고자 한다.

가. 다양한 지식의 분류

인류의 지적 유산과 인간 지식의 총체를 어떻게 구분할 것인가의 문제는 다음 [표 2-5]과 같이 학자들마다 서로 다른 기준에 의해 그 범주가 구분되어 왔다.

표 2-5. 인류의 지적 유산과 지식의 학자별 구분법

Aritsotle	Spencer (1860)	Phenix (1964)	Hirst & Peters (1974)
이론적 지식 (수학, 과학) 실천적 지식 (정치,윤리학) 생산적 지식 (음악,건축학)	생리학 물리, 화학, 수학, 경제학 도덕, 심리학 사회학, 역사학 음악, 미술 등	상징적 : 언어, 수학 경험적 : 물리, 생물, 심리학 심미적 : 음악, 미술, 문학 실존적 : 개인적 지식 윤리적 : 도덕적 지식, 법률 종관적: 역사, 종교, 철학	논리학과 수학 자연과학 인간과학 역사 종교 문학과 예술 철학 도덕적 지식

Aristotle는 일찌이 지식을 이론적 지식(theoretical : 수학, 과학), 실용적 지식(practical : 정치학, 윤리학), 생산적 지식(productive : 음악, 건축학)으로 구분하였다. 근대에 들어서서 영국의 사회학자이자 사회진화론의 시조인 스펜서는 『Education : Intellectual, Moral, Physical(1860)』 이란 그의 저서를 통해 인간의 지식을 그 유용성에 따라 분류하였다. 그는 어떤 지식이 가장 유용한가?(What knowledge is of most worth?)란 질문에서 출발하여 지적, 도덕적, 신체적 교육으로 나눈 후 지식을 위 표의 내용과 같이 구분하였다. 한편 Phenix(1964)는 인간을 의미를 창조하고 표현하는 존재로, 지식을 의미를 담는 그릇으로 보았으며, 교육을 근원적 의미를 개발하는 과정으로 설명하였다. 이러한 관점을 바탕으로 지식을 일상 언어, 수학, 감정, 가치, 직관을 표현하는 상징(symbolics), 물리학, 생물학, 심리학, 사회과학등의 경험 학문(empirics), 음악, 미술, 무용, 문학 등의 심미학(aesthetics), 개인적 지식을 다루는 실존학(synnoetics), 그리고 도덕적 지식이나 법률과 같은 윤리학(ethics), 역사, 종교, 철학 등을 종관학(synoptics)으로 분류하였다. 최근에는 Hirst & Peters(1974)가 지식을 인류가 축적해온 합리적 이해의 형식이라고 정의하고, 그에 따라 지식을

학문적 양식으로 세분화하였다. 이 구분은 오늘날 우리에게 가장 익숙한 학문의 분류 방식이 되었다.

Broudy(1988)는 학교교육의 기능을 단계별로 지식의 재생(reproductive), 지식의 참조(referential), 지식의 응용(applicable), 지식의 해석(hermeneutic)으로 구분하였다. 이는 현재의 초등학교(재생 : 기성세대의 가장 기본적인 지식을 후세에 전달하는 역할), 중등학교(참조 : 세상의 모든 지식들 중에서 가장 핵심적인 지식만 참조적으로 골고루 배우는 단계), 대학교(응용 : 지식의 실생활 적용과 실천을 배우는 과정), 대학원(해석 : 기존의 지식에 대한 새로운 견해와 해석을 시도하고 새로운 지식을 창조하는 과정)에서 지식이 다루어지는 방식을 잘 보여주고 있는 분류이다.

나. 학문 개념의 변화 : 융합 교육과정의 현황과 미래

지식은 본래적으로 분절적으로 존재하는 것이 아니며, 교과나 학문적 구분도 학문의 발달과 체계화 과정에서 유사한 분야나 연구 방법론에 따라 편의상 인위적으로 구분된 것이다. 따라서 최근에는 지식을 학문 분야별로 나누어 개별적으로 다루기보다는 통합적인 접근을 통해 융합적 문제 해결을 시도하는 것이 당연시되고 있다.

사실 Bloom(1956)의 교육목표분류학(Taxonomy of educational objectives)도 지식에 대한 통합적 접근을 통해 학습 목표를 설정해야 한다는 것을 강조한 최초의 시도였다고 볼 수 있다. Bloom은 학습 목표를 지식의 유형에 따라 지식(knowledge)-이해(understanding)-적용(application)-분석(analysis)-종합(synthesis)-평가(evaluation)로 구분하여 단편적인 지식을 기억하는 가장 단순한 학습에서부터 어떤 분야에 대해 감정하고 평가할 수 있는 가장 고차원적인 차원에 이르기까지 위계적으로 지식을 분류하였다. 특히 여러 지식들을 '종합'할 수 있는 능력은 교육목표분류학에서도 상당히 높은 수준의 학습 능력으로 간주되었다.

이후 수많은 교육 이론들을 통해 지식에 대한 통합적 접근이 시도되었다. 지식의 관련성을 중심으로 통합(connectedness, integration)을 강조하는 성과 중심 교육(Productive Pedagogies : Education Queensland, 2004), de Bono(1985)의 여섯 모자(Six Hats) 모형에서 녹색 모자(green hat)의 접근, 그리고 Gardner(1999)의 다중 지능(Multiple Intelligences)이론 등도 교과 지식의 융합을 전제로한 교육의 중요성을 강조한 이론들이다. 특히 보다 실천적이고 현실(사회) 참여적인 학교교육의 역할을 강조했던 사회재건주의 교육철학(Counts, 1930; Brameld, 1956)역시 지식 자체를 중심으로 한 수업보다는 사회적 이슈를 중심으로 하여 통합적으로 지식을 다루는 교육의 중요성을 강조한 것으로 이해할 수 있다.

최근의 지식관은 다시 창의력을 중심으로 변화하고 있다. Bloom의 교육목표분류학을 새롭게 수정한 교육목표분류학에서는 지식의 수준을 세분화하였고, 인지 과정 차원에서도 창의적 인지 능력이 가장 최고의 수준으로 제시되고 있다(Krathwohl, 2002).

표 2-6. 교육목표분류학 : 지식의 차원

구분	내 용	종 류
사실적 (factual) 지식	학생들이 특정 학문에 친숙해지고 그 학문에 내재된 문제들을 해결하기 위해 반드시 알아야 하는 기본 요소들	전문 용어에 대한 지식 구체적 사실과 요소들
개념적 (conceptual) 지식	기본 요소들이 통합적으로 기능할 수 있는 상위 구조 내에 존재하는 그 기본 요소들 간의 상호 관련성	분류와 유목 원리와 일반화 이론, 모형 및 구조들
절차적 (procedural) 지식	어떤 일을 수행하는 방법, 즉 탐구하는 방법 그리고 기능, 알고리즘, 기법 및 방법들을 활용하기 위한 준거에 관련된 지식	교과 특수 기능과 알고리즘 교과 특수 기법과 방법 적절한 절차를 언제 사용할지 결정의 준거
메타 인지적 (metacognitive) 지식	자기 자신의 인지에 관한 각성 및 지식 뿐만 아니라 일반적인 의미의 인지에 관한 지식	전략적 지식 적절한 맥락적 지식과 조건적 지식을 포함한 인지 과제들 자기 자신에 관한 지식

표 2-7. 교육목표분류학 : 인지과정 차원

구분	내 용	종 류
기억하다 Remember	장기 기억에서 관련 지시을 인출 하는 것	재인하기 recognizing 회상하기 recalling
이해하다 Understand	구두, 문자, 그래픽의 의사 전달 체제를 포함한 수업 메시지들의 의미를 결정하는 것	해석하기 interpreting 예증하기 exemplifying 요약하기 summerizing 추론하기 inferring 비교하기 comparing 설명하기 explaining 분류하기 classifying
적용하다 Apply	특정 상황에 어떤 절차를 사용하거나 실행하는 것	집행하기 executing 실행하기 implementing
분석하다 Analyze	자료를 하위 구성 부분들로 나누고, 그 부분 간의 상호 관계와 또 전체 구조나 목적과의 관계가 어떻게 되어 있는가를 검색하는 것	구분하기 differentiating 조직하기 organizing 귀속하기 attributing
평가하다 Evaluate	준거와 표준에 따라 판단하는 것	점검하기 checking 비판하기 critiquing
창조하다 Create	새롭고 일관성 있는 전체를 형성하기 위해 요소들을 함께 묶거나 독창적인 산출물을 만드는 것	생성하기 generating 계획하기 planning 산출하기 producing

이처럼 창의적 사고와 창의적 지식을 개발하는 것은 오늘날 교육의 궁극적인 목표로 인식되고 있다. 최근의 역량 기반 교육과정에서도 창의적 문제 해결력이 고정된 사고방식에서 벗어나 새로운 시각으로 문제를 발견하고, 수렴적, 발산적, 융합적 사고를 통해 문제를 다각도로 해결할 수 있는 역량으로써 중요하게 간주되고 있다.

다. 융합 지식과 학력

미래에는 어떤 지식, 기술, 혹은 감성을 갖춘 사람이 필요하게 될까? 이 질문은 미래 사회의 학력관이 지금까지의 그것과는 전혀 다를수 있다는 것을 상기시켜준다. 미래 사회에 필요한 인재를 길러야 한다는 사회적 요구는 학교교육이 지향하는 학력이 무엇인가를 다시금 되돌아보게 한다. 그렇다면 미래의 학력관은 어떤 것인가?(성열관, 박휴용, 김정안, 김위정, 박혜경, 유경훈, 2016).

우선 학력이라는 개념을 바라보는 다양한 층위, 관점, 수준이 존재하므로, 그에 따라 학력의 성격과 유형이 달라질 수 있다. 학력에 대한 보다 다원적인 이해를 촉구하기 위해서는 다음의 세 가지 측면에 유의할 필요가 있다.

첫째, 학력의 중요한 요소가 되는 지적 능력에 대한 새로운 이해가 필요하다. 최근 지식과 지능에 대한 새로운 연구와 이론들의 등장에 따라 지능을 바라보는 시각도 변화하고 있다. 지금까지의 학력관은 매우 지능중심, 지식(학습) 중심, 고정적(선천적) 관념이 지배하였으며, 이러한 학력관은 과거의 인간 지적 능력에 대한 폐쇄적 사고(지능 자체의 영향으로 학업성취가 결정된다는 생각)에서 기인한 것이다. 최근 지능에 대한 새로운 연구 결과들과 정보화 사회로의 변화는 지능에 대한 기존의 편견들에 대한 해체와 더불어 학교교육의 목표와 방법론에도 큰 변화를 요구하고 있다.

하지만 아직도 우리 사회의 '학력'에 관한 담론은 의식적이고 무의식적 수준, 양 측면에서 지능 위주, 지식 중심, 성과 위주, 그리고 개인주의적 경쟁 위주의 사고들에 의해 크게 휘둘리고 있다. 따라서 앞으로는 인간의 지적 능력 및 창의성 등에 대한 새로운 이론들을 중심으로 학습에 대한 정서적 요인(자신감, 개방성, 공감 능력, 혹은 의지 등)의 중요성들에 주목하여 그러한 요인들이 학력에 어떤 영향을 미치는지에 대해 논의될 필요가 있다.

둘째, 지능, 정서, 의지의 복합적 역할에 대한 이해의 확대가 필요하다. 최근 여러 나라들의 국가 교육과정이 추구하는 인간상이나 교육목표의 내용들을 구체적으로 살펴보면, 다음 [표 2-8]과 같은 요소들이 공통적으로 드러나 있다.

표 2-8. 국가별 국가 교육과정의 목표

국가	대표적 국가 교육과정의 목표들
핀란드	책임감(responsibility), 공동체 의식(a sense of community), 개인의 권리와 자유에 대한 존중(respect for the rights and freedom of the individual)
홍콩	책임감(responsibility), 국가 정체성(national identity), 독서 습관(habit of reading), 언어 기술(language skills), 학습 기술(learning skills), 폭넓은 지식과 건강 생활
일본	주체성 · 자율성, 대인 관계 능력, 협동하는 능력, 과제 해결력, 새로운 가치 창조력, 배움에 대한 의욕 · 집중력 · 지속력, 정보 활용 능력, 글로벌화 대처 능력
호주	성공적 학습자, 자신감 있고 창의적인 개인, 적극적이며 지식을 갖춘 시민
프랑스	정보와 기술, 인본주의적 소양, 사회/시민 의식 관련 지식, 자주성과 주도성
영국	성공적인(successive), 자신감 있는(confidence), 책임감 있는(responsive)

위에서 확인할 수 있듯이 여러 국가들의 인간상이나 교육목표들은 비록 포괄적이고 상징적인 용어들로 표현되고 있지만, 대동소이하다는 것을 알 수 있다. 그럼에도 불구하고 위와 같은 국가적 교육목표들은 그 사회의 학교교육의 중요한 기준점이 되는 역할을 하고, 실제로 그 사회가 지향하는 학교교육에 대한 기대와 성과 즉, '학력'의 내용과 방향을 가늠하는 잣대의 역할도 한다. 위와 같은 국가 교육과정 목표들과 그것들이 지향하는 학력은 결코 지식의 차원에서만 도달할 수 있는 것이 아니라, 정서적(정체성, 자신감, 적극성, 창의성을 촉진시키는 감성적 요소들 등) 및 의지적(의욕, 책임감, 공동체 의식, 시민 의식, 여러 학습 습관 등) 요소들이 복합적으로 작용한 결과물들이다.

셋째, 학생을 대상화한 학력관에 대한 변화가 필요하다. 학생 개인을 학력의 보유자(beholder)로 인식하는 것은 개인주의적 관점이며, 학생을 주체적으로 인식하는 것이 아니라 대상화하는 것일 수 있다. 아울러 학력의 보유자로서 학생을 개인화, 대상화하는 것은 오히려 학습의 공동체적 성격과 학습에 있어서의 교사의 역할을 동시에 간과하고 있는 것이다. 따라서 앞으로 학력관은 학습을 개인의 과업이라기보다는 공동체적 과업으로 보고, '배움의 공동체'의 모델과 같이 교사의 역할을 동시에 고려하는 상호적 의미의 학력관으로 수정할 필요가 있다.

요컨대, 앞으로의 학력 개념은 새로운 사회적 변화에 따라 지식 중심의 학력관에서 벗어나, 지식, 정서, 의지의 요소들을 모두 고려한 학력관과 방법론적 전략의 개발이 필요하다. 그리고 학생 개인에 초점을 맞추는 것이 아니라 공동체 학습과 교사의 역할을 함께 고려한 학력관에 대해 연구될 필요가 있다.

2) 융합 지식과 역량

우리나라의 「2015개정 교육과정」은 폭발적으로 지식이 증가하는 미래 사회에 보다 적절히 대처하기 위해 지식 자체보다는 역량을 키우는 것을 목적으로 하는 핵심 역량 교육과정의 도입을 근간으로 하고 있다. 이러한 핵심 역량 교육과정은 이미 세계 여러 국가들이 도입하여 시행하고 있는 국가 교육과정의 추세에 동참한 것이다. 본 절에서는 그 핵심 역량 교육과정이 지식의 융합과 어떤 관련성이 있는지 살펴보고, 앞으로 역량 개발의 차원에서 어떻게 지식의 융합이 이루어져야 할지 생각해 보자(더 자세한 내용은 박휴용, 2015 참조).

가. 역량 기반 교육과정의 이해

Grant et. al. (1979)는 역량 기반 교육을 학생들이 현대 사회에서 수행하기를 기대하는 실제적 역할에 대한 분석과 그 역할의 가시적인 수행을 바탕으로 한 성장 과정을 확인하도록 커리큘럼을 짜놓은 교육의 한 형태로 정의하였다. 그렇다면 역량 기반 교육의 개념의 출발점은 어디인가?

역량 기반이라는 개념의 이론적 배경은 20세기 초의 Frederick W. Taylor의 과학적 관리 이론(scientific management theories)과 20세기 중반의 행동주의적 목표 운동(behavioral objectives movement)을 기반으로 하고 있다. 테일러는 과학적 관리 이론(scientific management theory)을 통해서 효율적인 기업 경영과 생산 관리를 위해 근로자들의 과업과 동선을 분석하고, 과학적 선발 및 훈련 기법을 도입하며, 효율적 과업 수행을 위한 과학적 방법론을 적용하고, 노동 생산성을 체계적으로 분석하고자 하였다. 그리고 이를 위해 작업의 표준화, 불필요한 공정의 제거, 특정 기술을 가진 근로자들의 선별, 지식과 기술의 전수 체계화 등을 통해 산업의 생산성을 향상시키고자 했다(Taylor, 1911, 2004).

이러한 20세기 초의 과학적 관리 이론은 행동주의 심리학의 발전에 힘입어 행동주의적 목표 설정 운동의 차원에서 학교교육에 적용되기 시작했다. 행동주의적 목표는 학습 프로그램이 의도하는 성과를 교사로 하여금 관찰 가능한 학생들의 행동 변화에 맞추도록 한 것이다(Tyler, 1949). 이는 Bloom(1956)의 교육목표분류학(taxonomy)과 만나 지식, 이해, 적용, 분석, 종합, 평가라는 위계적 교육목표를 바탕으로 학교교육의 설계의 큰 틀로 자리 잡게 되었다. 예를 들어, 행동주의적 목표는 "학습 목표를 가능한한 세분화하여 직접적으로 관찰 가능한 행동들의 달성 여부를 꼼꼼히 기록하도록 하고, 그것을 바탕으로 목표 성취 여부를 안정적으로 관찰하고 판정하고자"하는 것이었다(Bloom, Hastings, & Madaus, 1971, p 28). 그리고 학습결과는 행동적 목표의 달성 여부를 확인하고 객관성을 확보하기 위해 "조작적으로 정의하여 그 달성 여부에 대한 판정에 있어서 주관적 해석의 여지가 없는" 평가를 지향하였다. 이를 위해 교육목표를 "학생들의 행동을 묘사하는 '진술하다', '열거한다', '명명한다', '선택한다', '인식한다', '연결한다', '계산한다'와 같은 동사로 기술하도록" 하였다(Bloom, Hastings, & Madaus, 1971, p 34). 이처럼 과학적 관리 이론은 행동주의적 목표 운동과 만나 20세기 중반부터 학교 교육과정 설계의 기본 모형으로 자리 잡게 되었다.

역량 개념이 보다 구체적으로 학교교육에 접목되기 시작한 것은 1960년대 후반쯤 교사 교육에 대한 관심이 커지면서 나타난 교사 역량 개발의 시도였다(Burke, 1989; Ashworth & Saxton, 1990).[2] 교육의 책무성(accountability in education)과 교사 자원의 관리라는 과제가 공교육의 핵심 의제로 떠오르던 이 시기에 효과적인 교사의 양성과 교수 효율성을 높이기 위해 교사의 역량을 키워야 한다는 논리가 설득력을 얻었던 것이다.[3] 그 후 역량 개발을 중심으로 한 미국의 직업 교육 프로그램들이 등장하기 시작하였고, 역량의 개념은 1970~80년대의 다양한 교육과정 개발의 핵심 요소가 되었다(Gonczi, 1997).

2000년대 들어, 역량 개발의 개념은 OECD, UNESCO 등의 세계기구들이 교육의 중요 아젠다로 채택하였다(OECD, 2005; Partnership for 21st Century Skills, 2008). 그리하여 역량은 학생들이 미래의 급변하는 사회와 폭발적인 지식의 증가에 적응하기 위해 지식 자체보다는 지식을 다루는 기본 능력과 산업계가 요구하는 실질적인 기술에 초점을 맞추는 교육을 지향하기 위한 핵심 원리가 되었다.

문제는 학교에서 핵심적으로 다루어져야 할 지식이나 역량을 어떻게 선정할 것이며, 이를 어떻게 가르치고, 평가할 것인가가 문제이다. 현재 교육과정에 적용된 역량의 개념은 아직 충분한 학술적 논의가 이루어지지 않았으며, 학교교육이 다루어야 할 광범위한 지식, 문화적 통찰, 융합적 상상력을 담아내지 못하고 있는 형편이다. 그렇다면 과연 역량 기반 교육이 어떻게 지식의 융합과 관련될 수 있는지를 세계의 여러 역량 기

2) 이 시기에 처음 교사 교육에 적용된 교사의 역량 개발의 개념이 나중에 1980년대 후반에 이르러 수행 기반 교사 교육(Performance Based Teacher Education)으로 발전하기도 하였다.

3) 이러한 맥락에서 Forzani(2014)는 교사 교육을 a. 1800년대의 보통학교 교사 양성을 위한 최초의 교사 교육 시기, b. 1920~30년대의 과학적 효율성을 강조하던 시기의 교사 교육, 그리고 c. 1960~70년대의 역량 기반 교사 교육의 시기로 구분하기도 하였다.

반 교육과정 모델들을 살펴봄으로써 생각해보자.

나. 역량 개발과 융합 지식

미래에는 과연 어떤 능력들이 핵심적 역량으로써 학생들에게 가르쳐져야 할 것이며, 그것들은 융합 지식과 어떤 관련성을 띠게 될 것인가? 예를 들어, Nussbaum(2006)은 미래 시대에 사회적 합의가 가능한 인간의 핵심적 역량을 열 가지로 제시하였다. 그 열 가지는 생명, 육체적 건강, 육체적 온전함(이동 가능성 포함). 감각, 상상력, 생각, 감정, 실천 이성, 사람들과의 관계맺음, 다른 종과의 관계, 놀이, 자신의 환경에 대한 통제이다. 이러한 역량들을 개발하기 위해 어떤 지식이나 경험들이 필요할까? 이를 위한 논의는 역량 개념의 철학적 재인식으로써 다음과 같은 주제들에 대한 숙고를 바탕으로 이루어져야 할 것이다.

첫째, 공·현존의 역량 개념이다. Simmel(1997)은 사회 현상은 개인들의 개별적인 행위로 설명될 수 없다고 주장하면서, 사회생활의 기본적인 실체로 창발적인 사회적 형태에 관심을 가졌다. 그는 사회적 만남을 개인 간의 공·현존(co-presence)의 개념으로 설명하고, 학교의 역할도 공·현존의 대화가 이루어지는 공간으로 규정하였다.

> 이 개념을 바탕으로 Simmel(1997)은 공·현존의 순간을 분석하였다. 여러 가지 공·현존의 요소들 중에서 시선은 개인들의 연결과 상호작용에 영향을 주며, 시선을 '존재하는 가장 직접적이고 순수한 상호작용'(p. 111)이라고 강조하였다. 그리고 이러한 개인들 간의 (시선의)만남이 바로 대면 공현존(face -to- face co-presense)인데, 시선은 사람 대 사람의 가장 완벽한 상호성을 만들어 낸다는 것이다(p. 112). 또한 이러한 시선의 만남

> 즉, 공현존적 상호작용이 인간의 교류와 사회화의 근본적 양식으로 사회성의 근원적 지점이 되는 것이다(Boden & Molotch, 1994, p. 258).

이 공현존의 개념은 단순히 개인 간의 만남으로써 학교의 역할만을 설명하는 것이 아니라, 학생들이 사물들, 경험들, 그리고 지식들을 만나면서(배우면서) 어떻게 사물들(경험들, 그리고 지식들)이 그들의 의미를 서로와의 관계 속에서 찾는지, 그리고 그들이 관여되어 있는 관계의 상호성이 그들의 양태(forms)와 방식(process)을 구성하는지를 설명해줄 수 있다(Simmel, 1990, pp. 128-9). 그런 의미에서 Sheller(2016)는 좋은 사회가 되려면 모든 사회 집단들에게 공·현존의 역량을 확대하여야 한다고 주장하였다. 이것이 바로 학생들이 학교교육을 통해 배워야 할, 상대방, 사물, 경험, 지식에 대한 공·현존의 만남을 통해 자기 조직화하는 능력이며, 그에 따라 공·현존의 만남을 수행할 수 있는 능력을 키우는 것이 역량의 중요한 요소가 되어야 할 것이다.

둘째, 이동성(mobility)의 역량 개념이다. 미래 사회를 과거 사회와 구분할 수 있는 가장 중요한 성격들 중의 하나가 바로 이동성이다. 과거 사회는 현대에 비해 역사적으로 정태적이고 고정적이었으며, 사람들뿐만 아니라, 화폐, 물건, 지식, 정보 등의 이동성이 제한되어 있었다. 현재에도 비자, 주거 및 노동 허가증 등의 예가 보여주듯이, 국가의 구분과 국경의 개념을 중심으로 이동성 제한을 두는 제도들이 남아있다(Hirst & Thompson, 1999). 하지만 현대 사회는 금융 자본, 자유 무역, 정보통신, 여행의 자율화 등의 형태로 사람, 상품, 정보 및 지식의 이동성이 급격하게 증가하고 있다. 이러한 이동성은 사회 속의 사물, 인간, 활동들이 모두 순환하는 실체로서 존재한다는 사실에 기반하고 있다. 그런 의미에서 현대 사회에서 이동성은 화폐(currency)의 성격을 띠며, 점차 사회적 자본 그리고 권력의 역할을 하고 있다.

이동성(mobility)

사람이나 사물들의 국경 없는 이동이 있기 훨씬 전부터, 정보통신의 발달에 따라 지식의 이동은 더욱 가속화되고 있다. 하이데거는 시공간 거리의 축소, 라디오의 즉시적 정보의 중요성, 텔레비전이 멀리 떨어져 격리된 것을 제거하여 인간과 사물의 거리화를 없애는(un-distancing) 방식을 통해 사회 생활의 속도가 매우 빨라질 것으로 예견했다(Zimmerman 1990, 151, 209). 예를 들어 텔레비전의 경우, 매개된 형태의 의사 상호작용을 통해 공공 영역을 재구성하면서, 자아와 정체성을 인식하는 새로운 방식을 만들고, 상호작용과 대화의 가능성 그 자체를 변화시켰다(Gitlin, 1980; Meyrowitz, 1985; Thompson, 1995). 특히 오늘날 사람들은 기억, 문헌, 가이드북, 브로슈어, 여행 후기, 사진 엽서, 라디오, 영화 등을 통해 자신들의 생각을 끊임없이 이동시키고 있다. 이를 상상 이동이라고 하는데, 상상 이동은 물리적 실제 이동을 대체하거나 이동에 대한 욕구를 더욱 불러일으키기도 한다(de Botton, 2002).

Latour(1999)는 사람, 돈, 아이디어, 메시지와 텍스트들이 고정되어 있지 않고 순환한다는 의미에서 순환하는 실체(circulating entities)라고 규정하였다. 사회 관계는 장소에 고정된 것이 아니라, 다양하게 순환하는 실체에 의해 구성되고, 멀리 떨어져있는 사람들 사이에도 관계를 유지시키며 순환하는 실체들이 많이 존재한다. 사회는 이러한 순환하는 실체들이 직접 혹은 간접적 접촉으로 다양한 만남을 이루는 공간인 것이다(Latour et al., 2010).

Sheller(2006)는 시민의 권리와 자유를 이동성의 개념을 통해 잘 설명하고 있다. Sheller에 따르면, 감옥형은 무료로 의식주를 해결해 주지만 개인의 이동성을 제한한다는 의미에서 형벌이 되고, 모든 조건이 같다면 이동성이 높은 사회가 좋은 사회라는 것이다. 요컨대, 미래 사회는 이동성이 극대화되는 사회가 될 것이고, 그러한 사회에서 적응하기 위해서는 개인의 이동성 역량을 키우는 것이 매우 중요할 것이다. 개인의 이동성 역량에는 여러 가지 측면이 있겠지만, 대표적으로 신체적, 정신적, 물질적 측면으로 구분할 수 있다. 신체적 이동성이 공간적으로 자신을 적재적소에 배치할 능력에 의해 결정되듯이, 이동한다는 것은 사물과 사람 모두에게 자산이 될 수 있다. 이동성을 가진 지식과 기술이 경쟁력이 있는 것처럼, 정신적 이동성은 자신의 지식과 기술을 원하는 요소에 투입하거나 적용하는 능력이다. 물질적 이동성은 자신의 삶의 목표를 수행함에 있어 필요한 자원과 에너지를 자신이 원하는 방향으로 적절히 배치할 수 있는 역량을 가리킨다. 현대인의 생활을 위한 필수 도구인 모바일폰, 자동차, 유비쿼터스 시스템을 효과적으로 활용할 수 있는 능력이 바로 여기에 해당한다.

셋째, 관계성의 역량 개념이다. 사람들은 자신이 다른 사람들에게 어떻게 보여지는지를 인식함으로써 자존감을 얻는다(Lasch, 1979). 현대 사회가 갖는 복잡성으로 인해 인간 관계는 접촉이 매우 짧고(단기성), 피상적이며(결핍성), 기회주의적(효용성)이 될 수밖에 없다(Simmel, 1997, p. 183). 그로 인해, 현대의 대도시 속에서 살아가는 개인들은 광범위한 접촉에도 불구하고 인간 관계성의 깊이와 의미 차원에서 한정된 범주 안에 머무를 수밖에 없다. 그리고 그러한 관계성을 맺어나가는 방식은 개인마다 다를 수밖에 없으며, 그 관계성의 수준 차이가 바로 사회적 능력의 차이를 결정한다.

매체와 통신은 개인들의 자기 조직적 삶의 유형을 결정하고, 그에 따라 개인 간의 사회 권력의 차이를 형성한다. 즉, 매체나 통신 도구를 활용하는 능력에 따라 사회적 권력의 차이가 생긴다는 것이다. 오늘날 수많은 정치인, 연예인, 기업인들이 다양한 SNS 매체를 활용하고 관리하는 이유가 바로 SNS의 영향력을 통해 사회적 지위를 유지하고 자신의 목표를 달성하기 위해서이다.

위에서 소개한 세 가지 역량 즉, 공·현존, 이동성, 관계성의 역량은 모두 지식과 정보를 융합적으로 다루는 능력과 밀접한 관련을 가지고 있다. 현대 사회는 매우 역동적으로 움직이고 있으며, 다양한 형태의 이동, 교통, 통신 수단들에 의해 개인의 사회적, 경제적, 정치적 삶의 양상들이 다차원적으로 이루어지고 있다. 그러므로, 개인이 갖는 공·현존, 이동성, 관계성 등의 역량은 그(녀)가 다루는 지식과 정보가 그(녀)의 이동, 가사, 직업, 교육, 쇼핑, 오락, 비지니스 등을 수행함에 있어서 고정적이고 지엽적이며 단편적으로 활용되느냐, 아니면 보다 융통성있고 효과적으로 적절하게 활용되느냐에 따라 결정될 것이다. 이런 의미에서 미래 사회의 개인 역량은 융합성을 가진 지식과 정보의 새로운 성격에 적응할 수 있어야 한다.

또한 이 세 가지 역량은 지식과 정보의 성격에도 영향을 미치고 있다. 과거 사회과학 연구의 성격은 이동성이 두드러지지 않은 고정되고 경직된 사회를 모형으로 하여 그 구조를 분석 대상으로 삼았지만, 현대의 사회과학은 문화 연구(cultural studies), 페미니즘, 지리학, 이주(immigration) 연구, 정치학, 사회학, 교통과 관광 등에서 모두 사회의 이동성과 역동성을 고려하지 않으면 사회의 본질을 이해할 수 없는 수준이 되었다. 또한 사회의 이동성 문제는 테크놀로지, 환경, 생태계, 에너지 등의 문제와도 밀접하게 관련되어 있기 때문에, 앞으로는 사회과학이 자연과학이나 인문학 영역과의 긴밀한 연계, 중첩, 차용 등을 통해 융합적 연구를 필수로 할 수밖에 없는 것이다.

다. 역량 기반 교육과정의 현황과 융합 지식과의 관련성

현재 세계적으로 널리 실시되고 있는 역량 기반 교육에는 어떤 것들이 있으며, 각각은 융합 지식 및 융합 교육과정과 어떤 관련이 있는지 살펴보자(박휴용, 2015).

(1) OECD의 DeSeCo(Definition and Selection of Competencies) 역량

1997년 OECD 회원국들은 학생들의 지식과 기술을 읽기, 수학, 과학, 문제 해결의 영역에서 국제적으로 비교하기 위해 개발된 평가 시스템인 국제 학생 평가 프로그램(The Programme for International Student Assessment : PISA)을 제안하였다. 이 PISA에 대비하기 위해 학생들이 달성해야 할 수행 능력을 체계화시킨 것이 DeSeCo이다. DeSeCo의 핵심 아이디어는 지식 기반 사회에서 성공적인 삶을 살아나가기 위해 누구에게나 필요한 일반적 성격의 '핵심 역량(Key Competencies)'개념을 규명하는 것이었다. DeSeCo로써 제안된 세 가지 핵심 역량과 그 하위 요소들을 제시하면 다음 [표 2-9]와 같다(Rychen & Salganik, 2003).

표 2-9. OECD(DeSeCo)의 핵심 역량

핵심 역량	하위 역량
1. 도구를 상호작용적으로 활용하는 능력	■ 언어, 상징, 텍스트 등 다양한 소통 도구 활용 능력 ■ 지식과 정보를 상호작용적으로 활용하는 능력 ■ 새로운 테크놀로지 활용 능력
2. 이질적인 집단 속에서의 사회적 상호작용 능력	■ 협업/협동능력 ■ 인간 관계 능력 ■ 갈등 관리 및 해결 능력
3. 자신의 삶을 자주적으로 관리할 수 있는 능력	■ 사회 · 경제적 규범 등 주변 환경을 고려하면서 행동하고 판단하는 능력 ■ 자신의 인생 계획, 프로젝트를 설계 · 실행하는 능력 ■ 자신의 권리, 필요 등을 변론 · 주장하는 능력

위에서 나타난 바와 같이, DeSeCo 프로젝트에서 제안된 핵심 역량은 개인의 기본 역량을 통한 성공적인 사회 생활을 준비함과 동시에 그러한 개인들이 사회적으로 조화를 이룰 수 있는 기본 능력들을 강조하는 것을 목표로 하고 있다. 즉, 역량 교육은 지식 자체의 학습을 목표로 한다기보다는 그러한 지식을 어떤 실제적 삶의 문제를 해결하는 데 활용할 것인가에 관심을 두는 것이고, 이를 위해서는 지식에 대한 융합적 접근을 취할 수밖에 없는 것이다.

(2) 유럽연합의 핵심 역량(Key Competences in Europe)

유럽연합의 역량 기반 교육과정은 의도된 학습 성과(Intended Learning Outcomes)를 달성하기 위해 다양한 방식의 소통 역량을 활용하여, 학생들이 보다 자기 주도적인 학습(self-directed learning)을 할 수 있도록 설계한 교육과정이다(Barman, Silén, & Laksov, 2014). 이에 따라 유럽연합(EU)의 핵심 역량은 다음 여덟 개의 핵심 역량으로 구성되어 있다(European

Communities, 2007).

표 2-10. 유럽연합(EU)의 8개 핵심 역량

● 모국어 의사소통 능력 ● 외국어 의사소통 능력 ● 수학, 과학, 기술 분야 역량 ● 디지털 역량	● 학습 능력 (Learning to learn) ● 사회적 및 시민 역량 ● 주도성과 기업가 정신(entrepreneurship) ● 문화적 감수성과 표현 역량

위 EU의 핵심 역량의 특징은 크게 EU의 지정학적 특성상 자국어 및 외국어 의사소통, 기업가 정신(전향적 프로젝트 관리 능력, 효과적인 재현 및 협상 능력, 개인적 · 협력적 팀웍), 그리고 문화적 감수성을 강조하고 있다. 이러한 역량들을 바탕으로 학교에서 이루어지는 교수 학습이 보다 분명한 목표와 과정으로 이루어지고(교수 학습의 투명성 : transparency), 교육내용이 교과 지식에 국한되지 않고 보다 융통성있게 간학문적 탐색을 활성화함으로써(이동성 : mobility), 학교교육이 학생들로 하여금 유럽 사회의 적응과 미래 사회에 변화에 적절히 대응할 수 있도록 공적 책임(책무성 : accountability)을 다할 수 있게 설계한 것이었다.

(3) 21C 학습을 위한 협력(Partnership for 21st Century Learning : P21)

P21은 미국의 대학 연구 기관, 교육부 및 전미교육협회, 교육 관련 기관, 그리고 주요 정보통신 기업(Time Warner, Ford, Microsoft, Cisco Systems, Dell, Verizon, SAS) 등이 21세기를 대비한 공교육의 표준을 개발하기 위해 조직한 국가적 컨소시엄이다. P21에서는 21세기 학습자들이 갖추어야 할 역량을 비판적 사고력과 문제 해결력, 소통, 협업, 창의성, 혁신, 융통성과 적응성, 자기 주도성, 사회 및 문화 상호성, 생산성과 책무성, 리더십과 책임, 정보 문해력, 미디어 문해력, 정보 · 소통 · 기술 문

해력 등 열 두 가지로 정의하고, 이를 K-12의 교육과정에 실제적으로 적용하고자 하였다. P21은 다음 [표 2-11]과 같이 크게 네 가지로 역량을 설계하였다.

표 2-11. P21의 역량 구성

역량 4 영역	① 21세기 주제를 바탕으로 한 핵심 교과(the 3Rs)		② 학습과 혁신 능력(4Cs)	③ 정보/미디어/기술 활용 능력	④ 삶과 직업 기술
내용	-핵심 교과- 영어/읽기 외국어 예술 수학 경제 과학 지리 역사 시민과 정부	-21C 주제- ■ 지구촌 인식 ■ 재정/경제/비즈니스/사업가적 소양 ■ 시민 의식 소양 ■ 건강 기초 소양 ■ 환경 기초 소양	■ 창의와 혁신 ■ 비판적 사고 능력과 문제 해결 능력 ■ 의사소통 ■ 협업 능력	■ 정보 리터러시 ■ 미디어 리터러시 ■ ICT 리터러시	■ 유연성과 적응력 ■ 자기 주도성 ■ 사회적 기술과 다문화 사회를 살아가는 능력 ■ 계획 수립/난관 극복/목표 달성 능력 ■ 결과에 대한 책무성 ■ 리더십과 책임감

P21은 위와 같은 네 영역의 역량을 학교교육을 통해 달성하기 위해 a. 역량 표준의 설정, b. 역량 평가 방법의 제시, c. 역량을 위한 교육과정과 지도방안, d. 역량 지도를 위한 교사 양성안, 그리고 e. 이를 위한 학습 환경에 대해 기술한 다섯 가지 차원의 지원 시스템을 개발하였다.

P21은 교과 지식, 소양, 학습 및 혁신 능력, 문해력, 기술 등을 포괄하면서 매우 광범위한 영역과 능력 차원에서 교육의 목표를 설계하고 있다. 그리고 P21은 핵심 교과를 선정하여 제시하고 있지만, 실제 교육과정은 해당 교과 지식에 국한되어 설계된 것은 아니다. P21은 21세기의

인재에게 기대하는 소양과 그것을 달성하기 위해 요구되는 학습 및 혁신 능력과 정보 및 미디어 리터러시, 그리고 보다 실제적 삶과 직업 기술을 목표로 설계되었다. 이러한 교육과정은 지식과 기술 영역에 대한 매우 융합적이고 실제적인 접근을 통해 이루어질 수밖에 없다.

(4) ATC21S (The Assessment and Teaching of 21st-Century Skills)

P21이 21세기를 대비한 핵심 역량을 설정하고 교육과정을 개발하는 데 중점을 두었다면, 이를 구체적으로 평가하기 위한 방안으로 마련된 것이 바로 ACT21S 프로젝트이다. P21에서 제시된 역량에 대한 평가 도구를 개발하기 위해, 2009년부터 IT 관련 다국적 회사인 마이크로소프트, 인텔, 시스코 3개 회사의 후원을 바탕으로 250명의 연구자와 세계 60개의 연구 기관이 공동 참여하여 대규모 연구 프로젝트가 착수되었다.

ATC21S의 취지는 학생들이 미래의 정보화 사회에 필요한 지식과 기술을 제대로 익히지 못하고 졸업하면서 기업들의 요구에 부응하지 못한 상황에서 '21세기적 고용'에 필요한 협력, 디지털 문해력과 같은 기술들을 갖출 수 있어야 하므로, 그것을 위한 새로운 형태의 평가 방안을 수립하여 학교교육을 변화시키고자 한 것이었다(ATC21S, 2015).

ACT21S는 21세기에 요구되는 10가지 기능(즉, 창의성과 혁신, 비판적 사고, 문제 해결, 의사결정, 학습 방법, 학습 · 초인지, 의사소통, 협력(팀워크), 정보 소양, ICT 소양, 시민성(지역적, 지구적), 삶과 직업, 개인적 및 사회적 책임감(문화 인식 및 역량 포함))을 제시하고 있다. 이 10가지 기능을 ①사고방식, ②작업 방식, ③작업 도구, ④세상 속의 삶이라는 4개의 범주로 구분하고, 각 범주에 대해 의사소통, 협업 능력, 문제 해결 능력, 그리고 ICT 리터러시를 평가하는 차원에서 개발하였다. ATC21S이 평가하고자 했던 네 가지 영역과 두 가지 핵심 역량은 다음 [표 2-12]와 같다 (Williams, Gannon, & Sawyer, 2013).

표 2-12. ATC21S의 역량 구성

<table>
<tr><th>▶ 4가지 평가 영역</th><th>▶ 2가지 평가 역량</th></tr>
<tr><td>① 사고하는 방식(Ways of thinking) :
– 창의성과 혁신
– 비판적 사고, 문제 해결, 의사 결정 능력
– 학습 능력, 상위 인지</td><td rowspan="4">① 협업에 의한 문제 해결 능력
(Collaborative problem–solving) : 공동의 과제를 협업을 통해 해결하는 역량 : 서로 생각, 지식, 자원을 교환하면서 목표를 달성하는 능력
② 정보통신 기술 기본 소양
(communication & ICT literacy) : 디지털 네트워크상에서 학습하는 능력 : 사회적 관계망, 정보통신 기술 활용 소양, 기술에 대한 이해, 모의 과제 (simulation) 수행 능력</td></tr>
<tr><td>② 작업 도구 사용능력 (Tools for working) :
– 정보 리터러시
– ICT 리터러시</td></tr>
<tr><td>③ 사회생활 능력(Skills for living in the world) :
– (지역적, 세계적) 시민 의식
– 삶과 직장에서 필요한 역량
– 개인적/사회적 책임감(문화적 자각과 역량)</td></tr>
<tr><td>④ 일하는 방식(Ways of working) :
– 의사 소통 능력
– 협업 능력(팀워크)</td></tr>
</table>

위 표에서 보듯이 ATC21S는 크게 사고 능력(창의성, 비판적 사고, 학습 능력, 문제 해결 능력 등), 작업 도구(정보통신 및 미디어) 사용 능력, 사회생활 능력(사회성, 문화적 인식, 시민성), 그리고 일하는 방식(의사소통과 협업)의 범주로 개인의 자질을 평가하고 있으며, 이중 협업 역량과 정보통신 역량을 가장 중요한 역량으로 설정하고 있다. 위와 같은 평가 영역과 평가 역량의 제시는 앞으로 학교교육의 내용과 수업의 방식이 전통적인 지식, 교과 중심의 교육과정에서부터 근본적으로 변화해야 한다는 것을 의미한다. 더구나 사고방식, 미디어 사용력, 사회생활 능력, 그리고 일하는 방식의 모든 평가 영역이 지식과 기술에 대한 융합적이고 실천적 접

근을 통해서만 가르쳐질 수 있고 평가될 수 있는 영역임을 알 수 있다.

(5) 한국의 핵심 역량 국가 교육과정(Core competence curriculum)

지금까지 우리나라에서 제안된 국가 교육과정의 주요 역량 요소들은 다음 [표 2-13]과 같다.

표 2-13. 우리나라의 주요 역량 개발 접근법의 요소들

<table>
<tr><th>한국교육과정평가원(2008)</th><th>이광우(2009)</th><th>이근호(2012)</th><th>한국교육과정
평가원(2013)</th></tr>
<tr><td>초 · 중등 교육 (9개 영역) :
창의력, 문제 해결 능력,
의사소통 능력, 정보 처리 능력, 대인 관계 능력, 자기 관리 능력, 시민 의식, 국제 감각, 진로 개발 능력</td><td>개인적 역량
(자기 관리 능력, 기초 학습 능력,
진로 개발 능력)</td><td>인성 역량
(도덕적 역량,
자아 정체성,
자기 인식,
배려, 개방성,
이해심)</td><td>삶과 직업을 위한 기초 역량
(고등 사고 능력, 협업 능력,
디지털 리터러시)</td></tr>
<tr><td>고등 교육 (12개 영역) :
사고력, 문제 해결 능력, 의사소통 능력, 정보 처리 및 기술 활용 능력,
대인 관계 능력, 자기 관리 능력,
시민 의식, 국제 이해, 문화 감수성,
직무 태도, 기초 · 전문 지식</td><td>학습 역량
(창의력,
문제 해결 능력,
정보 처리 능력)</td><td>지적 역량
(창의적 사고 능력,
학습 역량)</td><td>관계성을 위한 사회적 감성 역량
(자기 관리 능력,
의사소통 능력)</td></tr>
<tr><td>직업 세계 (6개 영역) :
의사소통 능력, 대인 관계 능력, 문제 해결 능력, 정보 · 기술 · 자원의 활용 능력, 자기 관리 능력, 조직과 문화에 대한 이해 능력</td><td rowspan="2">사회적 역량
의사소통 능력,
시민 의식,
국제사회 문화 이해,
대인 관계 능력)</td><td rowspan="2">사회적 역량
(사회생활 능력,
문제 해결 능력)</td><td rowspan="2">지속 가능 사회를 위한 역량
(글로벌 시민 의식,
생명 존중 의식)</td></tr>
<tr><td>평생 학습 사회 (13개 영역) :
창의력, 문제 해결력, 의사소통 능력,
정보 처리 능력, 대인 관계 능력,
자기 관리 능력, 시민 의식, 국제 감각, 진로 개발 능력, 자기주도 학습 능력, 기초 생활 문해력,
미디어 정보 문해력, 예술 감수성</td></tr>
</table>

위 표에 나타난 바와 같이, 우리나라 국가 교육과정이 핵심 역량 기반으로 급속하게 개편되고 있으며, 현재는 실제적 교육과정에 적용하기 위해 각 교과목별 구체적 핵심 역량 관련 내용 구성과 교수 방법의 개발, 그리고 평가 방법에 대한 연구들이 이루어지고 있는 실정이다.

문제는 이러한 역량 중심 교육과정의 설계에도 불구하고 현재까지 교과서 내용이나 수업 방식은 기존의 교과 중심 교육과정에서 거의 벗어나지 못하고 있다는 것이다.

국가 교육과정에서 아무리 역량 중심 교육을 강조해도 실제로는 수십 년 간 지속되어온 기존의 교과 중심 교육과정으로 인해 교과서가 구분되어 있으며, 교과 구분에 따른 사범대 조직과 교육과정, 그리고 수업이 운영되고 있다. 또한 교과 구분에 따라 교사 임용이 이루어지고 있다. 더욱이 수능 평가가 기존의 교과 구분에 따라 이루어진다면 역량 교육이나 융합적 지식의 추구는 어려울 수밖에 없다. 그러므로 역량 중심 교육과정이 실효성을 가지려면, 위와 같은 교과 중심 교육의 인프라에 대한 지속적이고 체계적인 개혁 과정이 수반되어야 할 것이다. 그럼에도 불구하고, 그러한 변화에 앞서 역량 기반 교육을 당장 실천하기 위한 한 가지 방안을 든다면, 성과 기반 교육(outcomes-based education)의 차원에서 학생들이 도달하기를 바라는 지식, 이해, 기술 등으로 구성된 일정한 성취 준거(achievement standards)를 학습 목표로 설정해 놓고 그것을 달성하기 위한 학습 경험을 조직해야 한다(National Curriculum Board, 2008, p. 9). 이때 지식의 통합적 접근을 바탕으로 목표를 세우거나 융합된 성과(Fusing outcomes)를 제시한 후 그것을 다양한 방식으로 평가하는 것이다. 이것이 둘 이상의 교과 영역에 기반한 지식이나 기술을 중심으로 수업을 실시한 후 그에 대한 학생들의 성취 결과를 평가할 수 있는,

가장 쉽게 접근할 수 있는 융합 교육과정(fused curricula)의 실천 방법인 것이다.

04

4차 산업혁명과 교육

최근 기술의 비약적인 발전으로 사회가 급속하게 변화하고 있다. 인터넷과 정보통신 기술이 결합된 모바일 환경 속에서 게임, 미디어 시청, 인터넷 검색, 소셜 미디어 사용 등이 일상화된 생활 패턴이 확대되면서 다양한 정보통신 기계들에 대한 의존도가 높아지고 있다. 또한 회사라는 공간적 제약 속에서 이루어지는 업무가 줄어들고 있으며, 일의 성격도 다양한 IT기계들에 더욱 의존하는 방식으로 변화하고 있다. 이러한 기술의 변화와 그에 따른 산업 구조의 변화, 그리고 현대인 삶의 급격한 변화 가능성을 상징적으로 잘 표현하고 있는 것이 바로 2016년 등장한 '4차 산업혁명'이라는 용어이다. 4차 산업혁명을 대표하는 기술적 진보의 핵심으로, 인공지능, 로보틱스, 사물 인터넷(Internet of Things), 드론Drone 및 자율 주행차, 3D 프린터, 그리고 나노Nano 기술 등이 거론되고 있다. 그렇다면 이러한 기술적 진보는 우리의 삶에 어떤 영향을 미칠 것인가, 그리고 그에 따른 교육적 대응 방안은 무엇인가?

1) 4차 산업혁명과 미래 사회의 변화

가. 4차 산업혁명의 개념과 배경

4차 산업혁명이란 용어는 2016년 1월 20일 스위스 다보스에서 개최된 '세계 경제 포럼'의 주요 의제였던 '과학 기술의 변화'의 핵심 개념으로써, '3차 산업혁명을 기반으로 한 디지털과 바이오 산업, 물리학 등의 경계를 융합하는 기술 혁명'을 가리키는 용어로 등장하였다(Schwab, 2016). 이전의 산업혁명의 과정의 골자를 간략히 짚어보면, 1차 산업혁명은 1784년 수력 증기기관을 시작으로 철도, 면사 방적기 등이 무수히 발명된 기계적 혁명으로, 기존의 가내 수공업 생산 방식에서 탈피하게 된 산업의 변화를 가리킨다. 2차 산업혁명은 1870년대부터 이루어진 전기 동력의 대량 생산으로 공장에 전력이 공급되고 컨베이어 벨트를 이용한 대량 생산이 가능해진 변화를 가리킨다. 3차 산업혁명은 1980년 이후 컴퓨터 제어 자동화로 촉발된 컴퓨터 성능의 급속한 발전과 인터넷의 보급에 힘입어 정보통신 기술의 시대가 열린 것을 가리킨다(Rifkin, 2011). 그렇다면 4차 산업혁명의 핵심은 무엇인가? 이는 최근 정보통신 기술의 발전이 가져다 준 6대 핵심적 기술의 진보, 즉 인공지능, 로봇 공학, 사물 인터넷, 무인 운송 수단(무인 항공기, 무인 자동차), 3차원 인쇄, 나노 기술 분야에서의 기술 혁신이 산업 생산의 변화를 일으키고 아울러 인간의 삶에도 혁신적 변화가 일어나고 있다는 것이다.

4차 산업혁명을 올바로 이해하기 위해서는 여섯 가지 핵심적 기술 분야 자체가 아니라, 그러한 기술이 인간의 삶에 어떤 영향을 미칠 수 있는지를 이해할 필요가 있다. 이 부분과 관련해서, 세계 경제 포럼(World Economic Forum)은 이미 2015년 테크놀로지의 급격한 변화가 사회에 주는 영향이 여섯 가지의 거대한 흐름을 가져올 수 있다는 보고서를 발표하였다(Espinel, O'Halloran, Brynjolfsson, & O'Sullivan, 2015). 우선 이 여섯 가지 흐름이 어떤 것이며, 그것이 현대인의 삶에 어떤 변화를 가져올 것인지 생각해보자.

첫째, 인터넷 환경 속에서의 인간 관계의 변화이다. 인터넷 환경이 더욱 현대인의 삶 속에 파고들면서, 다양하게 개발된 테크놀로지의 조합이 사람들과 정보들이 교류하는 방식에 영향을 미치게 될 것이다. 예를 들어, 테크놀로지가 사람의 신체 속에 파고들면서(wearable and implantable) 사람들은 디지털적 존재가 되어, 다른 사람들이나 사물들과의 상호작용의 방식이 달라지게 될 것이다.

둘째, 컴퓨팅, 의사소통, 정보 저장이 시공간의 제약을 받지 않게 된다. 컴퓨터와 정보통신 기기의 성능이 크기에 반비례하면서 비약적으로 발전하게 됨으로써, 개인들은 언제 어디서나(ubiquitous) 인터넷을 통해 수퍼컴퓨터에 접속하여 용량이나 성능에 구애받지 않고 정보 활용에 기반한 생활을 영위하게 된다.

셋째, 사물 인터넷(The Internet of Things)의 확장이다. 보다 작고 똑똑하면서도 값싼 센서들의 개발로 일상생활 거의 모든 기기들이 생산과정에서뿐만 아니라, 소비자의 생활 속에서 서로 연결되어 인간의 삶 속에 자리하게 될 것이다.

넷째, 인공지능과 빅데이터의 활용 양상이다. 세상의 거의 모든 정보들이 디지털화됨에 따라 데이터의 양도 기하급수적으로 늘고 있다. 동시에 소프트웨어들이 보다 세심한 문제들도 다룰 수 있게 발전되었다. 이를 통해 소프트웨어들이 단순히 인간의 프로그래밍에 의존하는 것이 아니라 인공지능을 활용해 스스로 학습하고 개선해나가게 될 것이다. 이러한 기술은 로보틱스robotics 산업에 영향을 미쳐서 인공지능과 빅데이터를 갖춘 로봇들이 각종 직업 현장에 등장하여 인간의 노동력과 의사 결정을 대신하는 역할을 하게 될 것이다.

다섯째, 공유 경제와 분배된 신뢰의 사회가 전개된다. 이 역시 인터넷에 기반한 네트워크와 플랫폼platform에 기반한 사회적 경제적 모델로 인해 가능해진다. 사회적 자산들이 공유되면서 단순히 효율성이 증가하는 것이 아니라 새로운 비즈니스 모델과 사회의 자기 조직화(self-organization)의 기회를 만들어내게 된다. 예를 들어, 블록체인(The blockchain)이라는 새로운 분산적 데이터베이스(distributed database) 기술은 재정, 계약, 투표 등의 행위들을 수행해온 외주 기관을 대신하여 사회적 신뢰망을 구축하게 됨에 따라 사회 기관들의 역할 구조가 정보망에 의존할 수밖에 없는 형태로 변할 것이다.

여섯째, 물질의 디지털화이다. 물리적 사물들이 원재료로부터 부가적(additive) 혹은 3D 프린팅을 통해 만들어지는 것이다. 이 과정을 통해 산업계의 생산 방식이 가정에서도 이루어질 수 있고 일상생활에 급격한 변화가 이루어진다.

요컨대, 4차 산업혁명의 기술적 혁신들로 개인들(디지털적 존재)과 그 개인들의 사회적 관계(사회적 네트워크 서비스)가 변화되고 있고, 장소와 시간에 관계 없이 활용할 수 있는 디지털 기술들(ubiquitous)과 도구들(internet of things)은 현대인들의 삶의 방식도 혁신적으로 변화시키고있다. 또한 인공지능과 빅데이터에 힘입은 로보틱스의 발전은 노동과 직업의 생태계에도 큰 변화를 가져올 것이다. 이뿐만 아니라, 3D 프린터로 대표되는 물질의 디지털화는 산업계의 역할을 단순한 상품 생산이 아니라 재료 및 에너지 개발, 디자인, 응용(연결과 융합)의 영역으로 전환시켰고,

공유 경제의 개념과 데이터망 기술에 기반하여 개발된 사회적 신뢰망이 전통적 사회 기관(우편, 법률, 행정, 금융 서비스 등)들의 역할을 대신함으로써 사회 각 기관들의 역할에 대한 기대에도 변화를 초래하고 있다.

나. 4차 산업혁명에 따른 미래 사회의 기회와 위기

디지털의 개념을 처음으로 대중화시킨 Negroponte(1995)는 그의 저서 『Being Digital』에서 디지털과 아날로그의 차이를 '움직이는 비트'와 '움직이는 원자'의 차이로 설명하였다. 그 후 약 20년이 지나고 21세기를 본격적으로 경험하고 있는 지금, 4차 산업혁명이란 표현의 등장은 디지털 문명이 본격적으로 인공지능, 로봇, 사물 인터넷, 드론 및 자율 주행차, 3D프린팅, 그리고 나노 및 바이오 산업과 같은 첨단 기술 분야에 적용되기 시작했다는 것을 의미한다. 이처럼 디지털 기술이 현대인 삶의 대부분 영역에 적용되고 있다는 것은 디지털이 더이상 아날로그 영역의 보완적 역할을 하는 것이 아니라, 새로운 규범이 되었다는 것을 의미한다. Hinsen(2013)은 이를 디지털이 뉴노멀new normal화된 시대라고 표현하고 있다. 디지털이 뉴노멀이 되었다는 것은 앞으로 어떤 사물이나 기술, 현상을 설명할 때, 디지털이라는 관용어(예, 디지털 기술, 디지털 장치, 디지털 기계 등)가 더 이상 필요하지 않고, 오히려 아날로그 방식에 대해 '아날로그'(예, 아날로그 카메라, 아날로그 스피커)란 수식어를 붙여야 하는 상황이 되었다는 것이다. 이처럼 디지털화를 바탕으로 한 기술적 진보는 4차 산업혁명이라고 불리우는 다양한 기술적 진보에 의해 단순히 생산 현장의 혁신을 이루고 있을 뿐만 아니라 사람들의 삶 구석구석에 스며들기 시작한 것이다. 그렇다면 이러한 4차 산업혁명 기술이 사회상에 어떠한 영향을 미칠 수 있는지를 살펴보도록 하자.

첫째, 전문가들은 4차 산업혁명으로 촉발된 기술은 종전의 혁명과 비교되지 않을 정도로 빠르고 넓은 범위에서 산업과 삶에 영향을 줄 것이라고 본다. 이처럼 4차 산업혁명의 영향력이 넓은 영역에서 빠른 속도로 적용될 수 있는 이유는 지식과 기술의 융합과 연결성이 급속히 촉진되어 특정 분야에 국한되지 않고 끊임없이 새로운 가치를 창출해낼 수 있는 가능성 때문이다. 예를 들어, 인공지능과 빅데이터의 만남은 알파고의 딥러닝Deep learning의 사례처럼 인간의 사고력과 판단력을 훨씬 뛰어넘는 지적 능력을 발휘하게 되어, 창의력과 예술적 감성, 도덕적 판단력 등을 제외한 대부분의 사고 영역에서 인간의 사고를 대신할 수 있는 의사결정 시스템에 적용될 수 있다. 그리고 이러한 기술들과 다양한 분야의 지식이 융합됨으로써 그 활용성은 무한히 확대될 수 있다.

둘째, 4차 산업혁명의 기술들은 모바일 인터넷, 클라우드 컴퓨팅, 로봇 자동화, 사물 인터넷, 드론 및 자율 주행차, 나노 및 바이오 공학, 연료 전지 및 신소재 공학, 광학 및 레이저 센서 기술 등의 분야에 적용되면서, 기존의 산업 및 생활 시스템과는 완전히 차별화된 새로운 시스템을 만들고 있다. 앞으로는 이러한 4차 산업혁명의 기술들을 선도하는 사회와 그렇지 못한 사회의 기술 격차가 점차 벌어질 것이고, 각 국가들 마다 선도하는 기술의 영역이 차별화될 수 있다. 예를 들어, 제조업이 강한 독일은 스마트, 디지털 공장 시스템을 갖춘 보다 효율적인 '21세기 초제조업 전략'을 추진 중이고, 영국은 금융 기술(Finantial technology) 분야, 미국은 클라우드 컴퓨팅이나 빅데이터 응용 분야, 일본은 로봇 산업 분야를 특화하고 있는 상황이다.

셋째, 4차 산업혁명은 인터넷과 대용량의 데이터를 빠르게 처리할 수 있는 성능의 컴퓨터를 기반으로 초연결 사회를 지향하면서 현대인의 삶에 이동성(mobility), 가상성(virtuality), 다양성, 융통성을 급속히 증가시키고 있다. 이러한 삶의 변화는 다양한 제품의 소량 생산, 기호(taste) 및 디자인의 중요성 확대, 빠른 제품 수명 주기, 가상적 경험의 증가, 레저 활동 특성의 변화 등의 현상을 낳게 될 것이다. 결국 이러한 테크놀로지의 변화는 우리의 삶을 매우 근본적으로 바꾸어 놓을 것이다.

넷째, 4차 산업혁명이 바꾸어 놓을 기술적 변화는 산업계의 변화에만 영향을 미치는 것이 아니라, 노동시장의 변화를 가져오고 이는 결국 교육 영역의 변화를 초래하게 될 것이다. 노동시장은 4차 산업혁명이 요구하는 지식과 기술에 노동자의 자질과 역량의 변화를 요구하고, 실제 직업 생태계의 변화를 가져올 것이다. 현재 산업 현장에 로봇들이 완전히 적용되지 못하는 대부분의 경우는 기술적인 문제 때문이 아니라 투자 대비 생산성, 즉 경제성 문제일 뿐이라고 한다. 이미 전자, 자동차, 기계 등의 생산 라인의 상당 부분을 차지하고 있는 산업용 로봇에 이어, 4차 산업혁명이 본격적으로 산업계에 적용되는 2030년경에는 기술적으로는 인간의 지적 노동의 대부분을 인공지능 시스템이 대신할 수 있게 된다.

요컨대, 위와 같은 변화가 우리의 삶을 어느 정도나 바꿔놓을 수 있을지에 대해 즉, 그러한 변화가 과장된 것인지 아니면 실제적인 것인지에 대해서는 여러 가지 평가가 내려질 수 있지만(Drath & Horch, 2014), 미래의 삶이 변하는 것은 시간 문제이다. 더 중요한 문제는 기술의 혁신이 사회나 개인의 삶에 어떤 변화를 가져오게 될 것인지에 대해 보다 냉철하게 숙고해봐야 한다는 것이다.

기술의 진보가 현대인들의 삶을 변화시키는 양상에 관해, 저자는 다음 세 가지 사항들이 교육의 측면에서 매우 중요할 것이라고 본다.

첫째, 일과 여가, 놀이와 학습 등의 경계가 모호해진다는 것이다. 이러한 경계의 모호화는 인간 활동의 성격 차원에서 뿐 만 아니라, 활동 시간과 활동 공간 차원에서의 경계의 파괴를 의미하기도 한다. 휴대용 기기의 발달과 유비쿼터스 기술, 그리고 대용량 데이터의 초고속 통신은 재택근무, 재택 학습, 사이버 러닝, 증강 현실 및 시뮬레이션을 활용한 업무 수행 및 학습에서 수많은 활용 가능성을 낳게 되었다. 이제 전통적인 사무실이나 학교에서의 작업과 학습이 어떤 필요성이 있는지에 대한 근본적인 성찰이 필요한 시점이 된 것이다.

둘째, 빅데이터란 개념이 주목을 받는 것과 같이, 엄청난 정보의 홍수 속에서 일의 성격, 목표, 상황에 따라 필요한 지식과 불필요한 지식을 구분하는 것이 중요해질 것이다. 폭증하는 데이터 속에서 의미 있는 것만이 '일반적 정보'(information)가 되고, 그 정보들 중에서도 내가 수행하는 작업의 목적에 따라 상황에 맞춰 분석되고 가공된 정보가 바로 '필요한 정보'(intelligence)가 된다. 그러므로 학교교육에서도 학생들이 바로 일반적 정보가 아닌 '필요한 정보'를 탐색하고 적용하는 능력을 키워야 한다.

현재 수많은 지식과 정보 속에서 나에게 필요한 것을 찾아내는 것에 장애가 되는 원인은 정보의 과부하가 아니라 필터링(filtering)의 실패이다. 수많은 정보를 적절히 걸러내고, 요약하고, 통찰을 얻어낼 수 있는 능력이 요구되는 것이다. 그리고 적절한 정보를 가공해내는 노하우는 바로 융합의 과정에서 나온다. 과거에는 특정 분야나 조직 속에서의 정보들을 연결하는 통합의 작업에만 관심을 가졌다면, 융합의 중요성이 부각된 지금은 다양한 분야의 조직 외적 정보들을 융합함으로써 보다 새로운 통찰이 생겨날 수 있다.

셋째, 유소년기의 학교교육과 청장년기의 직업 준비, 그리고 노년기의 은퇴와 여가라는 전통적 인생 여정의 전형적 형태(prototype)가 사라질 것이다. 이는 개개인의 삶이 매우 짧은 주기로 예측 불가능하게 급변하는 사회 경제적, 기술적, 직업적 환경 속에서 끊임없이 학습하고 적응하면서 다양한 사람들과의 역동적인 관계 속에서 살아가야 한다는 것을 의미한다. 그리고 테크놀로지의 비약적인 발전으로 인한 기술적 진보를 따라잡기 위해서, 또 국가나 기업이 기술 선점을 위해 끊임없이 연구개발을 해야 하고, 개인들 수준에서도 평생 교육과 평생 직업을 위해 계속 자기 개발을 하지 않을 수 없는 현실이 되어가고 있다.

아울러 4차 산업혁명의 기술들로 인해 생산자와 소비자의 뚜렷한 경계도 허물어지고 있다. 대부분의 복잡한 첨단 기계들의 생산은 공장에서 로봇이나 자동화된 생산 라인에 의해 만들어지겠지만, 완제품의 형태가 아니라 미완성의 자가 조립(DIY), 3D 프린팅에 의한 사용자의 자체 제작, 그리고 제품 아이디어 개발, 프로그래밍, 디자인 같은 작업이 최종 소비자들의 개입에 의해 이루어지게 되는 경우도 늘어날 수 있다.

요컨대, 오늘날 기술의 폭발적 변화가 오랜 역사 속에서 축적된 인류의 전통적 경험, 가치, 문화적 패턴, 그리고 사고들을 충분한 시간적 여유를 주지 않고 급격히 대체함으로써 여러 가지 개인들의 삶의 변화를 초래하고 있다. 문제는 위와 같은 미래 사회의 변화 양상들의 가장 중요한 성격은 기술의 발전이 양면성을 가지고 있다는 것이다. 즉, 모든 것이 디지털화 되고, 정보가 무한하게 흘러 다니며, 일과 놀이의 구분이 모호해지고, 생산자와 소비자의 구분이 모호해졌다는 것이 반드시 긍정적인 측면만 가지고 있는 것은 아니다. 바로 이러한 첨단 기술의 환경 속에서 학생들은 하루를 어떻게 보내며, 무엇을 공부하며, 어떻게 미래를 준비해야 하는지에 관해 교육적 측면에서 큰 도전이 되고 있다는 것이다.

다. 미래 교육에 대한 사회적 요구

그렇다면 위와 같은 4차 산업혁명이 가져오는 사회적 변화는 어떤 교육을 요구하고 있는가? 지금까지 이러한 질문에 대한 흔한 반응은 "미래의 사회 변화에 적응할 수 있는 인재를 교육해야 한다"라는 관점 아래 수많은 적응형(adaptability) 모형들이 제안되고 있었다. 참고로 그 중 몇 가지를 소개하면 다음 [표 2-14]와 같다.

표 2-14. Education 3.0의 비전(Basu, 2012)

	교육 1.0	교육 2.0	교육 3.0
학자들의 주된 역할	지식의 원천	지식의 원천과 안내자	협동적인 지식 창조의 조정자
내용의 배열	전통적 저작권있는 내용	공개된 교육 자료	교육 기관, 학문 영역을 초월하여 창조되고 재활용되는 자료
학습 활동	전통적인 숙제, 글쓰기, 시험, 교실 내 그룹 활동	테크놀로지를 활용하고 협력적 학습 활동이지만 대부분 교실 내 활동에 국한됨	국가, 기관, 학문 구분을 넘어선 개방적이고 융통성 활동들 및 사회적 네트워킹
학생들의 행동	수동적이고 흡수적인 학습	점차 능동적이면서 학습 과정의 주체성 획득	능동적이고 강한 자기 주도 학습, 자료 및 학습 기회의 협동적 창조와 선택
테크놀로지	단일 교육 기관 내의 컴퓨터 학습 운영 시스템을 통한 이러닝	다른 기관과의 협력 속에서의 이러닝	개인 분산 학습 환경 속에서의 이러닝

위 표에 소개되어 있듯이, 미래의 교육(교육 3.0)에 대한 비전은 지식이나 자료의 활용이 교육 기관이나 학문 영역에 구애받지 않고 자유롭게 이루어지고, 개방적이고 융통적인 사회적 네트워킹에 의한 학습이 이루어지며, 학습자들은 능동적으로 자기 주도적이고 협력적인 학습을 강조

하게 된다는 것이다. 아울러 테크놀로지 측면에서는 개인 맞춤형 및 개방형 기술을 기반으로 한 장소, 시간 등에 구애받지 않는 개별화된 통합 교육 시스템(personalized integrated educational system : PIES)의 도입도 제안되고 있다(Watson, Watson, & Reigeluth, 2015).

또한 다른 미래 교육의 변화에 대한 관점의 예로는 미래의 교육이 직업세계의 특성, 협업의 수준, 과업의 성격, 그리고 도구 사용의 성격에 따라 다음 [표 2-15]와 같은 전망도 제시되었다(Lengel, 2013).

표 2-15. 미래 교육의 전망(Lengel, 2013)

구분	교육 1.0	교육 2.0	교육 3.0
직업 세계 특성	농경 사회, 숙련 노동	제조업, 기계 조작	정보사회, 정보 탐색 및 창의적 활용
협업의 수준	소그룹 협동 작업	집단 속 독자적 작업	개별화 및 전략적 협업
과업의 성격	다양한 과업의 수행	반복적 과업의 수행	비정규적, 일/노동 혼성형 과업
도구 사용	손 도구 사용력	기계 도구 활용	정보통신 기기의 활용

위 표에서 보여주듯이, 결국 사회의 변화, 직업 현장의 요구에 따라 그에 맞는 교육의 형태와 내용, 그리고 기대되는 역량이 달라진다는 것이다.

위와 같이 사회의 변화에 따른 '교육적 기대'를 바탕으로 미래의 학생 혹은 근로자에게 기대하는 능력들이 여러 가지로 제시된다. OECD 국가들이 모여 개발한 '21세기의 기술(21c Skills)'의 구체적인 능력들도 이러한 미래 교육에 대한 사회적 요구의 한 가지 예이다(Dede, 2009; Rotherham & Willingham, 2010).

a. 정보 수집, 종합, 분석 능력
b. 최소한의 감독만으로 자율적으로 높은 수준의 작업을 수행할 수 있는 능력
c. 다른 자율적 근로자를 선도할 수 있는 능력
d. 비판적 사고
e. 타인의 관점을 파악하고 사건의 전체를 이해하는 능력
f. 효과적으로 소통하고 테크놀로지를 잘 활용하는 능력
g. 엄격한 윤리적 기준 하에서 사회와 자연환경의 발전을 도모할 수 있는 자세

그렇다면 위와 같이 '시대의 흐름에 따른 교육의 방향' 차원에서 학교교육의 목표와 성격을 규정하는 것이 올바른 교육의 방향일까? 본 저자는 이러한 대응 방식은 '적응적 관점'에 의한 교육관일 뿐이고, 대신 다음과 같은 근본적인 물음으로부터 미래 교육의 방향을 설정해야 함을 강조하고자 한다.

진단 : 4차 산업혁명과 같은 기술적 변화가 미래 사회를 어떻게 바꿀 것인가?
평가 : 그러한 변화는 사회적 발전 및 인류의 공영에 기여하는 올바른 변화인가?
대응 : 미래 기술적 변화에 올바르게 대응하기 위하여 어떠한 교육적 노력이 필요한가?

즉, 단순히 미래의 기술적 변화에 대해 학교교육이 적응해나가는 것이 아니라, 미래의 기술적 변화에 대한 올바른 진단과 평가를 바탕으로 적

절한 교육적 대응이 이루어져야 한다는 것이다. 예를 들어, 올바른 교육적 대응을 고려할 때 다음의 사항들을 염두에 둘 필요가 있다.

첫째, 테크놀로지 자체는 가치 중립적이므로, 테크놀로지의 교육(education OF technology)과 동시에 테크놀로지의 가치를 판단하는 교육(education ABOUT technology)이 필요하다. 즉, 테크놀로지는 기능의 역할을 할 뿐, 그 기술이 인류 사회에 어떤 기여를 할 것인가는 다른 요인들에 의해 결정된다는 것이다. 예를 들어, 원자폭탄 제조 기술을 핵발전을 위해 사용할 것이냐 전쟁 무기로 사용할 것이냐는 원자폭탄 기술 자체에 의해서 결정되는 것이 아니라, 사회 문화적, 정치 경제적, 그리고 윤리적 판단에 달려있다는 것이다. 마찬가지로 4차 산업혁명이 학교교육을 어떻게 바꿀 것인가는 4차 산업혁명 기술 자체에 의해 결정되는 것이 아니라, 그 기술들이 학교교육에 어떤 영향을 미치고 어떻게 교육에 활용될 것인가를 고민해야 한다는 것이다.

둘째, 테크놀로지의 지배는 다양한 삶의 양태들이 공존할 수 있는 생태적 환경을 무력화시키는 위험성을 갖는다. 이는 기술 문명의 발전이 사회의 긍정적인 발전을 보장하지 않는다는 것을 의미한다. 오히려 4차 산업혁명은 미래 사회에 기술 중심, 자본의 독점, 인간 소외, 물질 문명의 팽배 등을 촉진할 수 있다는 것을 염두에 둘 필요가 있다. 그러므로 4차 산업혁명 시대의 교육은 교육이 기술을 추종하는 역할이 아니라, 기술을 주도하는 역할을 하기 위해 어떻게 학생들을 가르칠 것인가를 고민하는 것이 우선이다.

셋째, 미래는 점차 예측 불가능성이 높아지고, 그러한 예측 불가능성이 사회와 세계의 본질이다. 그러므로 미래의 교육은 바로 예측하기 어려울 만큼 급변하는 기술 주도형 사회일수록, 학생들에게 어떻게 미래의 방향을 설정할 것인가에 대한 비판적 성찰을 가르쳐야 할 것이다. 이러한 교육은 현실 적응형 교육이 아니라 미래 주도형 교육이라고 부를 수 있을 것이다(Sharma & Monteiro, 2016).

그런 의미에서 다음 절에서는 4차 산업혁명 시대에 올바르게 대응하는 교육의 방향이 무엇인지 보다 구체적으로 생각해보고자 한다.

2) 4차 산업혁명 시대의 교육의 방향

급격한 기술 변화의 시대에 대응하는 올바른 미래 교육의 방향을 설정하기 위하여 우리는 다음과 같은 세 가지 질문에 대해 성찰할 필요가 있다.

가. 존재론적(ontological) 성찰 : 어떤 인간을 키울 것인가?

교육의 미래를 생각할 때 가장 중요한 것이 바로 '교육적 인간상'의 방향이다. 우리는 어떤 인간과 인간 관계의 형성을 교육의 목적으로 하는가?

Turkle(2010)은 인터넷과 같은 네트워크 기술들은 초기에는 실용적 정보를 공유하도록 설계되었지만, 머지않아 사람들 간의 관계성 성립을 위한 공간으로 탈바꿈했음을 지적하고 있다. 예를 들어, 인터넷의 원조인 미 국방부의 ARPAnet은 과학자들이 연구 논문을 공유하고 협력하기 위해 고안되었지만, 얼마 되지 않아 소속 연구자들 사이의 소문, 연애담, 자녀 얘기 따위를 주고받는 장소로 변모하였다는 것이다(p. 62). 이러한 사례는 테크놀로지가 순수한 그 자체만의 목적을 달성하는 데 사용되는 것만이 아니라, 사용자들의 정서나 관계성 형성 과정에 훨씬 더 큰 영향을 미칠 수 있다는 것을 보여준다.

그러나 문제는 이러한 테크롤로지의 발달로 인해 인간 관계가 점차 파편화되고 단절되어가고 있다는 것이다(Turkle, 2010). 이러한 지적은 오늘날 인터넷, 휴대용 전화기, 소셜 네트워크(SNS) 등의 발달로 현대인들은 항상 연결되어 있고(connected) 사회적 관계망이 두터워지고 있다는 생각과는 정반대이다. 그런 의미에서 SNS 환경 속에서 현대인들은 '연결되어 있지만 공허한(linked but absent)' 새로운 자아상을 갖게 되었다고 지적한다.

왜 테크놀로지에 기반한 인간 관계가 공허해지고 있는가? 현실과 가상의 공간의 구별을 없앤 가상현실 혹은 사이버 세계의 확대도 테크놀로지 발전이 가져온 주요한 변화 양상 중의 하나이다. 즉, 프로이트가 무의식의 세계라는 개념을 만들어냈다면, 테크놀로지는 사이버 세계란 개념을 만들어냈다. 대표적인 사례가 세컨드 라이프Second Life라는 가상현실 시뮬레이션게임이다. 세컨드 라이프 속에서는 삶과 게임의 경계를 유지하기가 쉽지 않다.

"세컨드 라이프는 실제 생활에서보다 나은 인간 관계를 선사한다. 내가 제일 나답다고 느끼는 곳이다. 그 속에서의 상대는 나를 있는 그대로 받아들여주고, 그와의 관계가 실제 내 결혼 생활과 가정을 유지하게 해준다."

이러한 가상 공간 · 세계의 출현으로 현대인의 삶은 오프라인(현실 세계)의 삶과 온라인(가상 세계)의 삶이 공존하는 혼합적 삶의 양식을 낳고 있다. 다양한 기능과 형태의 스마트 기기들을 통해 facebook, Linkedin, Plaxo 같은 소셜 네트워킹 사이트들을 드나드는 것이 생활의 필수 요소가 되면서, 현대인들은 쉽고 빠르게 현실 세계와 가상 세계 간을 왕래하고 있다(Barabasi, 2003, p. 67). 이러한 삶의 양태들은 현대인의 삶이 가상과 현실이 혼합된 삶(mixed life)을 살고 있고, 가상과 현실적 삶이 만들어내는 서로 다른 정체성들 간의 병렬화가 일어날 수 있음을 보여준다. 이러한 병렬적(parallel) 정체성은 기존의 혼성적(hybrid) 정체성과는 다른 개념으로, 서로 다른 정체성들이 공존하면서 서로 다른 환경 속에서 발현되는 현상을 가리킨다.

이처럼 가상과 현실이 빠르게 교차하는 세계 속에서의 개인의 정체성은 어떤 속성을 갖고, 그 정체성들 간에는 어떤 상호작용이 일어나며, 그리고 그러한 정체성을 갖는 개인들의 인성, 정서, 그리고 사회성의 발달을 위해 어떤 교육이 필요한지에 대해서는 거의 연구된 바가 없다. 즉, 개인의 정체성에 대한 교육은 4차 산업혁명 시대의 학교교육이 관심을 가져야 할 중요한 부분이 아닐 수 없다.

나. 인식론적(epistemological) 성찰 : 지식은 어디에 있는가?

학교교육에서 다루어지는 지식은 어떤 성격을 띨 것인가? 이를 전망하기 위해서 지식이 역사적으로 어떻게 다루어져왔는지에 대한 McNiely와 Wolberton(2008)의 설명을 살펴보자. 고대 로마의 원로원 의원이었던 카시오도루스(490-580)는 수도원을 세우고 저술 활동에 전념하기 시작했다. 수도원은 수사들의 필사본에 의한 지식을 보관하고 전달하던 주된 기능을 담당했던 기관이었다. 기원 후 800년경 아바스 왕조가 번성한 바그다드에 설립된 '지혜의 전당'은 당시 알려진 모든 외국 지혜의 모범들을 아랍어로 번역하기 위해 다문화적 학문 공동체를 이루었다. 이처럼 이슬람 과학이 최고 수준에 도달할 수 있었던 것은 이슬람 세계가 헬레니즘 도서관의 상속자이자 계승자가 되어 다양한 학문들을 수용해 고대의 유산을 계승시킬 수 있었기 때문이었다(Montgomery, 2000). 기원후 1100년~1500년 사이에는 유럽의 대학(*universitas*)이 교수와 학생들의 자유로운 학술적 교류와 학문의 보편화를 바탕으로 지식 교류의 모태 역할을 하였고, 대학의 도서관은 지식을 보관하고 전승하는 핵심적인 기능을 수행하였다. 르네상스 이후인 16-17세기에는 유럽의 귀족들과 학식 있는 유한 계급들이 기이하고 새로운 사물들과 증거들을 수집하고 이를 박물관에 전시하면서, 박물관은 지식의 소개와 전파의 역할을 하는 새로운 기관으로 성장하여 오늘에까지 이르게 된다(McNiely & Wolberton, 2008, pp. 110-118).

그렇다면 21세기 오늘날 지식은 어떻게 교류되고 있는가? 21세기의 지식과 정보의 교류는 로마 시대의 수도원이나 중세 대학의 도서관, 그리고 근대의 박물관과 같은 물리적 장소에 한정되어 일어나는 것이 아니라, 네트워크를 통한 유동성(mobility)의 개념으로 설명될 수 있다. 21세기의 지식은 한마디로 모빌리티, 관계성, 확장성을 지닌 네트워크의 구조와 작용의 영향을 받아 지식이 형성, 확장, 전파되는 특징을 갖는다(Urry, 2014). 이러한 네트워크의 영향력을 보여주는 예가 메디치 효과(Medichi Effect : 서로 다른 이질적인 분야를 접목하여 창조적 · 혁신적 아이디어를 창출해내는 현상)이다(Johansson, 2004). 메디치 효과로 인해 서로 관련이 없을 것 같은 이종 간의 다양한 지식과 정보가 서로 교류, 융합하여 독창적인 아이디어나 뛰어난 생산성을 나타내고 새로운 시너지를 창출할 수 있는 것이다. 요컨대, 21세기에 적합한 지식은 그 자체로 의미와 역할을 갖는 단편적이거나 독자적, 교조적 지식이 아니라 여러 지식들 간의 상호 융합을 바탕으로 한 관계적인 지식이고, 그 유용성이 상황에 따라 판단될 수 있는 융통성 있는 지식이다. 그러므로 학교교육에서도 지식의 유동성(mobility)을 잘 이해하고 그에 적합한 교육이 이루어져야 할 것이다.

다. 전략적(strategic) 성찰 : 학교는 지식을 어떻게 다루는가?

4차 산업혁명 시대에 지식의 공유와 형성은 가상 세계(virtual world)에서의 학습과 멀티태스킹(multi-tasking)이라는 두 가지 개념으로 특징지어질 수 있다(Lin, Mills, & Ifenthaler, 2016). 이에 덧붙여 미래의 지식이 다루어지는 방식도 지식을 갖는 것(소유)이 아니라 지식을 활용하는 것(공유)으로 변화 될 것이다. 또한 이러한 지식의 공유, 가상 학습, 멀티태스킹의 개념들을 바탕으로 미래의 학교에서는 지식이 다루어지는 방식이 다음과 같이 변화될 것이다.

첫째, 지식의 전달이나 소유가 아니라 경험의 공유가 될 것이다. 사회 속에서 지식이 교류되는 방식은 여러 가지 방식을 통해 설명된다. 지식을 상품(commodity)으로 보는 관점에서는 학자들처럼 지식을 만들어내는 지식의 생산자와 교사들과 같은 지식의 전달자, 그리고 학생들과 같이 수동적 입장에서 지식을 받아들이는 지식의 소비자로 구분된다. 또한 자본주의적 관점에서 지식은 특정 개인에게 소유권이 귀속된다는 지적 소유권(intellectual ownership)의 개념이 생겼고, 그러한 소유권을 나눈다는 의미에서 지식의 공동 소유(co-owning)라는 개념도 등장했다. 하지만 지식은 본질적으로 소유권이 개인에게 국한될 수 있는 성질의 것이 아니다. 지식은 개인이나 집단이 자연과 사회의 경험 속에서 얻은 이해와 통찰이라는 정신 작용의 결과물로서, 개인들 간의 지식이 공유되거나 공유된 기존의 지식을 융합하고 재구성하여 새로운 해석과 가치가 형성되는 존재일 뿐이다. 학교에서 지식이 다루어지는 방식도 본질적으로 교사와 학생이 지식을 나누거나 새로운 아이디어나 통찰을 만들어내는 경험의 공유가 되어야 한다.

둘째, 지식은 교과서나 학습지와 같은 물질적 도구나 자료의 형태에서 전자적, 가상적 형태를 띠게 될 것이다. 가상 세계에서의 학습의 모형은 크게 세 가지의 발달 단계로 구분할 수 있는데, 온라인 학습, 사이버 학습, 그리고 가상 학습이 그것이다. 가장 초기에는 온라인 학습(online-learning)이 있었으며, 온라인 학습은 말 그대로 물리적 교실 현장에서 이루어지는 학습이 아니라, 정보통신망을 이용하여 원격으로 이루어지는 수업이었다. 그 후, 실제 교실의 환경을 컴퓨터 환경으로 대체하여 테크놀로지 기술이 풍부히 적용된 환경 속에서 학습 효과를 극대화시키는 것을 목표로 한 사이버 학습(cyber-learning)의 개념이 유행하였다(NSF, 2017). 예를 들어, 미국과학재단의 'Cyberlearning 프로그램'이 강조하는 사이버 러닝을 통해 학습을 촉진하기 위한 원리에는 다음과 같은 것들이 있다(http://circlcenter.org/new2cl/).

a. 과학적 통찰력을 학생들의 학습에 적용하는 것
b. 새롭게 등장하는 테크놀로지를 이용한 학습법을 개발하는 것
c. 기존의 학습 활동에서 벗어나 변혁적인(transformative) 학습 활동들을 고안하는 것
d. 교사나 교육 실천가들의 적극적인 개입과 참여를 조장하는 것
e. 보다 깊이 있는 학습의 결과를 측정하는 방법을 개발하는 것

그런데 4차 산업혁명의 시대에 들어서자 위와 같은 사이버 학습도 사람들의 삶이 변화하는 양상에 맞추어가지 못하고 있다. 정보통신 미디

어가 늘 대기 상태로 주변에 있게 되자, 사람들은 접속되어 있는 상태와 접속되어 있지 않은 상태의 차이를 망각하게 되었고, 실재(real)와 가상(virtual)의 세계 사이에서 실존적 거주처를 혼동하게 되었다. 사람들은 자신들의 삶을 영화 관람 하듯 관찰자의 시점에서 바라보고, 자신의 삶을 엿보려고 자신의 블로그나 커뮤니티 카페 등을 들여다보고 있다. 수업 시간에 스마트 기기 사용의 필요성에 대한 질문을 던지면, 그 질문의 의도조차 이해하지 못하는 학생들도 있다. 이러한 상황을 고려하여 현실과 가상의 공간을 오고가는 학생들을 보다 효과적으로 학습의 장면으로 끌어오기 위한 전략으로써 개발된 학습 모형이 바로 가상 학습의 개념이다(Schank, 1997). 가상 세계에서의 학습을 위해 여러 가지 접근법들이 제안되고 있지만, 게임이나 시뮬레이션, 혹은 증강 현실(augmented reality) 기술을 활용한 가상 학습(virtual learning), 학교 안팎이나 형식에 구애받지 않는 학습(informal learning), 개인 맞춤형의 주체적 학습(tailored and personalized learning with ownership), 학자들의 탐구방법을 재현하는 학습, 실세계 경험에 기반한 학습(real world experience), 시공간에 구애받지 않는 학습(anytime anywhere learning)이라는 특성들이 가상 학습을 특징짓는다(Borgman, Abelson, Dirks, Johnson, Koedinger, & Linn, 2008).

셋째, 미래의 학습은 또한 멀티태스킹의 성격을 갖게될 것이다. 정보통신 기술의 보급으로 현대인들은 많은 사람들이 장소나 시간에 구애받지 않고 일을 하거나 과제를 수행하면서 동시에 페이스북, 음악 감상, 문자 메시지 확인, 이메일 교환, 심지어 온라인 MMRP게임까지 동시에 한다. 이러한 멀티태스킹은 현대인의 삶의 특징이기도 하고 그 다양한 장점으로 인해 멀티태스킹에 능한 사람들이 사회적 조명을 받기도 하지만, 그 효과나 부작용에 대해서 많은 논란이 일고 있다. 대표적인 예가 운전

중 간식을 먹거나, 화장을 하거나, 심지어 문자 메시지를 보내거나 업무를 수행하는 경우도 있어 큰 위험을 초래하기도 한다(Vogel, 2007). 교육적 측면에서 멀티태스킹은 학습 효과의 문제에서부터 집중력 손실의 문제, 생활 습관의 문제, 그리고 심리 정서적 문제에 이르기까지 그 부작용에 대한 우려가 훨씬 크다(Ophir, Nass & Wagner, 2009; Jackson, 2008). 멀티태스킹의 효율성에 대한 논란과는 별도로, 멀티태스킹을 수행할 때에는 도취 상태로 유도하는 신경 화학 물질이 분비되어 보상을 받기 때문에 기분이 좋아지고, 수행자들에게는 특별히 생산적으로 일하고 있다는 착각을 불러일으킨다는 연구 결과도 있다(Turkle, 2011).

요컨대, 4차 산업혁명에 대응하는 학교교육의 방향을 설정하기 위해서는 어떤 존재를 키울 것인가(Who : 존재론적 성찰), 어떤 지식을 다룰 것인가(What : 인식론적 성찰), 그리고 그러한 지식을 어떻게 다룰 것인가(How : 전략적 성찰)가 동시에 고려되어야 할 것이다. 즉, 미래 교육의 방향은 테크놀로지의 변화에 순응하는 것이 아니라, 그 방향을 면밀히 분석하고, 그에 대한 비판적인 평가를 바탕으로 설정되어야 할 것이다. 이를 위해 미래의 인간상에 대한 올바른 비전 정립, 학교교육에서 어떤 지식을 다루어야 할 것인가에 대한 통찰, 그리고 그러한 지식을 어떻게 학생들이 경험하게 할 것인가에 대한 전략적 성찰이 우선 이루어져야 한다.

3) 4차 산업혁명, 융합 지식, 그리고 미래의 교육

4차 산업혁명은 사실 테크놀로지의 발달에 따라 미래 사회가 변화하는 양상들 중의 하나에 불과하다. 따라서 기술의 발전이 가져올 미래 사회의 변화를 생각할 때, 단순히 기술이 가져다줄 생산성이나 기능적 효율성의 측면만 고려해서는 안될 것이다. 본고는 마지막으로 4차 산업혁명 시대를 맞이한 교육적 대응을 공교육의 역할, 미래 학생의 역량, 미래 학습의 방향 차원에서 간단히 제시하고자 한다.

첫째, 미래 교육의 방향에서 가장 중요한 것은 공교육이 어떤 역할을 하게 될 것인가의 문제이다. 앞서 언급했듯이, 기술적 진보가 대부분 기업에 의해 이루어지고, 기업들은 그에 따라 유능한 인재를 학교로부터 공급받는 차원에서 산 · 학 협력이 이루어지고 있다. 이러한 경향은 학교교육을 기능주의적이고 엘리트주의적, 그리고 생산성 및 효율성에 초점을 맞춘 인재 양성 기관으로 규정하는 경향을 낳게 된다(Saltmarsh, 2007). 문제는 이러한 경향이 학교의 공공성 즉, 평등성과 기회 균등의 원칙을 기반으로 한 학교교육의 역할을 침해하는 결과를 초래할 수도 있다. 그러므로 기술적 진보에 대한 대응에만 초점을 맞춘 학교교육이 교육의 공적 가치 실현에 지상을 주지 않도록 유념해야 할 것이다.

둘째, 미래 교육의 목표로 제시되는 학생의 자질, 역량, 혹은 인재상이 학생 자신과 사회에 어떤 의미를 갖는 것인지에 대한 반성적 성찰이 필요하다. 본고에서 언급했듯이 협업 능력, 소통 능력, 사회적 네트워크, 자기 주도성, 의사결정 능력, 비판적 사고력, 창의성 등의 다양한 능력과 자질들이 미래 교육의 목표로 제시되고 있다. 그런데 과연 이러한 능력들이 개인과 사회 혹은 공동체에 어떤 가치나 의미를 가져다주는지에 대한 충분한 성찰 없이 단순히 생산성이나 효율성 향상에 기여하는 인재상의 차원에서 제시되는 경우가 많다(Zajda & Geo-JaJa, 2010).

그러므로 오늘날 교육의 문제를 야기하는 과도한 경쟁주의, 시장주의, 성과주의 등의 문제가 어떻게 미래 사회에 진정으로 필요한 협력적이고, 능동적이고, 창의적인 인재를 키우는데 걸림돌의 역할을 하고 있는지에 대한 반성에서 출발하여 미래의 인재상을 재정립해야 할 것이다. 그리고 그러한 미래의 인재를 키우는 것이 기술의 진보에 따른 미래 사회를 대비한 교육에 더 필요할지도 모른다.

셋째, 미래 기술의 진보가 가져올 학습 환경 및 교수 학습 방식의 변화에는 능동적으로 대응할 필요가 있다. 미래 교실 수업의 모습은 분명 과거나 현재와 달라질 수밖에 없다. 이상문 · 임성배(2016)는 미래 사회의 혁신이 폐쇄적, 협력적, 개방적, 그리고 공동적 혁신으로 나누어지는 것과 마찬가지로, 교수 학습의 방식도 다음 [표 2-16]과 같이 네 가지로 구분되어진다고 보았다.

표 2-16. 교수 학습의 여러 방식

구분	주요 특징
폐쇄적 교수 학습	고정된 지식이나 이론적 학습이 교사 주도에 의해 주입식으로 이루어지는 방식
협력적 교수 학습	기존의 지식을 가지고 교사의 도움을 받으며 교사와 학생 간에 협력적 수업이 이루어지고, 이론과 실천의 접목을 시도하지만, 고정적 교육목표나 지식관은 변하지 않은 상태
개방적 교수 학습	네트워크 및 정보통신의 발달로 빠르게 변화되는 지식을 공유하는 방식의 교수학습
공동적 교수 학습	지식 생태계를 만들어 상호 보완적인 다양한 주체들이 협력 관계를 기반으로 하나로 뭉쳐 긴밀하게 교육적 가치를 창출하는 방식

물론 미래 사회는 오랜 동안 학교교육이 안주해왔던 폐쇄적 교수 학습이나 현재까지의 협력적 교수 학습에서 벗어나 점차 개방적이거나 공동적 교수 학습의 형태로 나아가야 할 것이다. 특히 4차 산업혁명의 변화로 학습은 교실 안에 국한되어 일어나지 않고, 인터넷 및 사이버 공간 활용이나 외주 자원 활용의 비율이 높아질 것이며(개방적 교수 학습),

SNS와 같은 다양한 사회적 관계망을 바탕으로 한 사회적 기술(social technology)을 활용하여 참여자들의 지속적인 협력 속에서 프로젝트 및 현장 학습이 이루어지는 방식(공동적 교수 학습)이 일상적인 학교교육의 모습이 될 것이다.

방과 후 텅 빈 학교에 가본 적이 있는가? 그렇다. 사람이 없는 학교는 덩그러니 남은 건물로만 존재한다. 그 건물의 외형적 규모, 시설 현황, 건물 내부의 첨단 교육 시설 자체는 아무런 교육적 의미를 갖지 못한다. 교육은 이렇게 건물이나 도서, 학습을 위한 컴퓨터 자체가 아니라, 손에 잡히지 않은 사회적 서비스이고, 사회적 서비스의 핵심은 사람과 아이디어, 정보, 기술 그 자체로써 건물, 도구, 물건 자체가 아니다. 이는 '4차 산업혁명 시대의 교육'이라는 말의 의미를 생각할 때 반드시 고려되어야 될 관점이다. 교육의 역할은 기술 자체의 개발이나 유능한 과학자를 양성하기 위한 훈련에 있는 것이 아니다. 그것은 '과학 교육' 혹은 '기술 교육'이 담당하는 문제이고, 이 부분을 전면에 내세운 교육관을 강조한다면 그것은 기술 중심주의(techno-centric) 교육관으로 이해될 뿐이다(Salomon, 2016). 교육의 보다 근본적이고 포괄적인 역할은 자라나는 세대들이 그러한 지식과 기술의 타당성과 의미(합목적성)를 깨닫고 적합하게 사용하기 위한 사회적 제반 조건을 만드는 데 필요한 지식, 가치, 마음가짐을 갖도록 가르치는 일이다. 이것이 4차 산업혁명 시대의 교육에 대해 고민해야 할 핵심이다.

Ⅲ. 융합 교육과정 개발

본 장에서는 융합 교육과정이 실제적으로 어떤 내용과 구조로 되어 있는지를 이해하고, 그 구체적인 실천 방안을 탐색해보고자 한다. 이를 위해 융합 교육과정의 일반적 구조와 모형에 대해 살펴보고, 다음으로 융합 교육을 위한 대표적인 두 가지 실천 방식인 다문화 융합 교육과 창의적 융합 교육의 사례를 중심으로 살펴보기로 한다. 다문화 융합 교육은 문화 및 사회 분야의 지식과 자연과학 분야의 지식을 연계하되, 인문사회 분야의 지식에 더 중점을 두는 방식이고, 창의적 융합 교육은 STEAM 교육으로 대표되듯이, 과학 분야의 지식의 향상에 더욱 중점을 두는 방식으로 실천되고 있다.

01

융합 교육과정의 일반적 구조

1) 융합 교육과정의 모형

융합 교육과정은 어떤 구체적인 형태를 띠며, 융합 교육과정을 실천하기 위한 수업은 어떤 모형을 갖게 되는가? 예를 들면, 역량 중심 교육과정에서는 기존의 지식 구분에 의존하여 교과 지식을 개별적으로 다루는 것이 아니라, 학생들이 성취해야 할 구체적인 역량들과 미래 사회가 요구하는 능력들을 직접적으로 연결하는 내용을 융합적으로 교육하는 교수 전략이 요구될 것이다. 이를 위해서는 수많은 교수 방법적 접근들이 있겠지만, 그 중 김진수(2012)의 큐빅 모형을 통해 설명해보자.

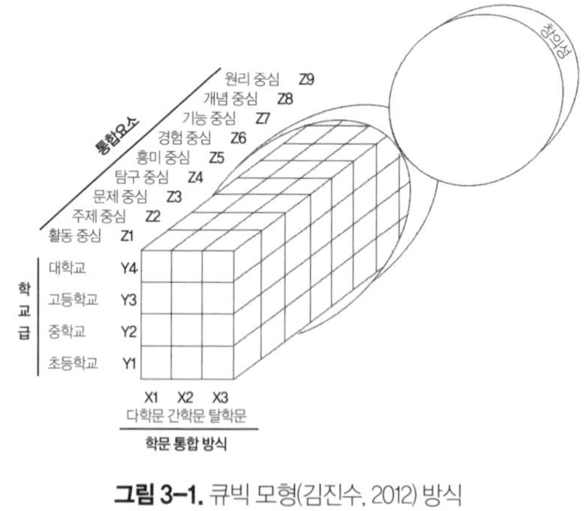

그림 3-1. 큐빅 모형(김진수, 2012) 방식

위 큐빅 모형은 지식이 교과별로 다루어지는 것이 아니라 통합의 여러 요소들(활동, 주제, 문제, 탐구, 경험, 흥미, 기능, 개념, 원리)을 중심으로 다학문적(X1 : multi-disciplinary), 간학문적(X2 : inter-disciplinary), 혹은 탈학문적(X3 : post-disciplinary)적 접근에 의해 지식의 단위(큐빅)가 학교급별의 수준에 따라 다루어질 수 있다는 것을 보여주고 있다(물론 이 모형은 핵심역량을 염두에 둔 것은 아니며, 창의성 개발은 위와 같은 학문 통합적 수업의 최후 목표라는 의미로 설명하고 있다는 것을 참고할 필요가 있다.).

그렇다면 위에서 제시한 다학문(multi-disciplinary)혹은 간학문(inter-disciplinary)적인 통합은 구체적으로 어떻게 이루어지는가? 이를 확인하기 위해 학문간 통합에 대한 가장 대표적인 이론인 Fogarty(1991)의 통합 교육과정(Integrated curriculum)을 살펴보자. Fogarty의 모형은 통합 교육과정 개발의 교과 통합 유형을 크게 단일 교과 내의 유형, 여러 교과 간의 연계를 통한 유형, 학습자 내부 및 학습자 간의 연계를 통한 유형의 셋으로 구분하였다. 이를 다시 단일 교과 내의 유형은 다시 분절형(Fragmented), 연관형(Connected), 둥지형(Nested) 셋으로 구분하였고, 여러 교과 간의 관계 유형은 병렬형(Sequenced), 공유형(shared), 거미줄형(Webbed), 실로꿴형(Threaded), 통합형(Integrated)의 다섯 유형으로 구분하였다. 마지막으로 학습자 내 및 학습자 간의 관계 유형은 몰입형(Immersed)과 네트워크형(Networked)의 두 유형으로 구분하였다.

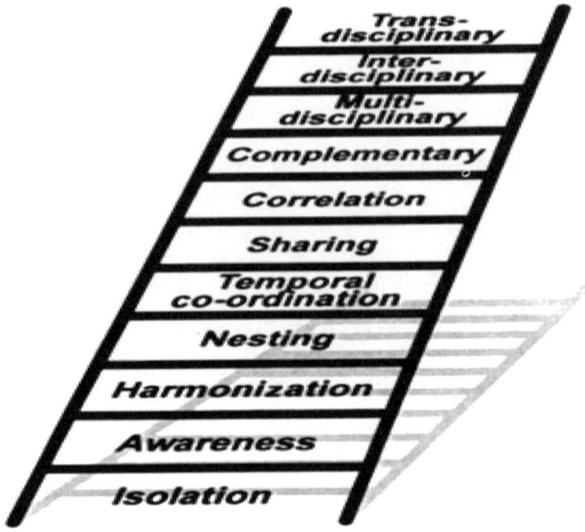

그림 3-2. 통합의 열 가지 모형(Forgaty, 1991)

위 유형들 중 융합 교육과정의 측면에서 중요한 '여러 교과 간의 연계를 통한 유형' 다섯 가지에 대해 자세히 살펴보자.

첫째, 병렬형(sequenced model)은 여러 교과에서 다루는 주제의 순서를 재배열함으로써 관련된 주제들을 병렬적으로 이어서 가르치는 유형이다. 이 방법은 교육과정 통합의 초기 단계에서 쉽게 사용될 수 있으며, 서로 다른 교과의 학습을 서로 자극할 수 있다. 이를 위해 교사들은 자신이 담당한 교과 내용들 중 융합과 관련된 내용을 찾아 다른 과목들과 비슷한 시기에 가르칠 수 있도록 순서를 조정하여 운영하는 것이므로, 아직 충분히 내용적 융합이 이루어지지 않은 상태이다. 이 모형의 장점은 학생들이 자연스럽게 관련 내용을 비교하여 학습할 수 있고, 하나의 내용에 대해 관련 과목으로의 일반화나 전이가 용이하다는 것이다. 반면 이 모형의 단점은 교사들이 교과 내용의 순서를 결정함에 있어 다른 교사들의 진도와 인위적으로 맞추어야 한다는 것이다.

둘째, 공유형(shared model)은 교과별 수업의 내용이 서로 유사하거나 동일할 때 그 공유하는 요소로부터 공통 개념을 찾아내는 것으로, 그렇게 공유할 수 있는 부분으로는 수업의 핵심 개념이나 아이디어, 기능, 주제 등이 있다. 공유형의 장점은 보다 광역화된 교과 통합 모델의 기초 단계로 활용될 수 있다는 것이고, 단점은 이 모형을 운영하기 위해선 융합 관련 과목의 교사들 간에 공유 개념이나 주제에 대한 합의가 필수적이라는 것이다.

셋째, 거미줄형(webbed model)은 특정 주제와 관련한 내용을 교과에서 추출하여 통합하는 주제 중심 통합 접근이다. 이 모형의 장점은 학생들로부터 흥미를 유발시키는 주제를 선정함으로써 학습 동기를 높일 수 있다는 점과 경험이 부족한 교사들의 활용과 교사들 간의 협력이 쉽다는 점이다. 단점은 주제 선정을 잘 하는 것이 생각보다 쉽지 않다는 점인데, 각 학문이나 교과의 특성을 살리면서도 과목들 간의 관련성을 부각시키고 수업의 목표에 부합하는 주제를 선정하지 못하면 통합의 목적을 살리기 어렵다는 것이다.

넷째, 연계형(threaded model) 모형은 여러 학문이나 교과 내용을 가로지르는 메타 교육과정을 목표로 한 통합으로써 이를 통해 학생들의 사고, 사회성, 다면적 발달, 그리고 학습을 촉진하고자 하는 모형이다. 예를 들어, 사고 기능 중 '분석'을 선택하여 과학에서의 분류, 사회과에서의 비교나 대조, 국어과에서의 속성 분석, 수학에서 수열 등과 관련지어 통합 단원을 구성하는 방식이다. 이 모형의 장점은 교과 내용을 초월하는 사고나 학습의 기술과 전략을 알고 통제하는 메타적 접근에 있다. 교사는 학생들이 자신의 학습에 대한 메타 인지적 인식을 갖도록 함으로써 학생들로 하여금 학습하는 내용에 대한 이해와 다른 학습으로의 전이를 촉진하는 것이다. 그러므로 교과들마다 전이력이 높은 사고 기능의 습득에 더 초점을 맞추게 된다. 단점으로는 여러 교과 내용을 관통하는 메타 교육과정을 만들어내기 위해서는 참여하는 모든 교사들의 협의에 의해 적절한 사고 기능이나 학습 전략을 산출해내야 하고, 학생들은 단순히 내용을 학습하기 보다는 그러한 전략들에 집중하는 것이 생소하기 때문에 새로운 수업 방식에 대한 적응과 소기의 학습 성과를 거두는데 많은 시간과 노력이 소요된다는 것이다.

2) 융합 교육과정을 위한 수업 방식

창의적 융합 교육을 위한 교수 학습 방법으로는 여러 가지가 있다. 그 중 융합 수업에서 효과적으로 활용될 수 있는 대표적인 학습법을 몇 가지 소개해보기로 한다.

가. 협동(collaborative) 학습

협동 학습은 주로 팀 프로젝트를 기반으로 진행된다. 구성주의 교수 이론의 관점에서 본다면 학생이 지식을 구성하고 검증할 수 있는 가장 효과적인 학습 방법이 될 수 있다. 협동 학습의 장점은 학습자에게 타인을 배려하는 태도를 길러 주거나, 문제를 해결하거나 의사 결정하는 능력을 길러 줄 수 있다는 것이다. 단점은 구성원들이 이질적이기 때문에 학습 능력이나 선수 학습 정도가 달라서 집단 내 분쟁이 일어날 수 있다는 것이다. 또한 개별적 책무성에 대한 기준이 애매한 경우 학습의 과정에서 무임승차하는 학습자(free rider)가 생겨날 수 있다는 것이다. 협동 학습의 유형으로는 팀 토너먼트식 게임법, 직소우 학습법, 도우미 학습, 그룹 조사, 팀 성취에 따른 분배 보상 기법 등이 있다. 협동 학습은 학생들마다 교과별로 관심이 있거나 자신이 있는 과목을 지정하여 교과별 혹은 학생별 융합 수업으로 계획할 수도 있고, 학생들의 학습 능력이나 선수 학습 수준에 따라 역할을 분담하여 융합적 주제를 중심으로 프로젝트 학습을 구상할 수도 있다.

나. 토론(discussion) 학습

토론법은 학습의 목적을 달성하기 위하여 학습자가 자신의 의견을 제시하고 다른 사람의 의견을 받아들이는 상호작용 속에서 합의점을 찾고 문제를 해결해가는 방법이다. 토론법은 비판적 사고를 촉진하고, 민주적으로 의사 결정하는 훈련을 할 수 있으며, 핵심 쟁점들을 논의하고, 상대방의 의견을 경청하면서, 자신의 생각을 심화하거나 보완할 수 있는 태도를 학습하는 데 용이하다. 토론 학습의 종류에는 소집단 토의, 원탁 토론, 공개 토론, 배심 토론, 단상 토론, 버즈buzz 토론 등이 있다. 융합 수업을 위해서는 토론의 주제를 잘 선정하는 것이 중요하다. 특히 환경오염(미세먼지), 에너지(원자력 발전소), 생태계 파괴, 정의(justice), 인권(다문화, 위안부), 정치적 이슈 등과 같은 통합적 주제나 학문 간의 영역을 관통할 수 있는 아이디어, 개념, 주제, 사건 등을 적절히 선정해야 할 것이다.

다. 발견 · 탐구(discovery · exploration) 학습

발견 · 탐구 학습은 개념과 원리를 습득하는 지적인 과정을 통하여 학습자 스스로가 지적인 내면 과정을 형성하고 새로운 지식과 기술을 연마

해가는 방법이다. 탐구 학습의 특징은 창의력과 같이 상위 수준의 지적 능력을 개발할 수 있다는 것과 학습 과정을 주도적으로 진행하면서 긍정적인 자아 개념을 형성할 수 있다는 것이다. 발견 · 탐구 학습의 장점은 지식 획득 과정에 주체적 참여, 사회적 의사소통 능력 향상, 지적 능력 개발과 합리적이고 비판적인 사고 배양, 스스로 발견한 것에 대한 기억 용이, 자기 주도 학습력 제고, 학습 성과에 대한 책임감을 높일 수 있다는 것이다. 특히 발견 · 탐구 학습의 장점은 융합 교육의 차원에서 볼 때, 창의성과 더불어 계획하고 조직하며 판단하는 것과 같은 상위 수준의 지적 능력을 계발하는데 용이하다는 것이다. 그리고 기존의 암기식 학습에서 탈피하여 다양한 지식 영역에 대한 이해를 바탕으로 과학적 탐구 능력을 기르고, 장기적인 학습 태도의 형성에 크게 기여한다는 것이다. 반면 발견 · 탐구 학습의 단점은 단순한 개념을 많이 전달하는 데는 비효율적이고, 학습에 비교적 많은 시간이 소요되어 학습의 효율성이 낮을 수 있다는 것이다. 또한 모든 학습 상황에 적용하기 쉽지 않고, 타당도와 신뢰도가 높은 탐구 능력의 평가 방법을 개발하기 어렵다는 것이다. 그러나 특정 학습자(예, 직관적이고 창의적인 학습자)에게는 보다 적절한 학습 방법이라고 할 수 있다.

라. 구안(project) 학습

구안 학습은 교사의 지도와 더불어 학생이 일상생활에서 가치 있는 문제를 선정해서 그것을 해결하는 학습 방법으로, 직업 교육에서 널리 활용되는 교수 학습 방법이다. 구안(project)의 개념은 '생각한다', '구상한다', '묘사한다' 등의 의미로 사용되며, 구안 학습법의 목적에 따라 네 가지 유형이 있다. 구성 구안법(construction project)은 학생으로 하여금 계획, 구성, 실현을 경험하도록 하는 학습이고, 향락 구안법(enjoyment project)은 기쁨이나 즐거움을 목적으로 하는 학습이다. 문제 구안법(problem project)은 문제 해결을 목적으로 하는 것이며, 마지막으로 학습 구안법(learning project)은 일정한 지식, 기능을 습득하기 위한 학습을 목표로 하고 있다.

마. 문제 중심(problem based) 학습

문제 중심 학습은 실제적이면서도 비구조화된 학습 문제를 설정하여 이를 학생들의 자기 주도성과 팀 속에서 협동 학습의 전략을 바탕으로 학습을 진행하는 것을 가리킨다. 문제 중심 학습의 장점은 인지적 불일치로 인한 계속적인 학습이 가능하고, 실세계의 시나리오와의 관련성이 크며, 학습자의 비판적 사고를 위한 기회를 제공해줄 수 있다는 것이다. 또한 학습자의 전이와 회상을 증진시킬 수 있는 실세계의 실제성을 경험하게 해주며, 학습 주제에 대한 본질적인 흥미와 자기 조절 학습 능력을 향상시킬 수 있다는 점이다. 문제 중심 학습의 단점으로는 학생들에게 필요한 자료 획득에 대한 대안이 있어야만 하고, 자료를 찾는 데 많은 시간이 필요하다는 것이다. 그리고 문제와 관련된 주변 자료를 탐색하는 능력이 학습자에게 없다면 효과가 미미할 수 있으며, 문제의 배경에 관한 정확한 정보를 적절한 수준으로 제공해 줄 수 있는 촉진자(교사)가 필요하다는 것이다.

문제 중심 학습의 설계 원리는 환경의 복잡성을 반영한 과제와 학습 환경을 설계하고, 학습자의 사고력을 촉진하면서 대안적 관점과 맥락에 대한 실험 정신을 자극하며, 학습 내용과 학습 활동을 위한 기회를 제공하여 반성적 사고를 지원한다는 것이다. 그러한 점에서 문제 중심 학습은 융합 교육과정의 효과를 증진시키기 위한 좋은 교수 학습 방법이 될 수 있다.

바. 자원 기반(resource based) 학습

자원 기반 학습은 특별히 설계된 학습 자원과 상호작용적인 매체와 공학 기술을 통합함으로써, 대량 교육 상황에서 학습자 중심의 학습을 증진하기 위한 일련의 통합된 전략이다. 이때 매체의 활용은 대표적으로 과제 제시의 단계, 자료 생성의 단계, 그리고 자료 공유의 단계에서 활용될 수 있다. 자원 기반 학습의 설계 원리는 학습자들이 경험하게 될 교수 학습 활동을 계획하고 조직할 때 자원, 학습 경험, 대상, 과제 결과의 발표 유형 등 네 가지 변인을 중심으로 다차원적인 설계가 이루어져야 한다는 것이다. 자원 기반 학습은 융합 교육과정에서 내용 자체보다는 융합 수업이 이루어지는 과정의 매체와 자원을 어떻게 활용하느냐의 문제와 관련된다. 활용되는 매체의 종류에는 문학 작품이나 교재 또는 드라마, 신문, 뉴스, 기타 영상 매체 등이 포함될 수 있으며, 최근의 다양한 스마트 기기나 휴대용 컴퓨터를 활용한 online/offline 스마트 학습도 모두 여기에 포함될 수 있다.

사. 자기 주도(self-directed) 학습

자기 주도 학습은 1980년대 말 터프Tough A.에 의해서 제안되었다. 그는 성인들이 그들의 학습 과제를 할 때, 스스로 학습 과제에 대한 계획을 세우고 자기 계획에 의해 학습을 수행하는 자기 계획 학습(self planned learning)의 개념을 제시하였다. 자기 주도 학습은 진보주의, 인본주의, 행동주의, 그리고 비판적 사고 등의 이론을 바탕으로 하고 있으며, 그 특징은 학습 기회에 대한 개방성, 효율적인 학습자로서의 자아 개념, 기본적 학습 방법과 문제 해결 능력, 학습에 있어서의 주도성 및 독립성, 학습에 대한 책임감을 훈련시킬 수 있다는 것이다. 이 자기 주도 학습은 교수 학습 방법이라기보다는 융합 교육을 위해서 매우 중요한 역할을 하는 학습 태도나 학습 전략이라고 볼 수 있다.

이외에도 융합 수업을 위한 교수 학습 전략으로 게임 학습, 역할(역할놀이/연극)학습, 시뮬레이션 학습, 사례 연구, 지역 기반 학습, 그리고 집단 지성 학습이 활용될 수 있을 것이다.

3) 융합 교육과정의 설계

창의 융합 교육과정의 설계를 위해서는 여러 가지 단계적 절차가 필요하다.

첫째, 창의 융합 교육과정의 목표 설정의 단계이다. 이 단계에서는 융합 교육과정을 통해 달성하고자 하는 교육의 목표와 그에 맞게 어떤 교과들을 융합할 것인지를 결정해야 한다. 그리고 이 목표에 맞게 관련 교과나 학년 담당 교사들과의 협의를 해야 한다.

둘째, 융합 교육목표에 맞추어 통합의 범위(scope)와 수준(level)을 결정해야 한다. 이 범위나 수준에 따라 융합 수업의 적절한 모듈이나 단계(phase)를 작성하는 것이다. 예를 들어, 초등 사회 영역에서 지리, 일반사회, 역사 교과를 융합하는 경우(역사 중 선사 시대와 삼국 시대)나, 초등과학 교과에서 물질과 에너지 영역을 융합하는 경우에 학습 단원의 계열에 따라(3-1) 1. 우리 생활과 물질(4-2) 3. 열 전달과 우리 생활(6-2) 3. 에너지와 도구와 같은 방식으로 계열화될 수 있다. 융합으로 설계된 수업에 대한 수업 시기를 조절하기 위해 교육과정을 재구성할 수 있는데, 교육과정 재구성에는 다음과 같은 방식들이 있다.

a. 교과 내 연계를 통한 교육과정 재구성

예) 3학년 영어 - What's this/that? It's a pencil case. What color is it? It's blue.

b. 교과 간 연계를 통한 교육과정 재구성

예)사회 : 선사시대 사람들(빗살무늬 토기) & 미술 : 손으로 만드는 즐거움

사회 : 발해의 건국과 발전 & 국어 : 토의(일본의 역사 왜곡 대처 방안)

과학 : 고체의 열 전달(뚝배기) & 수학 : 꺾은선 그래프 - Nesting 기법

c. 프로젝트 학습을 위한 교육과정을 재구성

예) 환경 - 사회 : 환경과 조화를 이루는 국토

국어 : 토의의 절차와 방법 + 미술 : 공익 광고 만들기

셋째, 융합된 교과 내부적으로는 지식들 간의 수직적(vertical) 통합과 수평적(horizontal) 통합을 동시에 고려해야 한다. 이러한 통합에 포함되는 요소에는 학습 성과(Learning outcomes), 학습 내용(Contents), 학습 내용과 학습 성과 사이의 관계, 토픽의 순서, 토픽별 교수 학습 방법, 토픽별 학습 내용과 학습 성과와의 관계, 평가(Assessment) 방법이 있다.

넷째, 각 수업 주제(lesson)에 대해 학습 목표(objectives)를 설정해야 한다(예 : 소변 생성 과정에 대해 설명할 수 있다. / 사구체의 그림을 그리고 명칭을 적을 수 있다). 이 목표를 설정하는 방식에는 학습 성과(learning outcomes), 학습 표준 혹은 성취 기준(standards), 평가 준거(criteria)를 고려하고, 일반적/구체적 내용이냐에 따라 지식, 기술, 태도를 설정한다.

다섯째, 앞서 설정한 학습성과(learning outcome)(목표)에 따라 교육 내용(knowledge, skills and attitude)을 선정하고, 동시에 그에 따른 주제(themes)를 설정해야 한다. 이때 교사의 역할은 서로 다른 학문 영역들을 어떻게 의미있게 연결시킬 것인가를 고민해야 하고, 학생들은 현재 배우는 내용이 다음에 실제로 어떻게 활용될 수 있는지 관련성을 이해함으로써, 서로 다른 과목들 간의 관련성에 대해 보다 큰 그림을 그릴 수 있어야 한다.

여섯째, 계획된 융합 수업을 체계적으로 운영하기 위한 총괄적인 수업시간표를 작성해야 한다. 주제는 토픽topic의 흐름에 따라 순서화시키되, 기존에 배운 내용들을 바탕으로 한다. 토픽에 따라 가장 적합한 교수 학습 방법(강의, 조별 학습, 개별 학습, 통합 수업 joint session, 토론회)을 선택해야 한다. 수업 시간의 배분의 경우, 강의는 질문 시간 포함 1시간 이내로 제한하고, 학생 중심의 교수 학습 활동에 충분한 시간을 할애하며, 수업 일정의 20-30%는 자율 학습 시간으로 배정한다. 아울러 수업 관련 모든 정보들(교수 학습 유형, topic, 교수 학습 방법, 강의자 이름, 수업 장소 etc.)을 제공하는 시간표를 미리 학생들에게 안내한다.

일곱째, 통합 수업을 기준으로 한 수업에 대한 평가 방법(assessment methods)을 계획한다. 이 평가에는 통합 수업과 관련된 교과의 모든 교사들이 평가에 참여할 수 있도록 한다. 평가 방법으로는 에세이, 문제해결 기반 질문, 정답이 있는 질문, 객관적으로 구조화된 진단적 검사(objective structured clinical examination), 객관적으로 구조화된 실행적 검사(objective structured practical examination) 등이 있다.

여덟째, 설계된 교육과정을 담당 교사 및 학생들과 공유하고, 필요에 따라 재평가하고 수정해야 한다. 각 수업 모듈의 초반부에는 학생들에게 수업 구성 방식이나 진행 방식을 안내한다. 학생들과 정기적으로 의사소통의 기회를 갖고, 수업 방식에 대해 학생 및 외부 피드백을 받거나 재평가를 통해 수업을 수정할 수 있도록 한다. 이러한 과정을 교육과정 위원회의 검토를 거쳐서 향후 교육과정 개정에 반영할 수 있도록 한다.

앞서 소개한 바와 같이, 우리나라의 STEAM 교육은 과학 교육의 신장에 분명한 구심점을 두고 있다. 문제는 이렇게 기존 과학 기술 영역의 지식을 통합하여 고차원적으로 사고하는 창의적인 인재를 육성하는 것을 목표로 하면서도, 예술적 감수성, 직관력, 상상력, 타인에 대한 배려와 이해, 타인과 커뮤니케이션을 도모해 조화를 이루는 인재의 육성을 강조한다는 것이 그리 쉽지는 않다는 것이다. 더구나 융합 교육의 취지나 목표가 반드시 과학 교육의 목적과 접근법에 지향점을 두고 있는 것은 아니다. 그런 의미에서 본고는 STEAM 교육 차원의 융합 교육에서 벗어나 보다 포괄적인 학문의 통합으로써 융합 교육의 접근법을 논의하고자 한다.

02

다문화 융합 교육

1) 다문화와 융합 교육의 만남

다문화 교육은 다양한 인종적, 문화적, 정치적, 사회 경제적 배경을 가진 사람들이 어떻게 한 사회 내에서 보다 정의롭고 민주적으로 공존하며 살아갈 수 있는가를 비판적으로 고찰하고, 이를 위한 지식과 학교교육의 역할을 바탕으로 교육의 내용과 방법을 구상하는 교육이다(Banks, 2007). 아울러 다문화 교육은 지식 자체의 습득이 목적이 아니라, 인류의 경험과 지적 자산이 사회의 발전과 공동체 속에서 다양한 사람들이 공존하도록 도움이 되는 교육적 실천을 목표로 하는 것이다. 따라서 다문화 교육은 인문학(철학, 언어, 예체능 관련 교과)이나 사회과학 관련 교과(정치, 경제, 사회, 윤리 교과 등)뿐 아니라 자연과학의 모든 교과에도 다양한 민족 집단, 문화, 역사, 사회 등의 관점들을 반영하여 그러한 지식이 어떻게 공동체의 발전에 기여할 수 있는가를 고민하는 것이다. 그런 차원에서 생태적 지식관이 융합적 지식을 대표한다면, 생태적 문화관이 다문화적 지식을 대표하는 것이다. 이러한 융합 지식과 다문화 교육의 만남은 미래 교육의 방향에 가장 중요한 구심점이 될 것이다. 이에 따라 교육적 실천도 교육의 철학(가치론 및 존재론적 성찰), 통합적 지식관(인식론적 성찰),

그리고 교수 방법론(실용성, 효과성, 타당성 등의 합리주의적 성찰) 등의 스펙트럼을 융합 지식과 다문화적 교육의 차원으로 확대할 필요가 있을 것이다.

지식의 융합과 다문화 교육의 만남을 위해 가장 우선되어야 할 분야가 바로 다문화 과학 교육이다. 본 절에서는 이러한 다문화 과학 교육의 접근 방식을 세 가지 측면에서 논의하고자 한다.

첫째, 과학을 가르친다는 것은 우리가 가진 사고의 틀을 깨뜨리는 이중적 과정을 포함한다. 하나는 기존의 '비과학적' 시각으로 자연현상이나 사회 현상을 바라보던 시각에서 벗어나는 것이고, 다른 하나는 그러한 '과학'이 가질 수 있는 신화를 깨는 것이다. 과학이 가질 수 있는 신화란 과학 자체의 문제라기보다는 과학에서 파생하는 문제로, '과학 만능주의(scientism)', '엘리트주의(eliticism)', '환원주의(reductionism)' 등을 들 수 있다. 과학 만능주의는 과학적 접근, 실증주의적 연구 방법만이 진리를 파악할 수 있는 유일한 학문적 접근이라는 생각과 과학 및 기술 공학의 발전의 정도에 따라 인류가 안고 있는 미래의 모든 문제가 해결될 수 있다고 믿는 입장이다(Sorell, 1994). 엘리트주의란 뛰어난 재능을 가진 소수가 인류의 여러 문제들을 극복해내는 탁월한 발명과 발견을 해내고, 그들의 기여에 따라 사회와 문명이 발전해나간다고 보는 입장이며, 환원주의란 전체는 부분의 합이므로 전체를 파악하기 위해서는 그 세부 요소를 부분적으로 탐구하고, 그 탐구 방법으로 인과성에 대한 탐색에 크게 의존하려는 사고이다(Jones, 2013). 환원주의에 의해 과학에 대한 편협한 이해가 시작되었고[1], 엘리트주의로 인해 과학에 대한 대중적

1) 과학의 환원주의적 설명은 수준 내(intra-level) 환원의 문제에만 초점을 맞추고 있고, 차원과 맥

접근이 차단되었으며, 과학 만능주의로 인해 과학의 역할 즉, 그 기능과 한계에 대한 그릇된 인식이 자리잡게 되었다. 요컨대, 과학 교육이나 과학적 훈련의 올바른 방향은 일상의 시각에서 과학적 시각에 대한 훈련을 거친 다음, 다시 과학의 틀에 안주하지 않고 일상적 세계로 돌아오는 과정을 모두 포함하는 것이어야 한다.

둘째, 과학 교육은 과학의 개념과 사고방식 즉, 과학의 언어를 배우는 것이며, 과학자나 과학 교사들은 과학의 언어를 배우고 그것을 바탕으로 연구하며 가르치는 사람들이다. 그런데 과학적 언어를 배우고 과학적 사고를 훈련하는 것은 모국어의 습득 및 활용 능력과 밀접하게 관련되어 있어서, 많은 언어 전문가들은 학생들이 외국어(예, 영어)를 배울 때조차도 자신의 모국어를 수단으로 해서 배울 때 훨씬 더 잘 배울 수 있다고 주장한다(Cummins, 1986; Hakuta, 1986; Walsh, 1991). 이처럼 학생들의 일상생활에서의 언어를 기반으로 한 직접적 경험이 과학적 개념을 이해하기에 효과적인 방식이므로, 과학을 배우는 교실은 학생들이 그들의 모국어를 자유롭게 활용할 수 있는 기회가 풍부하게 주어지는 교실이어야 한다. 그래야만 학생들은 주변의 사물과 세상에 대해서 의미를 파악하려는 지적 모험을 시도할 수 있는 것이다.

셋째, 과학을 가르친다는 것은 과학의 언어로 소통하는 사람들의 공동체(즉, 과학 학문의 공동체나 과학 교육의 공동체)에 이미 속해 있는 과학자나 과학 교사들이 그렇지 못한 학생들을 바로 그러한 공동체 속에 참여

락을 달리하는 수준 간(inter-level) 환원의 문제를 설명할 수 있는 논리적, 경험적 근거가 박약하다. 환원주의를 강조하는 과학자들도 이 점에 대해 수정 모델(New Wave Model)을 제시하여 보완하고자 하였지만, 아직까지 많은 공감을 얻어내지 못하고 있다(Eronen, 2008).

시키는 것이다. 그러므로 과학을 가르친다는 것은 일종의 과학의 공동체에 참여시키는 사회적 과정이 되는 것이다.

학문의 탐구나 학문의 체계화 자체가 바로 이러한 과학의 공동체와 같은 지적 공동체에 의해 이루어진다. 대학의 탄생은 학자들의 학문적 교류(fellowships)에서 시작되었으며, 학회(conference), 학위 수여, 동료 간 논문 심사(peer-reviewing), 교수직(professorship) 등과 같은 대부분의 용어는 바로 그러한 학문 탐구의 공동체적 성격에 기반한 것이다. 최근에는 인류의 지적 성취가 소수의 엘리트들에 의해서만 이루어지는 것이 아니라는 것을 깨닫기 시작하면서, 공동체적 지능의 중요성을 주목하기 시작한 것이 바로 집단 지능(collective intelligence)에 대한 연구이다(Surowiecki, 2004; Reingold, 2002). 실제로 최근에는 지식의 복잡성과 과학 연구의 세분화 및 전문화가 크게 증대됨에 따라, 대부분의 첨단 분야의 연구 성과는 개인에 의한 것이 아니라 집단적 노력에 의해 이루어지고 있는 실정이다(Simonton, 2013). 따라서 이제는 과학 교육도 독립적 연구자로서의 훈련보다는 협동적 연구자로서의 훈련이 더욱 요구되고 있다.

2) 다문화적 과학 교육의 관점

지금까지의 과학 수업에서는 학생들이 과학을 배운다는 것이 유럽 중심(Eurocentric), 인류 중심(Anthropocentric)의 우주관과 인식론의 방식에 동화되는 것을 의미했다. 인류 중심 주의란 자연환경이 인간을 위해 존재한다고 믿으며, 자연을 개발과 이용의 대상으로만 바라보는 것이다. 이에 기반한 과학관은 이미 그 효용성을 상실했으며, 자연과 인간, 그리고 환경에 대한 대안적 가치와 접근이 요구되고 있다(Boddice, 2011).

따라서 다문화 과학 교실에서도 자연관은 유럽 중심 및 인류 중심주의로부터 탈피하고, 문화적 동화(acculturation : 대체적 접근)가 아닌 문화적 적응(accommodating : 보완적 접근)에 기반한 교수 학습 방식이 요구되고 있다(Lambert, 1975). 동화의 과정에서는 자신의 기존 문화의 상실이 일어나는 반면, 적응의 과정은 자신의 문화적 유산을 유지한 채 새로운 문화들과의 소통을 통해 복합적인 문화 환경에서 보다 잘 기능하는 것을 목표로 한다. 이를 위해서는 무엇보다도 학생들이 자신의 언어와 문화에 대한 긍정적 정체성을 가질 수 있도록 가정, 학교 및 사회에서 다문화에 대한 긍정적인 환경이 마련되어야 한다.

과학 및 과학 교육과 관련한 개념들이 특정 문화적 관점만을 바탕으로 이루어진다면, 다문화 교실의 모든 학생들의 삶 경험에 직접적으로 연관 지을 수 없다. 그렇다면, 과학 수업을 역사적, 사회적, 다문화적 맥락에서 구성할 수 있는 주요 방략은 무엇일까?

첫째, 가장 쉽게 접근할 수 있는 방법은 과학 교육과정을 비서구 문화에서의 과학적 진보 사례들에 관련시켜서 개발하거나, 서로 다른 문화 속에서의 과학 지식을 비교하는 방법이 있다. 다문화 가정의 학생들은 현재 새로운 사회로 이주해왔지만 그들의 토착적 문화적 전통과 완전히 단절된 상태가 아니므로, 그들의 문화적 전통과 긴밀히 연결된 지식을 탐구할 기회가 주어져야 한다. 여기서 주의할 점은 다문화 교육을 수업에서 구현하는 과정에서 단지 세계의 문화적 행사나 관습 등을 소개하여 소수민의 문화를 알려주는 수준에 머물러서는 안되며, 학생들이 자문화 중심주의에서 벗어나 문화 상대주의적 시각과 그에 바탕을 둔 과학적 세계관을 배울 수 있어야 한다는 것이다.

둘째, 다양한 문화적 배경을 가진 학생들이 모두 즐겁고 효과적으로 배울 수 있는 과학 수업의 환경을 조성하는 것이다. 사실 과학 교사들이 가장 어려워하는 부분이 학생들이 가진 다양한 문화, 언어, 그리고 다문화적 맥락에서 오는 지식과 경험을 활용하여 학습을 고무하는 일이다. 다문화 교실의 복잡성과 과학적 개념 및 훈련의 엄밀성을 동시에 고려하여 수업을 진행하는 것이 쉽지는 않다. 그러나 학습이란 의미를 만들어 내는 과정이고 그 과학적 사고 과정이 문화로부터 크게 영향을 받는다는 사실을 상기한다면, 이는 과학 교사로서 도전해볼만한 환경이다. 즉, 학생들로 하여금 과학적 현상으로부터 다양하고 다감각적인 경험을 통해 의미를 창조할 수 있게 한다면, 그것은 과학 교육의 중요한 접근 방식이 될 것이다.

마지막으로, 학생들의 다양한 관점들이 교수 학습 차원에서뿐만 아니라 학교 문화 전체 차원에서 활동의 기반이 되도록 하는 것이 필요하다. 그 방법론으로는 학생들의 문화를 존중하고, 그들에 대해 높은 기대감을 유지하며, 부모의 참여를 장려하고, 그들의 언어로 학습할 수 있는 기회를 제공하거나 주류 언어의 수준을 구별한 수업 기회를 제공하는 등의 노력이 필요하다(Lucas, Henze, & Donato, 1990).

3) 다문화적 과학 지식

다문화적 과학 지식이 어떠한 내용을 포함할 것인가를 이해하기 위해서는 우선 과학에 대한 기존의 편협한 관점에서 탈피할 필요가 있다. 20세기 중반까지만 해도 과학의 발전은 생물학과 화학의 분리, 물리학과 지구과학의 분리로 대표되는 분과적 접근을 통해서 이루어져 왔다. 하지만 21세기에 접어선 오늘날 과학에 대한 통합적 접근, 신과학(new science) 및 복잡성 이론의 출현, 정보통신 기술의 발전, 그리고 바이오공학의 발전 등으로 인해, 전통적 과학의 학문 구분에서 완전히 벗어나 과학에 대한 융합적이고 통합적 관점이 필수가 되었다. 아울러 이러한 과학에 대한 통합적 접근은 문화적 지식의 도움을 받지 않을 수 없게 되었고, 그렇게 관심을 얻게 된 것이 최근의 융합적 과학 기술 연구이다(Klein, 2010; Robinson, 2010; Root-Bernstein & Root-Bernstein, 1999). 이를 정리해보면 다음 [그림 3-3]과 같다(박휴용, 2014).

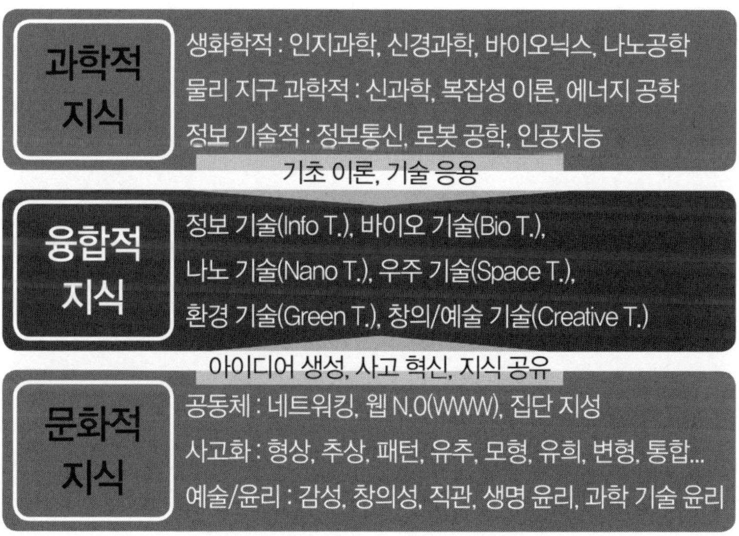

그림 3-3. 과학적 지식과 문화적 지식의 융합

요컨대, 위와 같은 오늘날 최첨단의 융합적 기술의 탄생은 외면적으로 과학적 지식이나 기술만을 바탕으로 만들어진 것으로 보이지만, 그 내면

에는 집단 지성과 같은 지식 생성과 공유 차원에서의 집단성, 다양한 사고화 방식의 기초가 되는 문화의 영향력, 창의성의 원동력이 되는 예술적 감성 및 윤리적 태도 등의 문화적 지식을 기반으로 하고 있다. 이러한 문화적 지식에서 아이디어가 생성되고, 혁신적 사고가 창출되며, 지식이 공유됨으로써 다양한 융합적 기술들이 만들어질 수 있는 것이다. 특히 오늘날과 같은 지구촌 세계화와 다문화된 사회 환경을 바탕으로 소통, 공유, 개방화가 강조되는 상황 속에서 문화적 지식에 대한 이해는 다문화적 맥락을 기반으로 한 다문화적 지식의 차원에서 파악할 필요가 있다. 결국 과학 교육도 다문화적 이해, 문화적 지식, 융합적 사고를 바탕으로 이루어져야 하고, 그것이 궁극적으로 미래 사회가 요구하는 과학인재의 기본 소양이 되어야 하는 것이다.

03

창의 융합 교육(STEAM)

창의 융합 교육과정은 일반적으로 지식에 대한 융합적 접근을 바탕으로 사회가 미래의 인재들에게 기대하는 창의력이나 창의적 역량을 기를 수 있는 교육과정을 말한다. 창의 융합 교육과정의 대표적인 사례인 STEAM 교육을 중심으로 창의적 융합 교육에 대해 살펴보기로 하자(김정효, 2013).

1) STEAM 이론

가. 개요

최근 교육 현장에서 많은 지지를 받고 있는 STEAM (Science, Technology, Engineering, Arts, Mathematics) 교육은 교과 간 통합 수업을 통해 단위 교과 중심의 분절적 사고를 극복하고, 학습자들의 경험세계와 연동될 수 있는 통합적 사고 과정과 창의적이고 합리적 문제 해결 방안을 경험할 수 있는 교육 방안으로 새롭게 제안되고 있다(박혜원 · 신영준, 2012). STEAM은 과학(S), 기술(T), 공학(E), 수학(M) 교과 지식 간의 융합적 접근에 더하여 예술 분야(A)의 접근까지를 아우르는 연구 및 교육적 시도를 일컫는 용어이다. 여기서 예술 분야란 음악, 미술, 체육, 문학 등의 영역뿐만 아니라, 역사, 심리학 등과 같은 사회과학의 지식 분야를 모두 포괄하는 의미로 사용되고 있다.

STEAM의 출발은 이러한 예술 영역이 접목되기 전인 STEM의 개념에서부터 시작되어, 관련 연구들이 2000년 경부터 Journal of STEM Education을 중심으로 발표되기 시작하면서부터다. 초기의 논문들은 대부분 통합적인 접근보다는 각 교과에 과학, 기술, 공학, 그리고 수학 교과의 지식을 상호 접목하는 방식에 대한 연구가 주로 이루어졌다. 그리고 비로소 Yakman(2007)이나 Sanders(2011) 등에 의해 STEM 교육의 필요성과 통합적 STEM 교육의 구성 방법 및 프로그램 개발에 대한 이론적 토대가 정립되었다. Yakman(2007)에게 있어 과학과 예술의 융합은 '궁극적으로는 학생들의 과학 기술에 대한 흥미를 제고하고, 과학 기술에 대한 지식과 기술을 신장시켜, 과학 기술 분야로 우수한 인재를 확보한다'는 과학 교육의 육성이 목적이었다.

나. STEAM의 내용 구성

STEAM 교육에는 다양한 교과들이 포함되고 있으며, Yakman(2007)이 구분한 STEAM 교육 세부 내용과 이에 대응되는 초 · 중학교의 관련 교과를 제시하면 다음 [표 3-1]과 같다(이광원, 2016).

표 3-1. STEAM 교육 세부 내용(이광원, 2016)

STEAM	세부 내용	관련 교과
Science	물리학, 화학, 생물학, 지구과학, 우주과학, 생화학, 생물공학, 의학 등	과학, 기술
Technology	기술의 본질, 기술과 사회, 설계, 정보통신, 에너지 등	기술, 과학
Engineering	항공 우주, 건축, 농업, 화학, 컴퓨터, 기계, 해양 등	기술, 공학
Arts	신체, 미술, 언어, 인문학, 사회학, 교육, 철학, 심리학, 역사 등	국어, 사회, 도덕, 음악, 미술, 체육 등
Mathematics	수 연산, 대수학, 기하학, 측정, 자료, 분석과 확률, 문제 해결, 추론 등	수학

한편, STEAM 수업의 구성을 위해 관련 내용이나 교과를 어떻게 연계시키고 융합할 것인가에 대한 방향 설정을 두 가지의 예를 통해 살펴보자.

첫째, 박현주(2012)는 S와 T의 통합과 제외를 기준으로 다음 [표 3-2]와 같이 네 가지의 유형에 따라 STEAM 수업을 구분하였다.

표 3-2. 네 가지 유형에 따른 STEAM 수업 구분(박현주, 2012)

유형	세부내용
유형 A	과학(S)와 기술(T) 포함하는 모든 분야 또는 내용
유형 B	과학(S)와 기술(T)을 동시에 포함하는 분야 또는 내용
유형 C	과학(S)와 기술(T), 공학(E), 예술(A), 수학(M)의 모든 내용이 서로 연관되어 제시된 STEM 분야 또는 내용
유형 D (확장형)	과학(S)과 기술(T)을 제외한 모든 분야의 내용을 유기적으로 통합하는 확장형

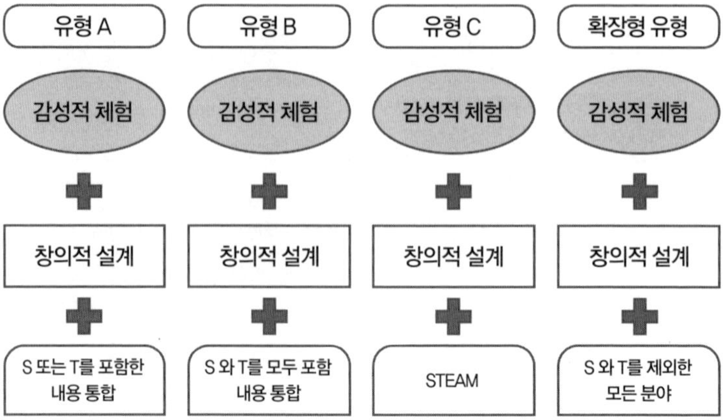

그림 3-4. 네 가지 유형에 따른 STEAM 수업 구분(박현주, 2012)

위 [그림 3-4]에서 보듯이 네 가지 유형은 모두 감성적 체험과 창의적 설계를 바탕으로 하되, 과학(S)과 기술(T)의 지식을 어떤 방식으로 활용하느냐에 따라 STEAM 교육의 유형이 달라질 수 있다는 것이다.

둘째, 이광원(2016)은 STEAM 수업 유형은 크게 교과 활용 수업과 교과 외 수업으로 나누었다. 우선, 교과 활용 수업은 다시 교과 내 수업과 교과 연계 수업으로 구분할 수 있다. 교과 내 수업은 하나의 중심 교과에 과학, 기술, 공학, 예술, 수학 요소를 연계하는 방안으로 전통적 교수 · 학습 활동에 융합적 요소를 추가, 변경하여 수업을 구성하고 운영하는 방식이다.

반면, 교과 연계 수업은 주제나 문제를 중심으로 연계 가능한 학습 주제를 교육과정 속에 펼쳐나가는 과정으로, 연계 교과나 융합 대상 교과목을 재구성하거나 재배치하여 교육과정을 재구성하는 과정이 필요하다. 교과 연계형의 경우 주제를 중심으로 여러 교과를 연계할 수 있다. 예를 들어, 환경 보호라는 주제를 다룰 때 환경 관련 교과 즉, 과학과의 생물 영역, 미술과의 환경포스터 만들기, 실과의 재활용 관련 내용, 수학과의 통계와 측정 영역 등을 연계하여 수업을 운영하거나 교육과정을 재구성할 수 있다.

마지막으로 교과 외 수업은 교육과정 외적 방법으로 창의적 체험 활동과의 연계 수업이다. 교과 연계형과 유사하게 주제 중심 교육과정을 재구성하거나 별도의 프로그램을 개발할 수 있다. 교과 외 활동의 경우 학교에서 이루어지고 있는 일회성, 행사성 활동을 교과와 연계함으로써, 교과 활동과 교과 외 활동의 연계성을 확장하고, 창의성과 인성과 같은 교과 내용을 통해 직접적으로 가르치기 어려운 교과 외 가치를 다룰 수 있는 장점이 있다. 하지만 교육과정과 별개로 이루어지는 특성으로 인해 구체적 수업의 목표와 주제 선정에 어려움이 있을 뿐 아니라 그 범위와 내용은 학교나 학급의 실정에 따라 상이하기에 보편적 프로그램으로 제안하기에는 많은 한계가 있다.

다. STEAM 교육과정의 설계

실제 융합 교육과정의 설계 방향을 STEAM 수업의 예를 들어 살펴보자. STEAM 설계의 방향은 기본적으로 문제 해결의 학습 과정에 중점을 둔 교과 횡단적인 학습 형태를 설계하는 방식이었다. 그리고 실제 수업 장면에서 어떻게 과제를 설정하고 문제를 탐구해 나갈지에 대한 적용 방식은 연구마다 다양한 방법들이 제안되어 왔다. 아울러 STEAM 교육 프로그램의 기본적인 학습 형태는 문제 해결 학습에 의한 교과 횡단적인 학습 설계이며, 이를 위해서 설정된 활동 준거들에 따라 학생 자신이 개별적으로 과제를 설정하여 단계적이고 순환적으로 학습해 나가는 구조로 이루어져있다. 이 단계적 학습 구조에는 여러 종류가 있다. 한 가지 예를 들면, 조향숙(2012)은 '상황의 제시', '창의적 설계', '감성적 체험'의 세 단계를 제시한 바 있다. 이 세 가지 단계적 학습 구조를 간단히 설명하면 다음 [표 3-3]과 같다.

표 3-3. 융합 수업의 단계적 학습 구조(사례)

상황 제시	설명	상황 제시의 장면은 학생이 일상생활 속에서 과제를 발견하고, 그 과제와 과학 원리를 관련시키고, 문제에 대해 인식하는 도입 단계이다. 상황의 제시 장면에서는 학생들의 학습하는 내용 및 활동 내용은 자기 자신의 문제와 관련되어 있어 학생 자신이 그 문제를 해결하려는 필요성을 문제를 해결하는 과정 동안 지속적으로 느끼도록 한다.
	특징	상황 제시 장면에서의 과제의 설정은 '일상생활 중에서 발견하는 것', 그리고 그 과제는 '학생 자신의 문제와 관련지어야 할 것' 및 '학생 자신이 문제 해결의 필요성을 느낄 것'이 필수 요건이다. 즉, 학생의 출발점이 되는 과제의 설정은, 수업자가 수행하는 것이 아니라, 학생 자신이 의문을 품거나 자신과의 관련성을 발견하도록 이끌어져야 한다는 것이 강조되고 있다는 점이 특징이다.
창의적 설계	설명	창의적 설계의 장면은 설정한 과제를 해결해 나가기 위해서 다양한 시행착오나 과학 실험을 통해 학생 스스로 과학 원리를 발견하고 현실 생활에 있어서의 문제를 해결하는 중간적인 단계이다. 이 장면에 있어서의 유의점은 시행착오나 실험 과정은 학생의 아이디어와 생각이 반영되어야 하며, 교사가 기본적인 개념이나 지식, 기능을 가르치는 것이 중심이 되지 않도록 해야 한다는 점이다. 학생 개개인이 자신의 과제를 탐구할 수 있도록 하기 위하여, 다양한 학습 활동이 전개될 수 있어야 한다.
	특징	'창의적 설계'에 있어서 창의라는 것은, '학생 스스로가 설정한 과제를 해결하는 시행착오의 장면으로써, 학생 자신의 아이디어가 반영되는 것'이며, 그 활동 장면에 있어서 '교사가 지식 · 기술을 가르치는 것이 중심이 되지 않도록 하는 것'이 강조되는 것이 특징이다.
감성적 체험	설명	이 장면은 상황 제시에서 과제를 설정하고, 창의적 설계 장면에서 시행착오를 경험하는 것을 통하여 확인하고 획득할 수 있었던 과학 원리에 근거하여 새로운 문제에 도전하는 최종적인 단계이다. 감성적 체험이란, 과학 원리가 실생활과 어떻게 결합되고 있는지를 이해하는 것에 머무르지 않고, 사회의 여러 가지 문제 해결에 흥미를 나타내고 그 한편, 최종 단계로서 수업이나 학습 활동의 도입 장면에서 학습 과제에

<table>
<tr><td rowspan="2">감성적
체험</td><td>설
명</td><td>해결 방법에 대하여 관심을 나타내는 발전적인 단계이다.
흥미를 갖게 하거나 문제 해결에의 동기를 환기시키는 것도 「감성적 체험」 단계로서 파악할 수 있다. 또한 문제를 해결한 학생들에게 원 주제와 관련하여 주어지는 보조적 과제 설정도 감성적 체험을 위한 장면이라고 볼 수 있다.</td></tr>
<tr><td>특
징</td><td>'감성적 체험'이란, '학생들 스스로가 의문을 가지고 과제를 학생 자신의 아이디어에 의해서 시행착오를 경험하여 획득한 과학 원리에 근거하여 새로운 과제에 도전하는 단계'로 제시되어 있다. 또한, 이러한 세 가지의 학습 활동을 통해서 '학생이 과학뿐만 아니라, 사회 전반의 과제에 대해서도 문제를 해결해 나가려고 하는 태도를 육성할 수 있다.' '과학적 사고의 육성에 머무르지 않고, 사회의 과제를 인식할 수 있다'는 것이 특징이다.</td></tr>
</table>

2) 우리나라의 STEAM 교육 연구 현황

우리나라에서는 김진수(2007)가 미국의 STEM교육에 대한 사례를 소개하면서 기존의 다학문, 간학문, 통합 교육의 모형을 기초로 설계된 STEM 교육 모형을 개발한 이후, STEM 교육에 대한 관심과 연구가 이어졌다. 초기 우리나라의 STEM 교육은 창조적인 인재를 육성하기 위해 학생들로 하여금 과학 관련 교과에 대한 흥미를 높여 과학기술에 대한 지식과 기술을 신장시킴으로써, 과학 기술 분야에서의 우수한 인재를 확보하기 위한 목적으로 출발하였다. 그러던 중 미국에서도 STEM을 보완하여 인문 예술 교과와의 더 포괄적인 융합을 시도한 STEAM 교육에 대한 연구가 확산됨에 따라 주로 과학 교과와 예술 교과의 융합을 시도하는 연구들이 급격히 늘어났다. 그로 인해 STEAM 교육은 과학 교과 중심의 융합 교육 보다는 "과학 기술에 대한 관심과 흥미를 제고한다"와 "일상에서 과학 기술 분야 전반에 걸쳐 적극적으로 관심을 갖도록 한다"라는 목표를 중심으로 연구되어 왔다.

한국의 STEAM 교육도 예술 교과의 역할을 첨가하여 "과학 기술에 대한 흥미뿐만 아니라, 감수성과 상상력으로 혁신적인 아이디어를 창출할 수 있고, 가치 지향적인 창조적 인재를 지향한다"는 것을 목적으로 하고 있다. 즉, 한국의 STEAM 교육은 과학 교육을 핵심으로 하여 프로그램을 설계하는 것으로, 교육 정책의 목적은 '미래 과학 기술의 발전을 주도하는 창의적이고 융합적인 인재를 육성하는 것'이다. 교육 내용 및 방침은 "과학 기술에 대한 흥미와 이해를 높여, 과학 기술 분야에의 진로를 선택하도록 유도한다"고 명시되어 있다(교육과학기술부, 2012). 요컨대, STEAM 교육은 과학 기술에 대한 흥미뿐만이 아니라, 감수성과 상상력으로 혁신적인 아이디어를 창출할 수 있는 가치 지향적인 창조적 인재를 육성하고자 한 것이다.

최근까지 STEAM 교육에 대한 대부분의 연구는 한국과학창의재단(KOFAC)의 지원을 받아 이루어졌으며, 그 연구들의 대표적인 갈래는 융합 인재 교육을 위한 기초 연구나 STEAM 교육에 대한 이론적 논의, 예술 관련 과목 교사들을 위한 프로그램 개발 등의 연구가 주를 이루었다. 이론적 연구 중 소개할만한 한 사례는 4C-STEAM을 제안한 백윤수 외(2012)의 연구를 들 수 있다. 이 연구에서는 융합적 지식 및 개념 형성(Convergence)과 창의성(Creativity)을 가지고 다른 사람과의 소통(Communication)과 배려(Caring)를 추구하는 속에서 진정한 융합 교육이 일어난다고 보았다. 그리고 4C-STEAM 교육은 창의적 설계(Creative Design)와 감성적 체험(Emotional Touch)을 통해 과학 기술과 관련된 다양한 분야의 지식, 과정, 본성에 대한 흥미와 이해를 높여 창의적이고 종합적으로 문제를 해결할 수 있는 융합적 소양(STEAM Literacy)을 갖춘 인재를 양성하는 교육이 목표라고 하였다(p. 130).

현재까지 우리나라의 STEAM 교육의 문제점에 대한 비판적 논의들이 많이 이루어져왔다. 박영석 외(2012)는 한국과학창의재단이 지원한 교사 연구회의 STEAM 수업안을 분석한 결과, 교과 간의 결합이나 교사 간 팀 티칭 등을 긴밀하게 하는 간학문적 융·복합이나 초학문적 융·복합을 시도한 수업은 많지 않으며, 주제와 관련된 교과의 학습을 병렬적으로 배치하는 식의 수업들이 주를 이루고 있다고 지적하였다.

3) 국가별 STEAM 교육 사례[2)]

가. 미국의 STEAM 교육

STEAM 프로그램에 예술을 추가한 미국의 STEAM 교육 관련 프로그램은 다음과 같다. GPGC(Governor's Program for Gifted Children)[3)] 프로그램은 미국 루이지아나주 맥니스 주립대학에서 여름 학기에 12~17세 사이의 청소년들을 대상으로 총 7주 간 과학, 인문학, 순수 예술의 융합 교육을 시행하여 창의성을 증대시키는 창의 융합 프로그램으로, '무엇을'이 아닌 '어떻게' 생각하는지에 초점을 두는 교육을 실천하고 있으며, 인류가 남긴 지적 문제들에 대한 해결 방안에 대해 고민하는 교육을 제공하고 있다(임경순 외, 2009).

IMSA(Illinois Mathematics and Science Academy)[4)] 프로그램은 수학, 과학, 영어, 역사, 사회과학, 외국어 및 순수 예술 등을 교육과정 주요 과목

---

2) 본 절의 사례들은 김정효(2013)에 소개된 사례를 선별 및 요약하여 정리함.

3) GPGC(Governor's Program for Gifted Children), http://www.gpgc.org/ 참조.

4) IMSA(Illinois Mathematics and Science Academy), https://www3.imsa.edu/ 참조.

에 포함하여 교육과정을 운영하고 있으며, 학생들이 과감하게 의문을 제기하고, 문제 해결을 통해 윤리적인 리더로 발전할 수 있도록 다양한 융합 프로그램을 제공하고 있다(임경순 외, 2009).

North Carolina대학의 예술단과 대학에서는 'ARTStem'[5]의 이름으로 예술과 STEAM 교육을 융합하는 시도를 하고 있다. Rhode Island 대학의 디자인 스쿨에서는 NSF에서 연구비를 지원받아 'Bridging STEM to STEAM'[6]이라는 이름으로 예술가, 과학자, 연구자, 교육자들이 프로그램을 개발하였다. 캘리포니아 과학교사협회(CAST)에서는 과학, 기술, 예술, 수학 교육 자료를 융합하는 프로젝트를 추진하여, 그 결과물을 중등 교사들과 학생들에게 보급하였다(김정효, 2013).

나. 영국의 STEM 교육

영국의 교육기술부(DFES)에서는 2004년부터 2014년까지의 10년 간의 STEM 교육 실시 계획을 수립하고, 2009년부터 2011년까지의 STEM 프로그램 운영에 대하여 국가 수준의 평가를 실시하여 STEM에 대한 학생 및 교사의 인식, STEM 관련 직업 선호도 등에 대한 긍정적인 연구 결과를 얻었다.

영국의 STEM 교육의 목적은 첫째, 우수한 인재들을 STEM 영역으로 유입하는 것이며, 둘째, 대중의 STEM 소양을 증진하는 데 두고 있다. 실생활과 접목한 과학 활용을 통해 탄탄한 경제 성장 및 사회 평등 개선이

---

5) ARTStem, http://www.artstem.org/ 참조.

6) Rhode Island School of Design, Bringing STEM to STEAM, http://expspace.risd.edu/?research=stem-to-steam-workshop 참조.

가능하며, 과학에 대한 이해와 지식은 인구 증가로 인한 자원 부족, 개도국의 조기 사망, 선진국의 노령화 문제, 저탄소 경제 개발의 필요성 등 문제 해결에 기여할 것임을 밝히고 있다(김진수, 2012).

영국 교육부는 초등학교에서 고등학교에 걸쳐 전 교과 영역과 연계되는 디자인 & 기술 (Design & Technology)교육을 강화하여 각 학년 별 다양한 교육 프로그램을 개발 및 보급하고 있다(서혜애 외, 2006). 디자인 & 기술 교육은 '디자인하고 제품을 생산하는 것'을 핵심 내용으로 설정하고, 타 교과 교육과정과 산업체 파트너십을 통해서 우수한 상품을 개발하는 능력을 함양하고, 첨단 기술 중심 사회의 시민을 양성하는 데 목적을 두고 있다. 디자인 & 기술 교육은 정규 교육과정의 주요 내용인 문해력(literacy), 셈하기(numeracy), 정보통신 기술(ICT), 시민 교육(citizenship), 지속 가능성(sustainability)과 연계하여 적용되고 있다.

한편 영국의 National Science Learning Centre[7]은 초 · 중 · 고 교사들에게 STEM 교육을 지원하는 센터로서, 가르치는 기술과 교육 자료 등을 제공하고 교사 연수를 주관하고 있다.

The National HE STEM[8]프로그램은 잉글랜드와 웨일즈를 6개 권역(Midlands and East Anglia, South West, South East and London, North East, North West, Wales)으로 나누어 해당 권역 내의 대학들을 지원하고 있으며, 영국물리학회(Institute of Physics), 영국왕립공학아카데미(Royal Academy of Engineering), 영국수학 및 수학응용학회(Institute of Maths and its Applications) 및 영국화학학회(Royal Society of Chemistry)의 4개의

---

7) National Science Learning Centre, https://www.sciencelearningcentres.org.uk/ 참조.

8) The National HE STEM Programme, http://www.hestem.ac.uk/ 참조.

단체와 협력하여 과목별로 다른 프로젝트를 수행하고 있다. 또한 해당 권역별로 과학 기술 분야의 기업들과 전공자 사이의 소통을 지원함으로써, 지역 사회에서 필요로 하는 기술을 중점적으로 교육할 수 있도록 하고 있다.

다. 핀란드의 융합 교육

수학 · 과학 교육 개선 사업(LUMA)으로 세계 최고의 교육 강국으로 부상한 핀란드는 Inno School 프로젝트[9]라는 미래 학교 컨셉을 주제로 InnoArch(학습 공간 구성), InnoEdu(혁신적 교수 방법), InnoPlay(놀이와 같은 학습 환경 구성), InnoServe (교육 서비스의 혁신)의 네 가지 연구 프로젝트가 유기적이며 체계적으로 이루어지고 있다(조향숙, 2012). Inno School 프로젝트는 다학문적 모델과 구조의 정립을 강조하며, 다양한 분야의 능력 있는 연구자들이 프로젝트 파트너로 참여하고 있다. 특히 학교 정규 교육과정과 미술관과 연계된 교육 프로그램을 충실하게 운영하고 있다는 점이 특색이다.

라. 독일의 융합 교육

독일은 수학을 하나의 교과목으로 별도로 교육하고 있지만, 과학, 기술, 공학 교육은 연방주의 일반 과학 커리큘럼 내에서 통합적으로 이루어진다(임경순 외, 2009). 독일의 창의 융합 교육은 주로 4년 과정으로, 6세~10세 정도의 어린이들이 다니는 초등학교 과정과 11세~19세의 나이

9) InnoSchool, http://innoschool.tkk.fi/ 참조.

의 청소년들이 다니는 중 · 고등 통합 과정이 있으며, 초 · 중 · 고 교육과정에서 개별 과목이 이미 유기적으로 융합되어 실시되고 있다. 창의 융합 프로그램인 '주니어 닥터'는 과학 기술을 포함한 학문 일반에 대한 탐구에 흥미와 관심이 지대한 청소년들을 대상으로 이루어지는 융합 형태의 집중 심화 과정이다. 문제 해결 능력(Core Competency) 강화에 중점을 두고 있으며, 이 과정을 성공적으로 이수한 참가자들에게는 명예 박사 학위를 수여하고 있다. 특히 독일 박물관에서는 대학 교수와 연구 기관의 연구원들이 교육 기부 형태로 프로그램을 운영하고 있으며, 학교 정규 교육과정과 연계하여 학생들의 체험 학습이 운영되고 있다.

04

융합 수업의 사례 분석

융합 교육과정은 단순한 지식의 습득이 아니라 학생들의 사고력을 기르고 다양한 학문 분야에서 얻은 지식을 현실 세계에 응용할 수 있는 힘을 기르는 것이다(Shoemaker, 1989). 그러므로 융합 수업은 항상 교사와 학생, 이론과 적용의 쌍방향적 교류를 바탕으로 해야 하며, 그럼으로써 학습자의 동기 유발과 지식들 간의 관계 및 지식을 바라보는 보다 큰 안목을 기르는데 도움이 되는 것이다(Dressel, 1958). 본 절에서는 다양한 교과들 간의 융합이 어떻게 이루어질 수 있는지, 실제 교사들의 융합 교육 수업 계획서의 사례를 중심으로 살펴보기로 하자.

1) 과학 교과들 간의 내적 융합

우선 과학 교과들 간의 융합이 어떻게 이루어질 수 있으며, 그 유의점들은 무엇인지 살펴보자. 예를 들어, '원자(atom)'라는 개념이 기존 교과서와 개편 교과서에서 어떻게 소개되고 있는지를 비교해보면 다음 [표 3-4]와 같다.

표 3-4. 기존 교과서와 개편 교과서의 '원자' 설명 비교

구분	기존 교과서 (화학 단원)	2011년 개편 교과서 (과학)
단원	물질-전해질과 이온	우주의 기원
원자 (atom)	"수소 원자는 원자핵에 1개의 양성자가 있고, 그 주위에 1개의 전자가 있다. (중략) 원자는 전기적으로 중성이므로 원자 번호=양성자 수 =전자 수."	"우주가 탄생한 후 38만 년이 지난 뒤 우주의 온도가 약 3,000K(섭씨 2,726.85도)까지 낮아지면서 (중략) 양성자 1개로 이뤄진 원자핵과 전자 1개가 결합해 수소 원자가 형성되고 (중략) 음전하를 띤 전자가 양전하의 원자핵과 결합해 중성 상태의 입자들이 우주에 가득 차게 되었다."

기존 과학 교과서에서 원자(atom)는 화학 단원의 일부로 소개되지만, 개편 교과서에서는 '우주의 기원' 단원에 등장하면서, 빅뱅 우주론을 기반으로 38만 년 간 우주의 온도가 낮아지면서 원자핵과 전자가 결합해 수소, 헬륨 등의 원자가 형성됐다고 설명한다. 이는 기존 과학 교과들 간의 장벽을 넘어서는 시도이며, '2009 개정 교육과정' 시행에 따라 2011년부터 전국 고1 학생들은 위와 같은 개편 과학 교과서로 공부하게 된다.

교과서 진반부는 우주 생성에서 생물 진화까지의 역사적 과정을 다루면서, "빅뱅으로 우주가 탄생한 뒤 입자가 만들어지고, 태양계와 지구가 생기며 그 지구에서 생명의 탄생과 진화를 거쳐 오늘날 인간이 살아오기까지의 과정을 시간 흐름의 '스토리텔링'으로 풀어낸 것"이다(경기 오남고 교사). 이는 개편 교과서가 '물리 · 화학 · 생물 · 지구과학'이라는 기존의 칸막이를 허물었다는 것을 의미한다. 또한 최근의 과학 이슈가 교과서 안에서 다루어지고 있는데, 몇 가지 예를 들면 다음과 같다.

최근 융합적 과학 교과 지식의 예

- '행성의 대기'(지구과학)에 대한 설명 : 위치 에너지와 운동 에너지, CO_2 구조(물리 · 화학적 개념)
- '원소 주기율표'(화학) : 지구의 내부구조(지각 · 맨틀 · 외핵 · 내핵) 설명에 등장
- 새로운 '과학적' 주제들 : 디지털 카메라나 프리온(광우병 유발 물질), 하드 디스크, 나노 물질, 고분자, 디스플레이, 면역, 연료 전지, 조류 인플루엔자, 기후 변화 등

이러한 변화는 최근에 엄청나게 빠른 속도로 등장하는 과학 분야의 새로운 지식과 이론들에도 불구하고, 기존의 물리나 화학 교과서 등에 등장하는 개념들은 20세기 이전의 지식이 중심이었으며, 그것도 상호 간에 분리되어 다루어지고 있었다. 자연과학 지식의 융합은 물리, 화학, 생물, 지구과학의 개별적인 영역에 대한 탐구도 중요하지만, 그러한 모든 자연계의 원리를 통합적으로 파악할 수 있도록 우주와 자연, 그리고 생명을 아우르는 우주 생태계의 숲을 보는 안목을 키우는 것이다.

반면 이러한 과학 교육에 대한 반론도 만만치 않다. 예를 들어, 화학 교과에서 주기율표에 대한 학습의 문제이다. 주기율표는 모든 원자를 양성자 수 순서대로 배열한 것으로, 산소 원자 한 개가 수소 원자 두 개와 만나 물이 되는 이유 등 화학 반응과 결합의 원리를 깨치려면 주기율표 이해가 필수적이다. 그러나 현 고등학교에서는 이과생들도 주기율표를 잘 배우지 않는다. 그 이유는 주기율표가 기초과목인 「화학 I」에서 나오지 않고 선택 과목인 「화학 II」에서 등장하기 때문이다. 즉, 교과서를 만드는 교육과정평가원의 전문가들에 의하면, 주기율표를 「화학 I」에 넣

으면 학생들이 화학을 선택하지 않기 때문에 화학에 대한 관심과 보급을 위해 불가피하게 「화학 I」에서 주기율표를 다루지 않는다는 것이다.

이러한 배경에 따라 현재의 화학 교과서는 실생활을 소재로 반영하여 학생들의 흥미를 불러일으키고, 과목선택도 크게 늘어 「화학 I」이 성공적이었다는 평가를 받는다. 하지만, 이러한 방식이 화학의 본질에 접근하기 위한 올바른 교육 방식인가에 대해서는 다음과 같은 이유들로 인해 비판적 목소리도 크다.

a. 해당 과목의 근본 원리에 대한 깊이 있는 설명의 부재
b. 해당 교과만의 근본 원리를 강조하기 보다는 관련 학문과의 피상적 연계성이나 현실 적용을 중심으로 한 내용 구성
c. 학생들의 흥미에만 초점을 맞추는 '쉬운 교과서'에 대한 출판사의 요구
d. 쉽게만 설명하려다가 적절치 않은 비유나 사례를 통해 나타나는 설명 오류
e. 제대로 된 이해 없이 문제 풀이를 위한 복잡한 공식 외우기

요컨대, 현재로서는 개별 교과 내에서 새롭게 급변하는 이론적 이해나 최신 연구 결과에 따른 핵심개념들을 교과서에 반영하고 그에 따라 학교급별 내용의 연계성을 고려하는 것도 쉬운 일이 아니다. 그러나 그러한 현실 가운데, 과학 교과목 간의 내적 융합에 있어서도 각 교과별 내용의 성격과 학생들의 이해 수준, 그리고 학습 방법에 따라 통합적 접근과 분과적 접근 사이에서 적절한 선택이 필요할 것이다.

이론의 변화에 따른 새로운 개념의 적용과 학교급별 연계성

고등학생들이 화학에서 많이 혼란스러워하는 개념 중 하나가 원소와 원자의 차이다. 대다수 교과서에 따르면 원소는 '더 나뉘지 않는 순수한 물질'이다. 이것은 원자가 등장하기 훨씬 전인 17, 18세기 개념이다. 원자가 등장하면서 원소는 '같은 종류의 원자끼리 모인 물질'로 바뀌었다. 원자가 전자와 양성자로 잘게 쪼개지면서 현대에 와서는 원소의 정의가 '양성자 수가 같은 원자가 모인 물질'이 되었다. 한 화학과 교수는 "원소를 원자에 대한 설명 없이 과거 개념인 순수한 물질로 정의하다보니 뒤에 나오는 동위원소는 전혀 다른 개념으로 이해해야 한다"고 지적했다. 화학의 기본개념인 산과 염기도 시대에 따른 변화를 받아들이지 못하고 있다. 염기에 대해 중학교 때는 수산화 이온(OH-)을 내놓는 물질로 배운다. 그러나 고등학교에서는 수소 이온(H+)을 받아들이는 물질로 정의가 바뀐다. 대학에 가서는 전자쌍을 줄 수 있는 물질로 다시 변한다. 대학으로 갈수록 최신 정의를 배우는 셈이다. 한 화학자는 "전자는 어려운 개념이 아니다"라며 "중학교라면 몰라도 고교 교과서에는 최신 정의를 싣는 게 대학에서 혼란을 줄이는 방법"이라고 지적했다.

앞 절에서 과학 교육은 과학의 언어를 배우고, 과학의 커뮤니티에 참여하는 것이라고 강조했던 것처럼, 과학 교사의 역할은 과학의 언어로 학생들과 소통하는 것이 기본이 되어야 한다. 그러한 의미에서 교사가 모든 학생들과 적절하게 소통하기 위해서는 다음과 같은 사항들을 유의할 필요가 있다.

첫째, 교사는 과학 수업을 맥락 기반적 의사소통을 중심으로 이끌어 갈 필요가 있다. Cummins(1981)는 교사의 의사소통 방식을 맥락 기반적(context-embedded) 의사소통과 맥락 소거적(context-reduced) 의사소통으로 구분하였다. 맥락 기반적 의사소통을 활용하는 과학 수업은 어떤 과학적 현상을 이해함에 있어서 다양하고 다감각적인 경험에서 의미를 발견하고 협동적인 집단과 작업해 나가는 경우에 잘 어울린다. 즉, 맥락 기반적 교실에서 공부하는 학생들은 단순히 추상적 어휘에 숙달하기 위한 것이 아니라, 개념 학습이 강조되는 방식으로 과학을 탐구하는 기회를 얻게 되는 것이다.

둘째, 교사들은 학생들이 가진 다양한 지식 수준과 배경에 대한 민감성을 길러야 한다. 융합적 과학 수업에서 교사는 학생들의 다양한 사전 지식, 관점, 과학에 대한 태도 등을 정확히 파악하고, 학생들의 상이한 학습 스타일에 따른 다양한 수업 구성 및 수업 방식을 준비해야 한다(Jordan, 1985). 이를 위해서는 비록 그 효과성이 확실히 검증되어 있지 않더라도, 선행 연구 및 실천 사례에 대한 검토를 바탕으로 적절한 소재와 방법론을 찾아내어 융합적 과학 수업의 특성을 고려한 수업 방식을 시도해볼 필요가 있다.

셋째, 융합적 과학 수업은 분과적 과학 교사로서의 훈련을 받아온 전통적인 과하 교사들에게 도전이 될 수밖에 없지만, 과하 교사들은 이러한 융합적 과학 교실의 맥락을 창의적 수업을 위한 자극 조건으로 활용할 필요가 있다. 예를 들면, 기존의 중요한 과학적 개념들 즉, 영(nothing) 개념의 발견, 진공 이론, 양자역학, 흑체 복사, 블랙홀, 복잡성 이론, 끈 이론 등은 새로운 과학적 발견으로써, 모두 기존 사고의 틀을 넘어서는 사유와 실험을 통해서 이루어진 것이다(Barrow, 2003). 마찬가지로 융합적 과학 수업을 준비하는 교사들도 자신들의 사전 경험과 지식에서 벗어나서 학생들과 함께 새로운 관점과 통찰을 통해 과학적 지식을 이해하고 재구성하려는 노력을 과학 수업을 통해 시도할 필요가 있는 것이다.

2) 언어 교과와 지식탐구 교과 간의 융합

기존에 융합 수업이 가장 용이하게 시도되었던 부분이 바로 언어 교과와 지식 교과들 간의 융합이 있다. 그 대표적인 융합의 방식이 내용 언어 통합 학습(Content and Language Integrated Learning)이었다.

가. 내용 언어 통합 학습의 소개[10]

언어(영어) 교육의 분야에서는 내용 중심 교수법(Content-based Instruction : CBI)이 오랜 동안 실제적 의사소통 능력 증진을 강조하는 의미에서 활용되어온 데 비해(Richard & Rodgers, 2001), 내용 언어 통합 학습(Content-language Integrated Learning : CLIL)은 1990년대 중반에 유럽교육협회(EUROCLIC)에 의해 현장에 적용되기 시작한 수업방식이다. CLIL의 이론적 근거는 외국어가 타 교과의 학습의 도구로 활용되면 외국어와 교과 지식이 함께 기능할 수 있다는 가정에서 출발하였다(Marsh, 2002). 그리고 이를 위해 CBI와 몰입 교육(immersion), 이중언어(bilingual) 교육과 같은 관련 교수법들의 개념을 총 망라하여 종합적으로 언어에 기반한 교과 학습의 역할을 강조하게 되면서 CLIL의 개념이 널리 소개되기 시작하였다.

내용 언어 통합 학습 이론은 실제 수업에 근거한 여러 연구 결과들을 바탕으로 이를 효과적으로 적용하기 위한 네 가지 구성 요소(교수자와 학습자는 함께 내용(content), 의사소통(communication), 인지(cognition), 그리고 문화(culture))를 제시하고 있다. 각 구성요소들의 의미는 다음 [표

---

10) 본 융합 수업 계획은 한 고등학교 영어 교사에 의해 고안된 수업 계획안을 바탕으로 정리한 것이다.

3-5]와 같다(Coyle, 2002).

표 3-5. 내용 언어 통합 학습의 네 가지 구성 요소

CLIL 요소	설명
내용(content)	통합하여 수업하려는 다른 교과 지식
의사소통 (communication)	학습의 언어(L. of learning : 학습의 목표로서의 언어)와 학습을 위한 언어(L. for learning : 학습의 수단으로서의 언어)의 구분
인지(cognition)	학습에 동반되는 고차원적인 사고 능력
문화(culture)	문화적 이해, 소양, 가치관, 시민 의식 등

또한 CLIL은 언어를 효과적으로 학습하면서 동시에 언어를 활용하여 교과 지식을 학습하는 것을 목표로 하고 있다. 이를 위해 다음 여섯 가지 원칙을 기반으로 수업이 구성된다(Coyle, 2006).

a. 내용 지식은 지식과 기술을 습득하는 것에만 해당되는 것이 아니라, 학습자가 자신의 지식을 스스로 형성해내고 기술을 이해하고 개발하는 것을 의미한다.
b. 내용은 학습 및 사고(인지)와 관련되어 있으므로, 내용에 대한 자신만의 이해를 갖기 위해 학습자는 해당 내용을 언어 요소적 측면에서 꼼꼼히 살펴보아야 한다.
c. 사고 과정(인지) 또한 언어 요소적 측면에서 꼼꼼히 살펴 보아야 한다.
d. 학습되는 언어는 실제적인 배움의 상황(situation)과 연관되어야 하고, 해당 언어를 통한 학습, 내용 지식 및 그와 관련된 인지 과정의 재구성과도 관련되어야 한다.
e. 학습 상황에서의 상호작용은 학습의 근간이 되므로, 학습의 상황이

외국어를 매개로 하여 이루어질 때 그 의미가 있다.

f. 문화와 언어의 관계는 복잡한데, 간문화적(intercultural)이해는 CLIL의 기초이며 핵심 요소이다.

아울러 CLIL 수업이 구성되는 방식에는 다음의 여섯 가지 단계를 거치고, 상위 단계로 갈수록 온전한 의미의 CLIL의 수업이라고 볼 수 있다 (Greere & Rasanen, 2008).

표 3-6. CLIL 수업(6단계)

단계	성격	설명
1단계	비(non-) CLIL의 단계	CLIL을 활용하지 않음.
2단계	특수 목적 언어 교육(Language for Specific Purposes)의 단계	다른 교과 교사와의 협업 없이 외국어 교사가 홀로 특정 과목에 관한 언어 수업을 진행함.
3단계	전(pre-) CLIL 중에서 언어가 중심이 되는 단계	교과 교사의 역할이 강조 /지식 교과를 위한 선수 단계 언어 학습이 이루어짐.
4단계	전(pre-) CLIL 중에서 내용이 중심이 되는 단계	언어 학습이 특정한 학습 결과물을 목표로 하지 않고 교과 지식을 배우는 과정에서 자연스럽게 습득되기를 기대.
5단계	부수적(adjunct) CLIL	언어와 내용 지식에 대한 학습 목표와 결과물을 모두 강조하는 협동 과정.
6단계	온전한 CLIL 단계	완전한 통합이 이루어짐.

이와 같은 내용 언어 통합 학습의 원리들을 통해 어떻게 언어 교과와 내용 교과의 통합이 이루어질 수 있는지는 다음 절에서 살펴보기로 하자.

나. 내용 언어 통합 학습의 사례(영어+생명과학=생명과학 영어)

다음 수업 계획서는 앞서 살핀 CLIL의 4C 요소(내용, 의사소통, 인지, 문화)를 바탕으로 하여 여섯 가지 원칙을 반영하고, CLIL의 단계적 수준 중 2단계인 LSP단계를 기준으로 하여 고등학교 영어과와 생명과학 과목을 융합한 수업 모형을 제시한 것이다.

(1) 교육목표

본 수업은 「2015개정 교육과정」을 기준으로, 고등학교 2학년을 대상으로 한 「영어II」와 「생명과학 I」의 융합을 시도한 것이다. 각 교과의 목표(교육부, 2015a, 2015b)와 이 두 과목을 융합한 본 수업 계획안의 학습 목표를 비교해서 제시하면 다음 [표 3-7]과 같다.

표 3-7. 각 교과의 교육목표와 융합 수업의 교육목표

「영어 II」의 교육목표	「생명과학 I」의 교육목표
(가) 지속적인 영어 학습 동기를 갖고 실생활의 다양한 상황과 학업에 필요한 의사소통 능력을 기른다. (나) 다양한 주제에 관한 말이나 대화를 듣고 이해한다. (다) 다양한 주제에 관한 글을 읽고 이해한다. (라) 말이나 글을 사용하여 목적, 상황, 형식에 맞게 의사소통을 한다. (마) 우리 문화와 외국 문화에 대한 바른 이해와 태도를 길러 미래 사회의 글로벌 리더로서의 자질을 함양한다.	(가) 생명 현상과 일상생활의 문제를 과학적으로 탐구하는 능력을 기른다. (나) 생명 현상을 탐구하여 생명과학의 핵심 개념을 이해한다. (다) 생명과학과 기술 및 사회의 상호 관계를 인식하고, 이를 바탕으로 민주 시민으로서의 소양을 기른다. (라) 생명과학 학습의 즐거움과 과학의 유용성을 인식하여 평생 학습 능력을 기른다.
융합된 「생명과학 영어」의 교육목표	
(가) 영어를 매개로 생명 현상에 대한 핵심 용어와 개념을 이해한다. (나) 영어를 매개로 생명 현상과 일상 생활의 과학적 문제에 관한 글을 읽거나 담화문을 듣고, 그 요지를 파악하는 능력을 기른다. (다) 영어를 매개로 생명 현상과 기술 및 사회의 상호 관계를 인식하고, 민주 시민으로서의 자세를 기르며, 이에 대한 자신의 의견을 영어를 매개로 말과 글로 표현할 수 있는 능력을	

기른다.
(라) 우리나라 생명 과학 기술과 외국의 생명 과학 기술에 대한 간문화적 이해를 기른다.

(2) 단원 지도 계획

생명과학 영어(6단위)는 위 표에 소개된 네 가지 목표를 기반으로 한 수업 계획으로써, 인문계 고등학교 2학년 학생들을 대상으로 주당 6시간 수업이 이루어지고, 생명과학과 교사와 영어과 교사가 각각 3시간씩 수업을 분담하여 진행하는 것으로 설계되었다. CLIL의 단계 구분에서는 3,4단계인 PRE-CLIL의 혼합 단계에 해당한다. 제시된 수업 계획은 주당 하나의 소단원을 다루는 것을 기본으로 한 것으로,「생명과학 I」의 4단원 '자연 속의 인간' 부분에 대한 1주 간(6차시)의 강의 계획을 다음 [표 3-8]과 같이 설정해 보았다.

표 3-8. 단원 지도 계획(1주 : 6차시)

4-2. 자연 속의 인간 : 생물의 다양성과 환경				
차시	교과	소단원	수업 목표	수업 활동
1	영어	생물 다양성의 의미 생물 다양성과 생태계의 평형	생물 다양성을 정의할 수 있으며, 생물 다양성이 환경에 끼치는 영향에 대해 설명할 수 있다.	영문 기사를 읽고 생물 다양성 정의와 사례 발표. 영문 뉴스를 듣고 생물 다양성과 생태계 평형에 관해 조별 토론
2	생명과학	생물 다양성의 위기와 감소 원인	생물 다양성의 위기에 대해 설명할 수 있으며, 생물 다양성 보전의 방법과 이유를 설명할 수 있다.	생물 다양성의 위기에 관한 교과서 내용을 읽고 토론함. 여러 생물 다양성 위기 사례를 읽고 토론을 통해 그 공통점과 차이점을 찾음

3	생명과학	생물 다양성과 생물 자원	생물 다양성과 생물 자원의 활용 방법에 대해 설명할 수 있다.	교과서 내용을 읽고 토론함. 여러 생물 자원의 사례를 읽고, 토론을 통해 추가적인 활용 방안에 대해 토론함.
4	영어	생물 다양성 위기와 생물 자원 조별 프로젝트	2, 3차시 주제에 관하여 여러 매체(책, 기사, 동영상, 사진)을 활용하여 홍보물을 제작할 수 있다.	조별로 주제를 선정하고 홍보물을 제작, 발표함.
5	생명과학	생물 다양성의 보전과 대책, 지속 가능한 발전을 통한 환경보호	생물 다양성 보전의 필요성과 지속 가능한 발전의 구체적인 실현 방안에 대해 설명할 수 있다.	생물 다양성의 보전에 관한 교과서 내용을 읽고 토론함. 여러 지속 가능한 발전의 사례를 읽고, 토론을 통해 그 장 · 단점 탐색
6	영어	과학기술 글쓰기	과학 기술 글의 특성을 이해하고, 한 단락의 글쓰기를 할 수 있다.	에세이 예시를 통해 모범 에세이의 특징을 파악함. 생물 다양성에 관한 주제에 대해 자신의 생각을 한 단락의 글로 작성.

(3) 1차시 CLIL(생명과학 영어) 수업 지도안

위 단원 지도 계획 중 1차시의 수업 지도안을 일례로 제시해보면 다음 [표3-9]와 같다.

표 3-9. 수업 지도안(1차시)

학습 목표	1.생물 다양성을 정의하고, 생물 다양성이 환경에 끼치는 영향에 대해 설명할 수 있다. 2.다양성 사례를 세 가지로 분류하고, 그렇게 선택한 이유를 영어로 설명할 수 있다.
교수 목표	학습 결과
A. 내용(content)	
• 생물 다양성에 관한 도입 • 세 가지 다양성의 개념 • 생물 다양성과 생태계의 평형	교사의 도움과 함께 • 다양성의 세 가지 개념을 설명한다 • 생물 다양성과 생태계의 평형의 관계를 설명한다 • 주요 어휘와 표현을 암기한다

<table>
<tr><th colspan="2">B. 인지(Cognition)</th></tr>
<tr><td>• 개념을 이해하고 적용한다
• 특정 사례들이 어떠한 생물 다양성 개념에 해당하는지 선택한다
• 선택에 대한 이유를 설명한다
• 독립적인 연구 주제 선정</td><td>• 주요 어휘와 표현을 암기하여 자신의 의견을 표현할 때 활용한다
• 자신의 선택의 이유를 설명하는 방법에 대해 배운다
• 지식에 기반을 둔 선택 과정을 배운다</td></tr>
<tr><th colspan="2">C. 의사소통(communication) – 언어적 고려 사항</th></tr>
<tr><td colspan="2">C.1. 학습의 언어(L. of learning) : 주제와 내용지식 관련된 어휘, 문법
• Ecological diversity means...
• The case belongs to the category of...
• It is because...
C.2. 학습을 위한 언어(L. for learning) : 학습 환경 안 현 수업에 필요한 언어
• 개념을 설명하는 표현</td></tr>
</table>

위 수업 지도안을 분석해볼 때, 다음 사항들을 생각해볼 필요가 있을 것이다. 첫째, 학습 목표1(생명과학)과 2(영어)가 과목별로 구분되어 있다. 문제는 두 과목간의 목표를 분리하여 제시할 것인가, 아니면 융합되게 제시해야 할 것인가이다. 결국 이 문제는 본 융합 수업(생명과학 영어)을 영어 집중(English-immersion) 교육의 차원으로 볼 것인가, 아니면 그냥 내용 융합 수업으로 볼 것인가에 따라 다를 것이다. 영어 이머젼 교육을 목적으로 하지 않는다면, 위와 같이 목표를 분리하여 제시하는 것 자체가 문제가 되지는 않는다.

둘째, CLIL 수업의 구성이 '내용', '인지', '의사소통'으로 이루어졌다. 여기서 내용은 내용 교과가, 의사소통은 언어(영어) 교과가, 그리고 인지는 생명과학 교과와 언어 교과의 공통점에 기반을 둔다고 이해할 수 있다. 즉, 인지는 내용(생명과학) 교과와 언어 교과의 공통적 학습에 따른 결과의 영향을 받는 부분으로 간주할 수 있다는 것이다.

셋째, 학습 목표와 학습 결과의 관계에 대해 주목할 필요가 있다. 학습 목표는 상당 부분이 내용 교과의 학습 주제에 의해 결정될 수 있지만, 학습 결과는 의사소통의 과정과 더불어 내용 교과와 언어 교과의 목표를 모두 반영하는 것으로 작성할 필요가 있다는 것이다. 다시 말해서 언어 교과는 의미를 표현하고, 의사소통을 위한 훈련과 동시에 사고(인지) 능력의 함양을 목표로 하고 있기 때문에, 그 학습 결과의 측면에서 중요한 역할을 담당한다는 것이다.

결론적으로, 본 내용 언어 통합 수업에서는 언어가 사고를 구체화하고 사고를 매개해주는 역할을 한다는 이론에 기반하여(Swain, 2000), 언어학습자가 언어를 자원으로 삼아 학습하고자 하는 교과 지식을 보다 비판적이고 창의적으로 학습할 수 있도록 돕는 것을 목표로 하였다(Swain & Deters, 2007). Maturana & Verela(1973)가 "모든 언어는 알고 행하는 것이다"와 "모든 아는 것과 행하는 것은 언어화하는 것이다"라고 강조했듯이, 언어는 아는 것과 행동하는 것을 나타내주는 가장 중요한 표상이다. 그런 의미에서 Cook(2012)이 언어와 인지를 상호 연관된 다중 능력(multi-competence)이라고 불렀던 것처럼, 언어 과목과 타 교과 지식의 통합을 바탕으로 한 수업 설계는 융합 교육과정의 이론적 기반에 가장 근접하다고 할 수 있으며, 학습 차원에서도 효과적인 접근법이라고 할 수 있다.

3) 수학과 인문 교과의 융합

가. 수학과 인문 교과 융합의 모형[11]

본 수업계획서는 수학과 인문 교과인 세계사 교과의 융합 수업을 설계

11) 본 융합 수업계획안은 수학 교사 자격을 가진 대학원생에 의해 제안된 것을 분석한 것이다.

하기 위해, 고등학교 1학년을 대상으로 「수학 II」와 「세계사」 과목의 융합을 시도한 것이다. 융합의 수준은 Forgaty(1991)의 통합 사다리 모형 중 4단계인 'Nesting(infusion)' 수준을 모델로 하였다. 독자의 이해를 돕기 위해 Nesting 수준의 통합의 특징을 소개하면 다음과 같다.

a. 개별 과목들은 더 넓은 커리큘럼 결과들(outcomes)을 그들의 교수 프로그램에 연결시킬 수 있다.
b. 하지만 여전히 교과 중심(subject-based)이고, 수업이 진행(course)될 때, 각 과목들은 독자적인 역할과 책임을 갖는다.
c. 한 과목의 교수의 질을 높이기 위해서 다른 과목의 내용을 이용하는 경우에 자주 활용된다. (예 : 병리학 코스에 임상 의학을 접목함으로써 병이 발생하는 실례를 보여주는 것).
d. 교사가 교과 수업을 계획할 때, 몇 가지 기능을 중첩하여 훈련시키고자 할 때 사용된다. 예를 들어, 교사는 광합성 단원에서 '의견 일치하기(사회적 기능). 계열적으로 생각하기(사고 기능), 식물의 생명주기(과학 내용)'를 통합하여 수업의 목표로 설정하고 단원을 설계할 수 있다.

본 융합 수업에서의 수학과 세계사의 융합에도 위와 같은 Nesting수준의 통합의 성격이 반영되었다.

나. 융합의 의도와 목표

본 수업을 설계한 교사는 기존의 통합 수업들이 통합에 대한 깊은 고민 없이 단순히 주제 끼워 맞추기식의 통합을 시도했다는 문제 의식을 가지고 있었다. 그리고 통합의 수준은 처음에는 교사들이 낮은 단계의 통합부터 시작하면서 시간이 흐르고 경험이 쌓이면 높은 수준의 통합 교육도 시도할 수 있고, 근본적으로 통합의 정도가 갖는 의미와 효과는 수업의 목표나 어떤 맥락에서 통합을 시도하느냐에 따라 달라질 것으로 보았다. 그런 의미에서 설계자는 처음에는 Forgaty의 모형 중 'Sharing' 단계를 고려하면서, 두 교과간의 협동 수업(팀 티칭)의 형태로 통합 수업을 계획했었다. 하지만 융합의 방식이 수학 교과를 기반으로 한 것이며 단일 교과 내의 통합에 가까웠기 때문에, 나중에는 'Nesting' 수준의 통합으로 수학 과목에 세계사 과목의 장점을 반영하는 형태의 수업 지도안을 계획하였다.[12)]

설계자가 수학 수업을 기반으로(nesting) 세계사 교과를 접목시킴으로써 의도하였던 수업 목표는 다음 세 가지였다.

a. 과거 사실에 대한 폭넓은 지식을 바탕으로 비판적 사고력과 합리적 판단력을 향상시킨다.
b. 학생스스로 다양한 자료를 활용하여 학습할 수 있도록 함으로써 서로 다른 해석과 시각이 존재할 수 있음을 인식하고, 이를 통해 통찰력을 기른다.
c. 현대 사회가 직면한 문제들과의 상호 관련성을 파악하여 그 의미와 가치를 평가할 수 있도록 한다.

다. 융합 수업의 구성

수학 교과를 기반으로 하되 융합 수업의 의미를 살리면서 세계사 교과의 성격을 반영하기 위해서, 수업 내용에 수열과 관련된 역사적 지식을

12) 본 수업 계획서의 구체적인 내용은 이광연(2011)에 소개된 내용을 참조함.

선정하고, 토론식 수업과 문제 해결식 수업 방식을 적극 활용하기로 한다. 또한 수업 시간(50분)의 제약으로 토론 진행 과정에서 토론의 맥이 단절되는 등의 현실적인 문제를 해결하기 위해, 수학 수업과 세계사 수업이 이어지도록 블록타임block-time의 형태로 수업 시간을 조정할 필요가 요구된다. 아울러 수학 교사와 세계사 교사가 사전에 협의를 통해 관련된 단원들을 연결짓고 한 학기 진도의 순서를 조정하는 준비 단계도 필요하다.

이 수업 지도안 계획서는 수학 교과 중심의 nesting 모형으로, 수학 교사의 입장에서 설계한 것이다. 그리고 학생들은 선행 수업을 통해 세계사에 대한 배경 지식을 가지고 있는 것으로 가정한 것이다. 또한, 본시 수업 이전에 학생들은 등차수열과 등비수열, 여러 가지 수열을 이미 배운 바 있고, 학생들이 피보나치수열에 대한 토론을 할 정도의 사전 학습이 이루어졌다고 가정한 것이다.

수학 교과를 기반으로 세계사 교과를 융합한 수업 계획서의 구성은 다음 [표 3-10]과 같다.

표 3-10. 수학 중심(nested) 세계사 융합 수업 계획서

<table>
<tr><th>과목</th><th>해당되는 목차</th><th>융합 소재</th></tr>
<tr><td>수학
II</td><td>수열
· 등차수열과 등비수열
· 여러 가지 수열</td><td>등비수열의 합
피보나치수열</td></tr>
<tr><td>세계사</td><td>유럽의 봉건 사회
· 중세 유럽 사회의 변화</td><td>십자군 전쟁</td></tr>
<tr><td colspan="3">학습 주제 : 십자군 전쟁 시기의 상인 출신 수학자 피보나치</td></tr>
<tr><td>방식</td><td colspan="2">강의식 및 모둠별 문제 해결식, 토론식 수업</td></tr>
</table>

<table>
<tr><td>수업 목표</td><td colspan="3">1. 십자군 원정과 수학자 피보나치에 대한 지식을 바탕으로 수학적 이해가 역사적 사건들과 어떻게 관련되어 있는지를 이해할 수 있다.
2. 피보나치의 저서『산반서』에 나온 공비수열의 합을 풀어봄으로써, 수학적 원리의 실제적 적용 방법을 익힌다.
3. 피보나치수열이 현실에 적용되는 예를 찾아 수열이 현실에 어떻게 적용되는지를 이해한다.</td></tr>
<tr><td>교수 학습 과정</td><td>도입 (15)</td><td>· 수업 목표 및 방향 제시
· 수업 자료 배부 및 배경 지식 설명
– 십자군 원정 당시의 수학계의 분위기와 상인 출신 수학자 피보나치에 대한 설명
· 모둠 나누기(3–4모둠정도) 및 문제지 배부</td><td>*강의식 설명 (ppt활용)</td></tr>
<tr><td rowspan="2">교수학습과정</td><td>전개 (30)</td><td>· 모둠별 문제 해결 또는 토의(20분)
(모둠 과제 예시)
– 십자군 전쟁이 피보나치와 유럽의 수학에 어떤 영향을 주었나(아라비아 숫자의 보급과 로마 숫자)?
– 피보나치의 저서『산반서』에 나온 문제(공비수열의 합) : “로마로 가는 길에 늙은 여자 일곱 명이 있다.
여자들은 각각 노새 일곱 마리를 가지고 있다.
노새들은 각각 부대 일곱 개를 운반한다.
부대에는 각각 빵이 일곱 덩어리씩 담겨 있다.
빵 덩어리들에는 각각 칼이 일곱 자루씩 같이 있다.
칼들은 각각 일곱 개의 칼집 속에 들어 있다.
여자, 노새, 부대, 빵 덩어리, 칼, 칼집을 모두 합하여 얼마나 많은 것이 로마로 가는 길에 있느냐?”(답 : 137256)
– 피보나치수열이 실생활에 적용되거나 자연 속에 나타난 예에는 어떤 것이 있는가?
· 각 모둠별로 주어진 문제의 결과물 발표(10분)</td><td rowspan="2">*교사가 돌아다니면서 학생들의 자료 수집과 문제 해결을 도움</td></tr>
<tr><td>정리 (5)</td><td>· 교사의 보충 설명 및 내용 정리 :
학생들에게 이해 안 되는 내용이나 보충 설명을 들었으면 하는 내용을 적어 제출하게 하여 융합 수업 종료 후 사후 수업을 하는데 활용</td></tr>
<tr><td>장소</td><td colspan="3">– 자료를 수집하기 위한 공간이 필요하므로 도서관이나 멀티미디어실 활용
– 필요시 자료 수집을 위한 학생들의 스마트 기기 사용 가능</td></tr>
</table>

위에 제시된 수학 중심 세계사 수업 설계는 융합 수업으로서 다음과

같은 특징을 갖고 있다.

a. 융합하고자 하는 두 교과의 기본 개념인 수학에서의 등차수열 및 등비수열의 개념과 세계사에서의 십자군 원정에 대한 기본 지식을 가진 상태에서 두 교과 지식이 어떻게 융합될 수 있는지를 학생들로 하여금 느끼게 해줄 수 있다.
b. 수학적 지식이 역사적 경험 속에서 어떻게 적용되었는지를 생각해 봄으로써, 수학이 현실 사회의 문제에 어떻게 밀접하게 관련되어 있는지를 깨닫게 해준다.
c. 융합적 주제를 다루고 이를 바탕으로 문제 해결을 위해 개인적 차원에서 뿐만 아니라 집단적으로 토론하고 협력하는 학습의 효과성과 의미를 깨닫게 해준다.

사실 위의 예에서도 볼 수 있듯이, 지식이란 결코 교과별로 분리되거나 독립되어 존재하지 않는다. 역사적 사실 속에 수학적 원리가 숨어있고, 수학의 원리가 현실의 삶 속에 스며들어 있는 것이다. 그러므로 그것을 발견하게 하고 활용하게 하는 것이 본 융합 수업의 지향점인 것이다.

라. 융합 수업에서 '융합적 지식'이란 무엇인가?

그렇다면 과연 위와 같은 수학과 세계사의 융합 수업을 통해 얻을 수 있는 융합적 지식은 어떤 것인가? 이 질문에 답하기 위해서는, 위 계획서에 제시된 수업 목표 중에 융합과 관련된 진술인 "1. 수학적 이해가 역사적 사건들과 어떻게 관련되는지를 이해한다"는 것이 어떤 융합적 지식에 해당하는 것인지를 음미해볼 필요가 있다. 이 목표는 '배경지식 설명'에서 제시된 내용인 "십자군 원정 당시의 수학계의 분위기와 상인 출신 수학자 피보나치에 대한 설명"과 "십자군 전쟁이 피보나치와 유럽의 수학에 어떤 영향을 주었나?"라는 수업의 핵심 질문과 관련되어 있다. 그렇다면, 이러한 수업의 핵심 질문(수업 내용)이 어떤 차원에서 수학과 역사학의 만남(융합)의 성격을 띠는 것일까? 그리고 이러한 교과의 융합이 과연 어떤 융합적 지식을 촉발할 수 있는 학습 경험이 될 것인가?

사실상 현재 대부분의 융합 수업에서 위와 같이 교과 내용 간의 만남 혹은 조합이 이루어지고 있지만, 서로 다른 교과 지식들의 만남이 어떤 융합적 지식이나 요소와 관련이 있는지에 대한 구체적인 검토와 그에 따른 적절한 수업 내용으로의 실현, 그리고 수업 결과에 대한 구체적인 평가가 이루어지지 않고 있다. 따라서, 교사들은 융합 수업을 계획함에 있어 다음과 같이 보다 구체적으로 각 교과별로 분과 지식과 융합 지식을 구분하여, 어떤 융합 지식을 목표로 하고 있는가를 명확히 할 필요가 있다.

표 3-11. 수학 중심(nested) 세계사 융합 수업 계획서

구분	수학 관련 지식	역사학 관련 지식
분과 지식	등비수열의 합 피보나치수열 등차수열과 등비수열	십자군 전쟁 중세 유럽 사회의 변화
융합 지식	a. 아라비아 숫자의 보급과 로마 숫자 b. 상인 출신 수학자 피보나치 c. 십자군 원정 당시의 수학계의 분위기	

위에서 제시된 [표 3-11]과 같이, 수학과 역사학의 융합 지식은 다음과 같은 성격을 갖는다. 첫째, 아라비아 숫자나 로마 숫자와 관련된 지식이

단순히 수학적 지식이 아니라 그 생성 배경, 전파, 역사적 변천에 이르기까지 세계사적 배경을 갖고 있는 지식이라는 것이다. 둘째, '상인 출신의 수학자 피보나치'에 대한 이해를 통해 피보나치 수열이 탄생하게 된 배경과 피보나치가 상인 출신이라는 사실이 갖는 수학적 의미를 이해하는 것도 중요한 융합적 지식의 원천이다. 셋째, 십자군 원정 당시의 유럽의 수학계가 가졌던 수학적 관점과 지식이 어떤 것인가를 이해하는 것은 수학이 시대적, 사회적 배경과 어떤 관련성을 가질 수밖에 없는가를 이해하는 중요한 요소이다. 요컨대, 위와 같은 지식들이 수학과 세계사의 융합적 지식의 구체적인 예가 될 수 있으며, 그러한 주제를 중심으로 수업의 내용과 실천을 구성하는 것이 융합 수업의 핵심이 되어야 할 것이다.

4) 예술 교과와 타 교과의 융합 수업

자연과학 교과와 예술 관련 교과목들 간의 융합 교육으로 잘 알려진 교육 모형이 바로 STEAM 교육이다. 하지만 STEAM 교육은 자연과학 교과끼리의 융합을 기반으로 하되 인문 예술 분야의 인식과 관점을 추가하는 방식으로 고안되었다는 태생적 한계점이 있기 때문에, 실제 융합 수업을 설계하는 경우 기존 교과의 지식의 구조나 수업의 틀은 그대로 둔채 단순히 예술 분야의 과목들을 접목시키는 방식이 주를 이루고 있다. 이러한 지적을 감안해볼 때, 진정한 STEAM 교육을 이루고자 한다면 과학 교과목들과 인문 사회 및 예술 교과목들 간의 특징과 차이점들을 분명하게 인식한 후, 각각의 장점을 살리면서도 두 영역 간의 조합이 가져올 수 있는 교육적 잠재력을 발굴해내려는 노력이 필요할 것이다(김정효, 2013, p. 146). 그런 의미에서 본 절에서는 음악 교과를 중심으로 자연과학 교과(물리학) 그리고 사회과학 교과(광고학)의 융합이 각각 어떻게 이루어질 수 있는지 살펴보기로 한다.

가. 음악과 물리학 융합 수업[13)]

본 융합 수업 계획서는 고등학생을 대상으로 음악 교과와 자연과학(물리)의 학습 내용을 융합하고자 한 것이다.

(1) 수업의 개요

본 수업의 주제는 "명상을 위한 자연의 소리"이며, 수업 설계자는 이 주제를 통해 다음과 같은 교육목표들을 융합 수업을 통해서 이루고자 하였다.

a. 사람들은 세상 속에서 너무 다양한 종류의 소리 속에서 살고 있는데, 학생들이 이러한 소리의 출처를 분석하고 조합해봄으로써, 소리의 특성에 대해 이해할 필요가 있다.

b. 많은 소리들은 사람들에게 '소음'으로 작용하는 경우가 많기 때문에, 이러한 소음들 속에 노출되어 있는 인간의 청각 수용이 정서의 문제에 어떤 관련이 있는지에 대해 생각해보게 한다.

c. 위 과정을 통해 소리의 특성을 이해하고, 학생들이 자신의 정서를 안정시키기 위해 소리를 다루는 경험을 해본다.

위와 같은 교육목표들을 융합 수업을 통해 다룸으로써, 학생들이 습득

13) 본 수업 계획서는 음악 교사인 대학원생에 의해 고안된 수업 계획서이다.

하게 될 구체적인 지식과 기술은 다음과 같다.

a. 사운드를 분석하고 조합하는 과정을 통해 분석적 사고와 비판적 사고를 기를 수 있다.

b. 자연의 소리와 주변의 소리의 주파수 특성을 알아보고, 주파수의 변화에 따라 달라지는 음색에 관해 알아보면서 소리에 관해 새로운 호기심과 흥미를 유발시킨다.

c. 모둠원들이 협동하여 새로운 사운드를 만들고 발표할 수 있다.

d. 명상을 위한 사운드를 표현하기 위한 음색에 관한 음악적 능력과 주변의 소리를 새로운 소리로 형상화하는 능력을 기른다.

위 교육목표들을 염두에 두고, 보다 구체적으로 차시별로 제시된 융합 수업의 내용을 소개하면 다음 [표 3-12]와 같다.

표 3-12. 음악+물리학 융합 수업의 개요

프로그램 목표	인위적이고 기계적인 소음에 많이 지쳐있는 우리들의 청각을 위해 가공되지 않은 자연의 소리를 찾아보고, 주파수의 높낮이와 긴장감의 상관 관계에 관해 이해한다.
차시별 학습 목표	1차시 : 명상을 위해 사용가능한 사운드를 분류하고, 주파수 분석을 통해 명상에 적합한 사운드를 찾아본다. 2차시 : 샘플링한 자연의 소리를 멀티미디어 프로그램을 이용하여 편집하고 교내 방송에 활용 및 학생들의 의견을 조사해 본다.
융합 수업의 취지	본 '명상을 위한 자연의 소리' 프로그램은 음악을 중심으로 자연과학 중 컴퓨터 프로그램을 통해 자연의 소리를 채집, 분석하고 명상에 적합한 사운드의 조합을 찾아 교내 휴식 시간 음악 방송에 필요한 사운드를 만들어내기 위한 융합 교육 프로그램이다. ▶본 프로그램은 학생 개인에게는 사운드의 배음에 관한 구조와 자연의 소리에 대한 이해를 높여줄 뿐만 아니라, 많은 소음과 인위적인 소리의 공해 속에서 생활하는 현대 사회 속에서 좀 더 아날로그적이고 자연적인 소리를 접하게 함으로써, 심신의 안정과 편안함을 느껴 볼 수 있다.

<table>
<tr><td rowspan="2">관련
창의 · 인성
요소</td><td>• 인지적 요소
– 사고의 확장(유창성)
– 사고의 수렴(논리/분석적 사고, 비판적 사고)
– 문제 해결력(문제 발견, 문제 해결)
• 성향적 요소(개방성)
• 동기적 요소(호기심 및 흥미)</td></tr>
<tr><td>• 인위적이고 기계적인 사운드와 자연의 소리를 비교 분석해봄으로써, 심신의 안정적 상태와 불안한 상태를 유발할 수 있는 각각의 사운드의 특징에 대해 이해하고, 여러 가지 사운드를 다양하게 채집하고 조합해봄으로써, 새로운 가능성에 관해 흥미로운 탐구를 해볼 수 있다.</td></tr>
</table>

위 수업 계획서의 융합 수업으로서의 특징은 음악과 물리학의 만남을 단순한 소리의 특성에 대한 지식의 차원에서 다루기보다는, '명상 음악'이라는 실제적이고 흥미로운 소재와 잘 결합하고 있다는 것이다. 즉, 명상이라는 인간의 특정 행동은 음악과 물리학의 원리를 통해 분석하고 이해될 수 있는데, 그러한 명상 행위에 음악이 중요한 역할을 한다는 것과 그러한 음악적 기능이 물리학적 원리와 밀접한 관련을 가지고 있다는 것을 배울 수 있는 것이다. 아울러 명상에 사용되는 음악인 '자연의 소리'와 인공적인 혹은 기계적인 소리를 비교하면서 어떤 물리적 특성을 통해 그 효과가 극대화될 수 있는가를 이해하고, 그 배운 내용을 바로 생활 속에 적용하거나 실천해보는 기회를 주고 있는 것이다.

위 수업 계획서의 또 하나의 특성은 융합 수업을 계획함에 있어서 창의 · 인성 요소를 고려하여 사고의 확장(유창성), 사고의 수렴(논리/분석적 사고, 비판적 사고), 문제 해결력(문제 발견, 문제 해결), 성향적 요소로서 개방성과 동기적 요소인 호기심 및 흥미를 언급하고 있다는 것이다. 그리고 이러한 요소들이 소개될 2차시의 수업 계획서에 구체적으로 어떤 수업활동에서 다루어질 것인가를 제시하고 있다.

(2) 융합 수업 계획서

음악의 역할을 보다 본질적이고 구체적으로 이해시켜줄 수 있는 수업의 주제가 바로 이 절에서 소개할 '소음과 악음'의 차이에 대한 수업이며, '소음과 악음' 수업 계획안은 다음 [표 3-13]과 같다. 그리고 음악의 역할을 실제적으로 적용하는 데 도움을 줄 수 있는 수업이 바로 '사운드 디자인'이다. 사운드 디자인의 수업 계획안은 다음 [표 3-14]와 같다.

a. 소음과 악음(1/2차시)

표 3-13. '소음과 악음' 수업 계획안

학습 주제	소음과 악음	학습차시	1/2 차시
학습 목표	명상을 위해 사용 가능한 사운드를 분류하고, 주파수 분석을 통해 명상에 적합한 사운드를 찾아본다.		
학습 단계	교수–학습 내용 및 활동	창의 요소	학습 형태
도입	◎주제 선정 ㅇ동기 유발 : 명상 음악 감상하기 – 평소에 심신의 안정을 위해 자주 듣는 음악은?	개방적인 성향	전체
	◎주제로부터 문제 발견 ㅇ우리 주변의 소리에 관해 알아봅시다. ㅇ진단 평가 : 내가 즐겨듣는 음악과 명상음악에 차이?		
전개	◎문제 중심 학습법으로 전환 ㅇ명상의 효과에 관해 알아봅시다. ㅇ명상에 적합한 사운드에 대해 토론하기 – 기존의 명상에 사용된 사운드 알아보기 – 자연의 소리 종류에 관해 조사해보기	• 사고의 수렴 : 논리/분석 • 성향적 요소 : 개방성	모둠
	◎조사 연구 및 해결책 만들기 ㅇ사운드의 구조에 대해 알아보기 – 사운드의 주파수를 분석해보기 – 주파수의 특색에 따른 긴장도에 대해 알아보기	사고의 수렴, 비판적인 사고, 문제 해결	전체 및 모둠

전개	ㅇ명상에 적합한 사운드 샘플링해보기 ㅇ형성 평가 : 배음에 따른 음색의 변화 이야기해보기	사고의 수렴, 비판적인 사고, 문제 해결	전체 및 모둠
정리	◎결과 발표 및 평가 : 총괄 평가 – 샘플링한 사운드 발표하기 – 자기 평가	문제 해결	전체 및 모둠

b. 사운드 디자인(2/2차시)

표 3-14. '사운드 디자인' 수업 계획안

학습 주제	사운드 디자인	학습 차시	2/2 차시
학습 목표	샘플링 한 자연의 소리를 멀티미디어 프로그램을 이용해 편집하고, 교내 방송에 활용하고 난 후, 학생들의 의견들을 조사한다.		
학습 단계	교수–학습 내용 및 활동	창의 요소	학습 형태
도입	◎준비하기 ㅇ동기 유발 : 스트레스에 관해 알아볼까요?	호기심, 흥미	전체
	◎주제 결정하기 – 평소에 스트레스를 많이 받고 있나요? 그렇다면 음악을 들으면서 해소를 해본 적이 있나요? ㅇ진단 평가		
전개	◎탐구하기 : 사운드 디자인 – 명상에 필요한 사운드를 디자인하기 위한 기본적인 요소들을 알아봅시다. –사운드 디자인을 위해 필요한 프로그램 알아보기	개방성	모둠
	ㅇ샘플링한 사운드를 이용해 나만의 명상 음악 만들기 – 다양한 편집을 통해 교내 방송에 활용 가능한 명상 음악을 만들어 봅시다. ㅇ자기 평가	독창성	모둠
정리	◎정리하기 : 결과 발표 및 총괄 평가 – 모둠 친구들에게 새롭게 만들어진 명상 음악 발표하기	문제 해결	전체

위 수업 계획안을 보면, 실제적으로 음악(명상 음악)과 물리학(소음, 악음, 배음, 주파수, 스트레스)의 지식은 불가분의 관계라는 것을 잘 알 수 있다. 음악은 물리학적 지식과 원리를 바탕으로 하고 있고, 그 목적, 형태, 감상(appreciation)의 차원에서 인간의 삶과 밀접하게 관련되어진 예술의 한 장르인 것이다.

나. 음악과 사회과학(광고학) 융합 수업

위 설계를 그대로 음악과 사회과학(광고학)의 융합 수업에도 적용해 보았다. 본 융합 수업 계획서는 고등학생을 대상으로 음악과 광고학을 융합한 주제인 음악 마케팅 수업의 차원에서 설계된 것이다.

(1) 수업의 개요

본 융합 수업의 목표는 학생들이 음악이 광고에 어떤 역할을 하는지를 이해하고, 더 나아가 음악이 삶 속에서 얼마나 큰 비중을 차지하는지를 알게 하는 것을 목표로 삼고 있다.

표 3-15. 융합 프로그램의 개요(음악+광고학)

프로그램 목표	마케팅의 한 요소인 음악을 분석하여 경제 · 사회 · 문화 전반에 걸쳐 위의 삶에 영향을 미치는 기능 음악에 대한 이해를 돕는다.
차시별 학습 목표	1차시 : 광고 음악의 역할과 가치를 이해하고, 광고 음악의 조건을 발표할 수 있다. 2차시 : 카테고리별 제품군의 특성에 따라 사용 음악을 분석하고, 제품과 배경 음악의 상관성에 대한 인식을 확장시킬 수 있다. 3차시 : 매장 음악 선곡 시 고려할 점을 알아보고, 실제로 음악을 선곡해 본다.
융합 수업의 취지	▶음악 마케팅은 고객과의 상호작용에 중점을 두면서 청각이나 소리, 음악을 활용하여 고객의 상황과 기업의 전략에 부합하기 위하여 음악적 감성 요소를 개발 · 자극하는 마케팅 전략을 말한다.

융합 수업의 취지	▶교육을 통해 사회적 문제를 포함한 모든 문제를 다루기 위한 방법과 지식을 제공하여야 한다는 실용주의 교육 철학의 입장에서는 지식의 '유용성과 실용성'이 강조된다. 음악 교육 현장에서도 일상생활에서 사용되고 있는 실용적인 음악의 가치를 인정하고, 학생들이 실제 세상에서 만나게 되는 음악적 문제 상황을 해결해나가는 능력을 배양하기 위해 본 융합 교육 프로그램을 개발한다. ▶음악 학습을 통하여 특정 메시지를 파악하거나 전달한다는 관련주의적(Referentialism) – 미학적인 배경에 근거하여, 경제(마케팅) 분야에 음악적 기능을 융합한 새로운 직업과 현상을 알아보기 위하여 본 융합 교육 프로그램을 개발한다.
관련 창의 · 인성 요소	• 인지적 요소 : 사고의 확장(융통성) / 사고의 수렴(논리/분석적 사고, 비판적 사고) / 문제 해결력(문제 발견) • 성향적 요소(개방성) / • 동기적 요소(흥미, 몰입) • 인성 판단력(의사결정 능력)
	• 평소 생활 속에서 늘 접하던 음악을 다른 시각으로 바라보는 수업을 통해 사고를 확장하고, 논리/분석적으로 사고할 수 있다. 학생들이 친숙하게 접할 수 있는 광고 음악 등을 소재로 수업에 대한 호기심과 흥미를 높이고, 직접 실제의 기능 음악을 선곡해보는 현실 세계의 문제를 해결함으로써 개방성과 융통성, 그리고 의사결정 능력을 키울 수 있다.

위 융합 프로그램을 통해서 기대하는 수업의 효과는 다음과 같다.

첫째, 일상생활에서 접하는 광고 배경 음악을 통해 음악이 사용되는 또 다른 범위의 영역을 소개함으로써, 산업, 문화, 경제 등 사회의 전반적인 현상에 대한 통찰력을 배양할 수 있다.

둘째, 광고, 홈쇼핑의 배경 음악을 이해하는 과정을 통해, 마케팅 분야와 음악 분야가 융합된 새로운 직업군과 현상을 관찰하고 경험할 수 있다. 이를 통해 실생활에서 다양하게 응용이 가능한, 기능적인 음악에 관한 지식을 습득할 수 있다.

셋째, 평소에 늘 접했던 분야를 또 다른 시각으로 바라보는 수업을 구성함으로써, 학생들이 직접 새로운 부분을 찾아내고, 다른 분야와 연관시킴으로써 응용력과 창의적인 관점, 그리고 문제 해결력 등을 강화할 수 있다.

물론 위와 같은 수업의 목표는 지나치게 광범위하고 추상적이기 때문에 실제 수업 계획에 있어서는 다음 계획안들과 같이 보다 구체적인 설계가 이루어져야 할 것이다.

(2) 수업 계획서

a. 학습 지도의 실제(광고 음악)

표 3-16. '광고 음악' 수업 계획안

<table>
<tr><td>학습 주제</td><td>음악 마케팅 – 광고 음악</td><td>학습
차시</td><td>1/3
차시</td></tr>
<tr><td>학습 목표</td><td colspan="3">광고 음악의 역할과 가치를 이해하고, 광고 음악의 조건을 발표할 수 있다.</td></tr>
<tr><td>학습 단계</td><td>교수 – 학습 내용 및 활동</td><td>창의
요소</td><td>학습
형태</td></tr>
<tr><td rowspan="2">도입</td><td>◎주제 선정 : 동기 유발(광고 영상 제시)</td><td rowspan="2">호기심
및
흥미</td><td rowspan="2">전체</td></tr>
<tr><td>◎주제로부터 문제 발견
ㅇ학습 문제 제시 : 광고 음악 덕분에 기억이 더 강화된 광고가 있는가?</td></tr>
<tr><td rowspan="2">전개</td><td>◎문제 중심 학습법으로 전환1 – 자료 수집
ㅇ자신이 좋아하는 광고와 그 이유를 생각해보기(개인 활동지)
ㅇ배경 음악의 역할과 가치
– 배경 음악의 역할
– 배경 음악의 가치</td><td>논리
/분석
적
사고</td><td>전체
및
개인</td></tr>
<tr><td>◎문제 중심 학습법으로 전환2 : 잠정적 문제 해결 시도
ㅇ광고 음악의 분류와 감상
– 광고 음악은 어떻게 분류될까요? (개인 활동지)
ㅇ형성 평가 (개인 활동지)</td><td>문제
발견</td><td>전체
및
개인</td></tr>
</table>

전개	◎문제 중심 학습법으로 전환3 : 조사 연구 및 해결책 강구 ㅇ모둠별로 광고 음악의 조건을 찾아보고 토론하기 – 광고 음악의 조건 조사하기 – 광고 음악의 조건 토의하기(모둠 활동지) – 심화 활동	수렴적 사고, 의사결정 능력	모둠
정리	◎해결책 만들기 및 결과 발표 · 평가 – 모둠별로 정리된 조건 발표하기(자기 평가지) – 총괄 평가	개방성, 비판적 사고	전체

b. 학습 지도의 실제(TV홈쇼핑 배경 음악)

표 3-17. 'TV홈쇼핑 배경 음악' 수업 계획안

학습 주제	음악 마케팅 – TV홈쇼핑 배경 음악	학습 차시	2/3 차시
학습 목표	카테고리별 제품군의 특성에 따른 사용 음악을 분석하고, 제품과 배경음악의 관련에 대한 인식을 확장시킬 수 있다.		
학습 단계	교수 – 학습 내용 및 활동	창의 요소	학습 형태
도입	◎준비 하기1 ㅇ동기 유발 : 동영상 자료 감상 ㅇ학습 문제 제시	문제 발견	전체
전개	◎주제 결정하기 : 자료 수집 ㅇ유통 구조의 변화에 대한 이해	논리/분석적 사고	전체
	◎탐구하기1 ㅇTV홈쇼핑 카테고리별 상품군의 광고 특성에 따른 사용 음악의 선곡 조건 분석하기 –TV홈쇼핑에서 광고하는 상품군의 분류는 어떠한가? –TV홈쇼핑 배경 음악 선곡 조건은 무엇인가? ㅇ보충 활동 감상		
	◎탐구하기2(토의 학습) ㅇ선택한 상품군의 홈쇼핑 배경 음악 분석하기 ㅇ특정 상품을 선택하여 배경 음악 선곡하기		

정리	◎정리하기 ㅇ결과 발표 및 평가 ㅇ선택한 상품의 홈쇼핑 배경 음악 선곡 내용을 발표. ㅇ총괄 평가 : 자기 평가	독창성, 문제 해결력	전체

위 수업 계획서에 잘 나타나지 않은 부분은 평가적 요소이다. 위 수업은 음악 마케팅의 주제 속에서 '광고 음악'과 'TV홈쇼핑 배경 음악'을 소재로 삼아 구상된 것인데, 광고를 위한 목적으로 사용된 음악을 다루는 것에는 문제가 없지만, 과연 어떤 지식이 광고학을 대변하고 있는지는 분명치 않다. 따라서 위 수업 계획서의 상태로는 음악과 광고학의 융합적 수업이라기 보다는, '광고 음악'을 소재로한 학습을 바탕으로 학생들에게 창의적 요소를 자극하는 것을 목표로 한 수업에 가까울 것이다. 이러한 지적은 두 교과 간의 융합 수업에서 두 교과의 지식을 직접적으로 다루는 것을 목표로 한 융합 수업과 두 영역을 아우르는 어떤 주제를 중심으로 한 수업을 통해 창의성이나 인성, 정서 등의 다른 부수적 요소들을 기르는 것을 목표한 융합 수업이 구분될 필요가 있다는 것을 시사한다. 융합의 성격에 따른 학습목표 및 내용을 비교하면 다음 [표 3-18]과 같다.

표 3-18. 융합의 성격에 따른 학습 목표 및 내용 비교

융합의 성격	학습 목표 및 내용	사례
교과 지식 융합	서로 융합된 두 교과의 지식	수학+과학, 생물학+화학
주제 중심 융합	융합된 주제를 통해 지식 자체보다는 창의, 인성적 요소의 학습	명상 음악+인성/정서 교육 광고 음악+창의적 사고
지식과 기술	주지 교과와 기술 교과의 융합	영양학과 요리 생물학과 임상의학 심리학과 상담학

즉, 위와 같은 다양한 융합의 성격 가운데에서 어떤 것을 목표로 하고 있느냐에 따라 융합 수업의 내용과 수업 진행에 있어 집중도가 달라져야 할 것이다.

5) 미술 중심 융합 수업[14]

가. 미술 중심 융합 수업의 방향

현재 미술 교과가 관련된 STEAM 교육 방식의 융합 수업이 갖고 있는 문제점들은 다음과 같다. 첫째, 대부분의 융합 인재 교육 프로그램의 구성과 수업 실천은 과학 교과를 중심으로 한 STEAM 학습 준거의 골조에 근거하여 개발되고 있어, 예술 과목은 단지 동기 유발의 측면인 상황 제시나 산출물을 표현하는 도구로써 제시되고 있다. 즉, 이러한 상황 속에서 예술 교과와의 융합은 학습의 흐름과 긴밀히 연결되지 못하고, 주로 디자인과 아이디어를 발전시키기 위한 스케치 작업 또는 단순한 제작 및 표현 활동에 머무르고 있다. 둘째, 미술 과목에 과학, 공학, 수학, 기술 교육을 융합한 프로그램을 개발했다고 하지만, 이들은 미술(예술)이 가지는 본래의 교육적 요소를 살리면서 타 교과 지식과 융합을 시도한 프로그램이라기보다는 과학이나 공학, 수학 학습의 효과를 높이려는 목적이 주가 되고, 미술(예술)은 주변 교과로서의 역할에만 머무르는 표피적인 융합이 이루어지는 경우가 많다. 셋째, 과학, 기술, 공학, 예술, 수학이 모두 포함되어야 한다고 의식하면서, 여러 교과의 지식들을 억지로 얽어 넣는 식으로 교육 내용을 무리하게 확장하는 경우도 있다(노상우. 안동순,

---

14) 본 수업 계획서는 미술 전공 대학원생이 구상한 수업 설계를 보완한 것임.

2012). 반면 넷째, 과학, 기술, 공학, 수학 교과 지식들 간의 융합점을 신중하게 탐색하기 보다는 '과학과 기술(S+T), 과학과 예술(S+A), 과학, 공학, 예술(S+E+A)' 등 교과들의 지식이나 내용들을 나열식으로 연결하는 수업도 많이 발견된다(박영석 외, 2012).

위와 같은 문제점들에 대한 비판적 인식을 바탕으로, 자연과학 교과목들과 미술 교과를 융합하고자 할 때는 다음의 두 가지 질문들에 대한 면밀한 검토를 통해 수업의 설계가 이루어져야 할 것이다.

a. 자연과학과 예술을 융합하는 장면에서 예술의 이념은 어떻게 설명되고 있는가?

b. STEAM 교육의 융합 수업에 있어서 예술은 어떻게 구상되고 있는가?

표 3-19. 미술 교과 중심 융합 수업의 목표

구분	미술 교과의 역할	융합 수업의 목표
융합 교육 목표	직관이나 통찰, 상상력, 협력, 소통, 탐구, 공감, 배려 등	예술적 감성과 창의성을 풍부하게 하여, 특정 대상에 대해 과학, 수학 등의 학문의 관점과 함께, 예술의 관점에서 대상을 보고 느껴 사고하며, 표현 능력을 갖추어 융합적으로 사고하는 능력을 육성할 수 있다.
수업의 구상	언어 정보를 시각적 정보로 바꾸는 것, 객관적 사실에 이미지를 더하는 것.	미술의 의미는 '이미지 · 설계된 것'을 시각적으로 물건이나 표현물로써 제작하는 것 또는 그 제작물의 부가가치를 높이는 활동이다. 수업은 창의적 설계와 감성적 체험이 이루어질 수 있도록 하며, 학습의 결과물로써 가시적인 산출물을 만들어내는 방향으로 설계하면 좋을 것이다.
수업 실천의 장면	창의성, 인간성/휴머니즘, 커뮤니케이션 등의 감성 활용	미술의 역할은 지식으로써 이해한 과학 원리를 실제로 물건으로써 제작하는 활동 또는 실용품을 시각적으로 아름답게 제작하는 것과 같은 활동이다.

위와 같이 미술 교과의 특성과 그 역할을 잘 활용하여 융합 교육의 목

표 설정과 융합 수업의 구상 및 실천의 차원에서 미술 교과의 장점을 최대한 살릴 수 있는 방식으로 수업을 설계하는 것이 관건이다. 이를 통해 창의성 신장과 함께 인간성 및 감성적 민감성에 대한 훈련과 경험의 기회를 제공해주는 미술 중심 융합 프로그램이 고안될 수 있을 것이다(김정효, 2013).

아울러 미술 중심 융합 수업의 구조는 앞서 소개한 조향숙(2012)의 미술중심 STEAM 교육 설계의 세 가지 요소인 '상황의 제시', '창의적 설계', '감성적 체험'을 활용할 수 있다. 이 구조를 바탕으로 다음과 같은 구체적인 실천 전략을 수립할 수 있다.

a. 교사에 의해서 미리 설정된 과학 원리를 탐색한다(상황의 제시).
b. 교사에 의해 미리 계획된 실험을 실시하여 과학 원리를 확인한다(창의적 설계).
c. 확인한 과학 원리를 이용해서 설정된 과제의 해결 방안을 모색한다(창의적 설계).
d. 확인한 과학 원리를 이용해서 생활품이나 표현물을 시각적으로 아름답게 제작한다(감성적 체험).
e. 과제의 주제와 관련된 STEAM 교과를 제시하고, 해당하는 교과에 관련된 학습 내용이나 소재를 제시한다.

위와 같은 미술 중심 융합 프로그램의 방향과 구조를 참조하여, 실제적인 프로그램을 작성해보자.

나. 미술 중심 융합 수업의 설계

이 절에서 소개할 수업 설계안은 Yakman(2007)의 분류에 의한 Arts 영역을 기반으로 한 STEAM 프로그램의 차원에서 국어, 지리, 역사, 미술의 교과를 포괄적으로 융합한 프로그램이다. 이 수업 설계안은 STEAM 프로그램 유형에 대한 박현주(2012)의 분류 중에서 과학(S)과 기술(T)을 제외한 모든 분야의 내용이 유기적으로 통합하는 '확장형' 유형을 기반으로 하였다. 융합에 있어서 각 교과들의 역할은 국어 교과 지식은 학생들의 사고력과 이해력, 그리고 표현력을 다루는 도구의 역할을 하고, 지리와 역사는 수업의 내용을 구성하는 역할을 하며, 미술 교과는 수업을 보다 실천적이고 수행적으로 전개해나가는 데 중요한 역할을 할 것으로 기대하고 있다.

본 프로그램의 교육 대상은 중학교 2학년 학생이며, 국어과의 「주장과 설득」 단원에서 "사회적 쟁점에 대한 자신의 의견을 논리적으로 발표한다"라는 학습 목표를 기반으로 구성한 것이다. 각 교과의 수업 주제는 다음 [표 3-20]과 같다.

표 3-20. 핵심 교과와 연계 교과의 수업 주제

구분	과목	활동 주제	시수
매개	국어	일본의 주장에 논리적 근거로 반박하기	1
내용 실천	역사	역사적 문헌 속의 독도의 실체 이해하기	1
	지리	독도의 위치와 영역	1
	미술	독도 캠페인 포스터를 위한 독도를 상징하는 상징물 만들기	1

위와 같은 수업 주제를 중심으로 다음 [표 3-21]과 같이 여러 과목들의 내용들을 융합하여 고안해볼 수 있다.

표 3-21. 융합 교과의 주요 학습 활동 사례

차시	융합 정도	주요 학습 활동
1/4	지리 + 미술	〈독도의 지리적 위치와 영역 이해하기〉 ● 한반도와 울릉도, 독도의 지리적 위치 및 독도 크기 이해 ● 동도와 서도의 차이 이해 ● 조별 독도 모형 만들기
2/4	역사과만 구성	〈사료에 나타난 독도 이해하기〉 ● 신라의 우산국 복속 이해 ● 고려의 울릉도, 독도 통치 이해 ● 조선의 울릉도, 독도 통치와 쇄환정책 이해 ● 조선의 수토정책 이해
3/4	역사과만 구성	〈일본의 주장에 대한 반박하기〉 ● 일본의 주장 알기 ● 일본의 주장 측(일본 외무성 대표 입장이라는 가정)에서 주장하기 ● 한국 입장에서 일본의 주장에 대한 반박하기 ● 정리 발표
4/4	국어 + 미술	〈자신의 생각을 시각 이미지로 표현하기〉 ● 독도 광고 만들기 ● 광고에 포함되어야 할 내용 정리하기 ● 광고에 독도의 상징으로 등장하는 시각 이미지(그림, 기호) 만들기 ● 제작한 시각 이미지(그림, 기호)의 상용화 방안 발표

위 표에 제시된 것처럼 국어과의 주제가 '논리적인 설득력 기르기'이므로, 독도 문제(지리와 역사 지식)를 중심으로, 이를 창의적이고 설득력있게 표현하는 하나의 방법으로써 포스터 만들기나 광고 만들기(미술 교과의 경험)를 시도하는 장면을 구상하였다. 위 계획안 중 미술과와 접목된 두 가지 융합 수업(지리+미술, 국어+미술)의 계획서를 사례로 제시해본다.

(1) 수업 계획서의 예시 1 : 지리+미술

표 3-22. '독도 문제' 중심 융합 수업(지리+미술)

<table>
<tr><td colspan="2">교과</td><td colspan="2">지리, 미술</td><td>학 년</td><td>2</td></tr>
<tr><td colspan="2">단원</td><td colspan="4">독도 개관 : 1. 독도의 위치와 영역</td></tr>
<tr><td colspan="2">학습 주제</td><td colspan="4">● 독도의 위치와 크기를 알고 발표할 수 있다.
● 독도의 지형적 특징을 알고 모형으로 제작할 수 있다.</td></tr>
<tr><td colspan="2">수업 형태</td><td colspan="4">협동 학습, 모둠별 발표 학습, 멀티미디어 활용 학습</td></tr>
<tr><td colspan="2">학습 준비물</td><td colspan="4">교과서, 판서, 인터넷, 폼보드, 가위, 칼, 자, 물감</td></tr>
<tr><td>학습 단계</td><td>학습 내용</td><td colspan="2">교수 · 학습 활동</td><td>시간</td><td>자료(◈)/유의점(※)</td></tr>
<tr><td rowspan="2">도입</td><td>동기 유발</td><td colspan="2">⊙ 교사 : 독도 소개 영상을 보여주고 소감을 발표하도록 한다. 독도에 다녀온 학생이 있을 경우 자신의 경험을 발표하도록 유도한다.
● 학생 : 동영상을 시청하면서 독도의 풍경을 감상하고, 독도 이슈 뉴스를 보면서 평소 독도에 갖고 있었던 생각과 현재 시청 후 생각들에 대해 자유롭게 발표한다. 독도에 대한 호기심을 갖게 된다.</td><td>5'</td><td>◈독도 실시간 영상 소개</td></tr>
<tr><td>학습 목표</td><td>⊙ 학습 목표를 설명하고 이해시킨다.</td><td>● 학습 목표를 이해한다.</td><td>5'</td><td>◈ 판서</td></tr>
</table>

<table>
<tr><td rowspan="2">전개</td><td>학습
활동</td><td>⊙ 교사 : 독도의 위치와 크기에 대해 학습지를 바탕으로 설명한다.
● 학생 : 활동지를 학습하고 수행하며 독도의 위치와 크기를 이해한다.
⊙ 교사 : 학생 활동지를 배부하고, 이미 안내된 형식과 절차에 따라 학습 활동을 수행할 것을 설명한다. 독도 모형 만들기 순서를 안내 한다. 모둠별로 역할과 과제를 분담한다. 학습지 및 다양한 자료를 통해 모형을 만든다.
● 학생 : 학생 활동지를 배부 받고, 이미 안내된 형식과 절차에 따라 학습 활동을 수행한다. 독도의 위치와 크기 이해 – 독도 골든벨(위치와 영역에 대한 퀴즈 및 답변)
● 모둠별로 독도 모형을 만든다.</td><td>25'</td><td>독도의 위치와 크기를 외우는 것이 아니라, 독도의 사회 · 문화적 상황을 이해하기 위해 바탕이 되는 학습임을 주지시킴</td></tr>
<tr><td>활동
정리</td><td>⊙ 교사 : 학생이 만든 모둠별 독도 모형을 교실에 전시하여 학생들이 고루 공유할 수 있도록 안내하고, 각 모형에 대하여 피드백을 준다.
● 학생 : 학생들이 결과물을 고루 공유할 수 있도록 안내받는다.</td><td>5'</td><td></td></tr>
<tr><td rowspan="3">정리</td><td>본시
학습
정리</td><td>⊙ 교사 : 지금까지의 활동을 통해 현재의 독도의 위치와 영역을 이해하는 것의 중요성을 설명하고, 본 수업이 다음 차시 수업들에 바탕이 됨을 안내한다.
● 학생 : 지금까지의 활동을 통해 독도의 위치와 영역 그리고 다음 차시의 바탕이 됨을 이해한다.</td><td rowspan="3">5'</td><td></td></tr>
<tr><td>과제
제시</td><td>⊙ 다른 모둠이 만든 모형물을 감상할 것을 과제로 제시한다.</td><td></td></tr>
<tr><td>차시
예고</td><td>⊙ 다음 차시를 예고한다.</td><td></td></tr>
</table>

(2) 수업 계획서의 예시 2 : 미술+국어

표 3-23. '독도 문제' 중심 융합 수업(미술+국어)

<table>
<tr><th colspan="2">교과</th><td>미술, 국어</td><th>학 년</th><td>2</td></tr>
<tr><th colspan="2">단원</th><td colspan="3">4. 자신의 생각을 이미지로 표현하기</td></tr>
<tr><th colspan="2">학습 주제</th><td colspan="3">● 독도 광고를 만들 수 있다.
● 독도 광고에 상징으로 등장하는 독도 이미지를 만들 수 있다.</td></tr>
<tr><th colspan="2">수업 형태</th><td colspan="3">체험 활동(미술 실습)</td></tr>
<tr><th colspan="2">학습 준비물</th><td colspan="3">교과서, 판서, 각종 미술 도구</td></tr>
<tr><th>학습 단계</th><th>학습 내용</th><th colspan="2">교수 · 학습 활동</th><th>시간</th></tr>
<tr><td rowspan="3">도입</td><td>전시 확인</td><td colspan="2">⊙ 독도 광고에 포함하고 싶은 내용을 발표하도록 한다.</td><td>5'</td></tr>
<tr><td>동기 유발</td><td colspan="2">⊙ 세월호 사건을 상징하는 상징물을 소개하고 소감 발표를 하도록 한다.</td><td>4'</td></tr>
<tr><td>목표 제시</td><td colspan="2">⊙ 학습 목표를 설명하고 이해시킨다(판서).</td><td>1'</td></tr>
<tr><td rowspan="2">전개</td><td>학습 활동</td><td colspan="2">⊙ 독도 광고에 독도의 상징을 등장하는 시각 이미지(그림, 기호)를 만들도록 한다.
● 각자 준비한 미술 준비물로 자신만의 독도 상징물을 제작한다.</td><td>20'</td></tr>
<tr><td>활동 정리</td><td colspan="2">⊙ 독도 상징물을 친구들에게 소개하도록 한다.</td><td>5'</td></tr>
<tr><td rowspan="3">정리</td><td>본시 학습 정리</td><td colspan="2">⊙ 지금까지 활동을 통해 주장과 설득 이전에 충분히 주제에 대한 연구가 있어야 하며, 상대방의 주장과 근거를 경청하고 논리로써 반론을 제기해야 함을 이해시킨다.
● 지금까지의 활동을 통해 논리적 근거를 가지고 독도 영유권을 주장할 수 있으며, 일본 정부의 잘못된 근거를 논리적으로 비판할 수 있음을 이해한다.</td><td rowspan="3">5'</td></tr>
<tr><td>과제 제시</td><td colspan="2">⊙ 자신이 만든 독도 상징물의 상용화 방안에 대해 생각해 오도록 과제를 제시한다.</td></tr>
<tr><td>차시 예고</td><td colspan="2">⊙ 다음 차시를 예고한다.</td></tr>
</table>

요컨대, 위와 같이 미술 교과와 다른 교과를 결합한 수업에서는 미술 혹은 예술의 어떤 교육적 가치나 목표가 다른 교과들과 융합되고 있는가에 대한 분명한 이론적 기반이 필요하다. 예술 교과의 활동이나 실천 행위들이 다른 교과 지식을 수행하는 차원에서 활용되는 것만으로는, 진정한 예술과 타 교과와의 융합적 수업이라고 보기 힘들다. 대부분의 예술 융합 수업에서는 이러한 융합의 원리에 대한 이해와 구체적인 적용 없이, 수업을 설계한 교사가 가진 예술에 대한 단편적인 인식을 융합 수업의 차원에서 구상하는 수준이다(김정효, 2013). 그러므로 예술 교육의 어떤 가치와 이념을 융합 수업에 적용하고자 하는가에 대한 분명한 이해와 구체적인 적용 방법을 고민하는 것이 의미 있는 예술 융합 수업의 출발점이 될 것이다.

다. 미술 중심 융합 수업의 교육적 의의

앞서 강조한 바와 같이 융합 수업은 반드시 지식의 융합만을 목표로 하지 않는다. 사실 예술(미술, 음악) 교과가 관련된 융합 수업은 지식 보다는 창의적 요소, 인성적 요소, 혹은 정서적 요소를 개발하는 데 훨씬 큰 교육적 목적과 효과를 기대할 수 있을 것이다. 그런 의미에서 예술 수업이 가져다주는 자아 개념의 증진과 공동체적 삶의 의미에 대한 수업 목표에 대해 논의해 볼 필요가 있다.

(1) 자아 개념으로서의 예술(Art as a Sense of Being)

Dissanayake(1988)는 예술을 인간이 삶의 의미를 추구하기 위해 수행하는 것으로써 다른 것으로는 대체 불가능한 활동이라고 정의하였다. 즉, 인간의 사회적 활동은 경제적, 사회 관계적, 육체적 욕구 등에 의해 촉발되고 있지만, 그런 행위들로 충족될 수 없는 삶의 의미에 대한 갈망이 예술적 활동으로 표출 혹은 승화된다는 것이다. 여기서 예술 활동을 통해 삶의 의미를 찾는 과정은 결국 개인의 존재감을 반영하는 행위이고, 그 행위의 결과물인 예술 작품들은 자기 정체성, 거주 환경, 공동체, 그리고 문화 등에 대한 인식(sense)을 드러낼 수밖에 없다. 이것이 바로 예술 활동을 통해 존재감(a Sense of Being)이 반영되는 방식이다.

사실 예술은 인간의 예술적 활동의 결과물(artifacts) 자체라기보다는, 그 이전의 예술가들의 사고, 느낌, 그리고 모든 정신적 관념의 총체이다. 그렇기 때문에 예술의 출발점은 예술가 자신이고, 세상과 소통하는 자신에 대한 인식, 즉 자아 개념이 중요한 역할을 할 수밖에 없다. 이러한 자아 개념을 바탕으로 예술가를 포함한 모든 사람들의 삶은 주변의 세계에 참여하고 자신의 감각들을 통해 주변의 모든 사건을 경험하는 것이다.[15] 예술적 작업도 그 과정의 하나로써, 예술가가 자신의 느낌과 자기 자신에 대해 표현하는 자기 진술(self-statements)의 과정이며 그러한 자기 진술을 타인과 공유함으로써 삶의 의미를 확인하는 작업이라고 볼 수 있다.

지금까지 이러한 예술가의 자아 개념 그리고 자아 정체성의 문제에 대해서는 많은 논의가 이루어지지 못했다. 그 이유는 크게 두 가지를 들 수

15) Dewey(2005/1934)는 감각이란 경험에 의해 직접적으로 체화됨으로써 그 자체의 의미가 조명을 받는 상태라고 보았기 때문에, 감각 기관들이 완전하게 구현되었을 때 그 기관들의 기능을 드러내 보여주는 유일한 징표가 감각이라고 주장하였다. 이때 감각들은 생명체가 자신을 둘러싼 세계와의 끊임없는 상호작용에 직접적으로 참여하는 생체기관 자체가 되는 것이다. 이러한 참여가 이 세계의 다양한 놀랍고 멋진 경험들을 그 생명체가 경험하는 질적 수준에 따라 그에게 드러내 보여주게 된다는 것이다(p. 22). 요컨대, 이러한 듀이의 관점에서 보면, 예술은 변화하는 삶의 경험들의 총합이 형상화된 결과물인 셈이다.

있다. 하나는 앞서 언급한 바와 같이 예술적 의도보다는 구체적인 예술적 결과물에 관심이 집중되었기 때문이고, 다른 하나는 역설적이게도 개인 중심의 예술관 즉, 예술가를 독자적인 개인으로서만 인식했던 풍토 때문이다. 개인주의적 예술관은 예술적 창작의 아이디어 및 결과를 대부분 예술가 개인의 독자적인 관념, 창의성, 행위로 인식해왔던 태도에서 확인할 수 있고, 이는 엘리트주의적 예술관에 기여하기도 했다.

예술가의 자기 정체성은 자신의 삶에 대한 인식일뿐만 아니라, 다른 사람들의 관점이나 이해로부터 형성되기도 한다. 그런 의미에서 예술가의 정체성은 사회적으로 형성되며, 다중적 관점(multiple perspectives)을 갖는다(Jones, 2009). 즉, 예술은 타인의 관점을 통해 자신을 돌아보는 작업(자아 정체성)이고, 예술 활동의 과정에서 다양한 개인들, 집단들, 문화들, 그리고 삶의 양식들에 대한 느낌, 이해, 성찰을 반영하는 작업이 될 수 있다. 이를 위해서 예술 작업은 사람들의 삶 속에서 나타난 여러 이야기들, 문화들, 그리고 논점들을 묘사하는 과정을 포함하게 되고, 그것이 바로 자신과 타인의 존재 의미를 탐색하고 표출하는 독창적이고 강력한 도구로써 다문화 예술 교육의 역할이 되는 것이다(Anderson & Milbrandt, 2004).

(2) 공동체적 삶의 표현으로서의 예술

위대한 일은 충동적으로 이루어지는 것이 아니라, 작은 것들이 한데 어우러지는 일련의 과정을 통해 이루어진다 (Vincent van Gogh).

Jono Bacon(2012)는 자신의 저서 『공동체의 기교(The Art of Community)』의 1장 첫머리에 위와 같은 고흐의 말을 인용하면서, 예술을 포함한 모든 위대한 인간의 업적은 개인적 작업이라기보다는 집단적 성과임을 강조하고 있다. 공동체(community), 협력(collaboration), 소통(communication)과 같은 단어들은 모두 '나눔'이라는 의미의 접두어(co-)을 공유하고 있다. 이 나눔의 중요성은 예술 분야에서도 예외가 아니다. 나눔(sharing)은 모든 소통이나 교류의 기본 원리로써, 지식 자체도 혼자만의 힘으로는 성립되지도 않고 의미도 없다. 그런 의미에서 모든 지식은 사회적이고, 공유적인 것이며, 공유되지 않는 지식은 지속 가능하지 않다(Gruber, 2008; Peschl & Fundneider, 2008).

예술도 마찬가지다. 예술적 감성, 느낌, 아이디어, 행위는 개인의 차원에서 일시적으로 발생할 수 있지만, 그것에 가치가 부여되거나 평가되고 더 나아가 지속되기 위해서는 그러한 사건들(events)이 모두 교류, 공유, 재구성, 해석이라는 사회적 과정을 거쳐야 한다. 만일 예술이 어떤 방식으로건 인간의 감정, 정서, 아이디어 등의 표현(expression)이며, 삶의 재현(representation)이라면, 그 궁극적 지향점은 모두 사회적인 것이다. 그러한 의미에서 다문화 예술 교육은 예술이 '개인적인 과업'이라는 기존의 개인주의적이고 엘리트주의적인 예술관을 극복하는 것이다.

요컨대, 다문화 예술 교육은 세 가지 핵심적 원리인 예술을 통한 자기 발견, 문화적 자원을 자원과 척도로써 예술적 성과로 표상해내는 능력, 그리고 공동체적 삶을 표현하고 구현하는 것을 목표로 하여 이루어져야 할 것이다.

6) 주제 중심의 통합 수업

가. 주제 중심 통합 수업의 이해

주제 중심 통합 수업이란 특정 주제를 중심으로 다양한 교과 및 학문 분야의 지식들을 아우르면서 심층적인 탐구 활동을 통해 이루어지는 학습을 의미한다. 주제 중심 통합 수업은 내적 동기 유발을 강조하고, 학생들의 탐구 학습을 장려하며, 지식을 실천해볼 수 있는 기회를 제공해준다는 의미에서 이론과 실천의 융합을 위한 좋은 학습 경험이 될 수 있다. 그런 의미에서 주제 중심 통합 학습은 교과 지식을 분리된 상태로 배우는 것이 아니라, 수학, 과학, 사회과와 같은 지식 중심 교과, 국어나 외국어 등의 사고 및 의사소통을 촉발하는 교과, 그리고 음악이나 미술과 같은 창의성을 촉발하는 교과 간의 융합적 접근을 기본으로 한 수업이다. 학생들은 주제 중심 통합 수업을 통해 지식을 얻는 것뿐만 아니라 통합적 사고 능력도 배양할 수 있게 되는 것이다(Katz & Chard, 1989). 주제중심의 통합을 위해서는 교과별로 핵심 학습 개념들을 정리하여 공통된 개념을 찾아 통합하고 그에 대한 교수 방법을 구상하는 교육과정의 재구성이 필요하다. 각 교과별로 핵심 개념들과 그 개념에 담긴 내용들(아이디어와 기술)이 제시되면, 이를 수업의 주제를 중심으로 선정한 후 학생들의 흥미를 고려하여 다양한 수업 활동으로 구상할 수 있는 것이다. 그러므로 주제 중심 통합 수업을 위해서는 교과 담당 교사들 간의 지속적이고 긴밀한 협력 관계가 필요하다.

나. 주제 중심 통합 수업의 설계

주제 중심 통합 수업 설계 시에 고려해야 할 몇 가지 중요한 사항들이 있다. 첫째, 주제 선정 시에는 동일 학년 내의 여러 교과목 간에 상호 연결하여 탐색 할 수 있는 주제를 선정하는 횡적 통합이 학기별로 다룰 수 있는 주제들을 파악하여 학년 간의 종적 통합을 시도하는 것보다 용이하다. 그리고 주제 선택 시에는 아동들의 생활과의 관련성, 재료와 장비의 유용성, 그리고 학교와 지역 사회 안에 있는 자원에 접근할 수 있는 방법 등에 따라 주제를 선정한다.

둘째, 주제가 선정되면 주제에서 다루어질 개념과 아이디어의 전개망을 구성한다. 이처럼 개념과 아이디어 전개망을 구성하면 통합 교과들에서 제시하는 개념과 아이디어들이 포함되어지고 교과간의 연결 관계 파악이나 좀더 심화된 상위 개념, 하위 개념이 무엇인지에 대한 파악이 가능하다.

셋째, 개념과 아이디어 전개망에서 현재의 학생들의 흥미, 수준, 주변 환경 등을 고려하여 각 개념이나 아이디어 이해 및 실천에 필요한 지식, 태도, 기능 습득에 도움이 되는 활동들을 고려하여 활동망을 구성한다. 활동 고려 시 집단 활동과 집단 형태(소집단, 개별 활동 등)도 함께 고려하고, 아동의 발달 수준, 사전 경험, 흥미 등에 기초하여 개념과 아이디어의 범위와 수준, 활동 영역, 활동 방법 등을 계획한다.

넷째, 아이디어 전개망과 활동망을 구성한 후에는 학생들의 학습 주기를 고려하여 주간 계획과 일간 계획을 작성한다. 일반적인 학습 주기는 인식(새로운 지식의 경험들), 탐색(학습하려고 하는 것의 구조에 대한 파악), 탐구(학생 자신의 행동이나 개념을 사회에서 관찰된 것과 대조하여 분석하고 비교하며 문화의 관습적 패턴에 근접하도록 만드는 과정), 그리고 적용(학생이 학습한 것을 다양한 목적으로 활용하고 새로운 상황에 학습한 것을 접목시키는 것)의 순서로 진행된다.

다섯째, 환경 구성과 평가의 단계이다. 환경 구성은 일일 계획에 제시된 활동이 가능하도록 교실에 활동 영역별 환경 구성을 하여 자율적 활동 진행을 돕도록 교실의 벽면이나 복도 등을 활용하여 역동적 상호작용이 이루어지게 하는 준비 과정이다. 또한 평가의 차원에서 통합 교육과정 운영 후 주제의 전반적 아이디어에 대한 아동의 이해 수준, 기술의 발달 수준과 교수·학습 과정을 평가하고, 아동의 현재 흥미를 파악하여 다음의 주제를 확정하고 이 주제를 중심으로 통합 교육과정을 설계한다.

위와 같은 주제 중심 통합 수업의 설계 방식을 적용한 실제 수업 설계안의 사례를 살펴보도록 하자.

다. 주제 중심 통합 수업의 사례

본 주제 중심 통합 수업은 초등 5학년 2학기와 6학년 1학기의 사회 교과를 중심으로 한 수업이다. 이 통합 수업의 주된 목표는 학생들이 교과서에 제시된 표면적인 내용만 이해하고 넘어가는 것이 아니라, 주제의 저변에 깔려있는 배경 의미를 이해하고, 동시에 수업이 제시한 성취 기준에 도달할 수 있게끔 하는 것이다. 수업 내용은 비교적 가까운 과거인 조선 시대의 삶이 현재의 삶과 어떤 관련성이 있는 것인지와 현재를 사는 우리에게 어떤 의미를 주는지를 이해하게 하는 것이다. 이를 위해 조선 초기 세종 대의 문화와 과학 기술 발전 부분 중에서 농사직설, 자격루, 측우기 등이 당시 왜 어떠한 필요성으로 발명되었는지, 어떤 점에서 이러한 기구들이 우수한 것들인지를 생각해보는 기회를 주고자 하였다. 여기서 설계자는 핵심 주제를 한 나라의 통치자가 어떤 마음으로 백성(국민)들을 다스려야 하는지와 관련시켜 '사람을 사랑하는 마음'으로 정하였다. 즉, 위와 같은 기구들은 백성을 사랑하는 세종대왕의 마음이 담겨있는 것이라고 보고, 위와 같은 기구들의 특성과 역할을 이해함과 동시에 사람에 대한 애정과 공동체 정신도 같이 배울 수 있을 것이라는 교육의 목표를 설정한 것이다.

따라서 대주제를 '사람을 사랑하는 마음'으로 정하고, 5학년 2학기 교육 내용 중에서 이 주제를 포함한 학습 내용을 다음 3개의 소주제로 선정하였다.

- 소주제 1 : 꽃보다 아름다운 사람 이야기
- 소주제 2 : 우리를 위한 규칙
- 소주제 3 : 함께하는 즐거움

위 세 가지 주제들을 중심으로 어떻게 통합 수업을 구성할 수 있는지 다음 사례를 참고해보자.

(1) 주제 중심 통합 수업의 구성

우선 앞 절에서 소개한 세 가지 주제를 중심으로 전체적인 수업 내용을 정리하고, 각 내용과 관련하여 어떤 교과가 관련되어 있을지를 배정할 필요가 있다. 다음 [표 3-24]는 이를 표로 정리하여 놓은 것이다.

표 3-24. 소주제별 융합 교과 수업의 내용 예

교과	단원 및 성취 기준	통합 활동	시수
창체	▶ [주제망 짜기] • 주제 인식 1) '사람을 사랑하는 마음'과 관련해 떠오르는 것, 브레인스토밍하기 2) 대주제와 어울리는 하고 싶은 활동 생각해보기 3) 교사가 계획하고 있는 차시별 주요 단어를 제시하고, 대주제와의 관련성 떠올려 보기 4) 주제 통합 학습 전개 과정 안내하기		1

창체	▶[자료 및 유의점] • 마인드맵을 하고, 학생들이 하고 싶어 하는 활동을 유동적으로 적용할 수 있다. (학생들의 의견을 최대한 수용하기)		1
〈 소주제 1 : 꽃보다 아름다운 사람 이야기 〉			
창체		* 초인종 의인 이야기 듣기 – 어떤 마음이 들었을까 추측해보기 – 초인종 의인이 부모님께 쓰는 마지막 편지, 구조를 받은 사람들의 입장이 되어 초인종 의인에게 감사 편지 써보기	1
실과	4. 생활과 기술 1) 기술과 발명의 기초 일상생활에서 사용하는 물건들이 기술과 발명의 활동으로 이루어진 것임을 이해하고, 생활에 필요한 간단한 생활 용품을 새로운 아이디어로 발전시키고 만들 수 있는 능력을 기른다.	*사람의 삶에 도움을 주는 발명품 고안하기 – 기술과 발명의 뜻 이해하기 – 우리가 사용하는 물건들에 적용된 기술 알아보기 – 발명 기법 알아보기 – 생활 용품에 적용된 발명 기법 설명하기	6
사회	3. 유교 문화가 발달한 조선 2) 조선의 문화와 과학의 발전 세종 대의 문화, 과학 분야의 여러 성과와 그 의의를 설명할 수 있다.	* 백성을 사랑한 세종대왕의 마음 알기 – 백성의 어려움 듣기 – 해결 방안 생각해보기 – 백성에게 도움이 된 점	2
수학	6. 자료의 표현 평균의 의미를 이해하고, 주어진 자료의 평균을 구할 수 있으며, 이를 활용할 수 있다.	– 측우기를 이용한 강우량 자료로 평균 강수량 구해보기 – 평균이 우리 실생활에서 활용될 수 있는 예 생각해보기	1
〈 소주제 2. 우리를 위한 규칙 〉			
도덕	9. 모두 함께 지켜요 질서 있고 안전한 사회생활을 영위하기 위해 법과 규칙을 지키는 것의 중요함을 종합적으로 이해하고, 일상생활에서 준법의 태도를 일관되게 지닐 수 있다.	– 규칙의 필요성 역할극 – 규칙이 필요한 까닭 알기 – 우리가 지켜야 할 규칙 찾아보기 – 준법을 실천한 모범 사례 – 법과 규칙을 잘 지키기 위한 다짐과 실천	4

국어	3. 토론을 해요 토론의 절차와 방법을 알고 적극적으로 참여한다.	* 규칙 준수에 관한 토론하기 예) 법과 규칙을 몰라서 어겼을 경우 벌을 주어야 하는가? – 토론의 특성, 절차와 방법 알기 – 주장을 뒷받침하기 위하여 자료를 수집하고 평가하는 방법 알기 – 토론의 절차와 방법을 지켜 토론하기	9
수학 + 미술 (지도안 1)	6. 자료의 표현 실생활 자료를 수집하여 목적에 맞는 그래프로 나타내고, 자료의 특성을 설명할 수 있다.	우리 학교에서 잘 지켜지지 않는 규칙 조사하고, 알맞은 그래프로 나타내기	1
	4. 함께 걷는 길 1) 거리 속 기호 다양한 시각 이미지의 의미 전달 방식을 탐색한다.	지켜야 할 규칙을 픽토그램으로 만들어 학교 안에 필요한 장소에 게시하기	2
〈 소주제 3. 함께하는 즐거움 〉			
수학	6. 자료의 표현 실생활 자료를 그래프로 나타내고, 이를 활용할 수 있다.	친구들이 여가시간에 하는 활동 조사하여 그래프로 나타내기	1
사회 + 체육 (*지도안 2)	3. 유교 문화가 발달한 조선 3) 유교의 전통과 생활 유교적 신분 질서 아래 양반과 중인, 상민, 천민의 생활 모습을 이해한다.	* 조선 시대 어린이들은 무엇을 하고 놀았을까? (조선 시대 사람들의 여가생활 알아보기 & 직접 해보기)	3
	5. 여가 활동 생활 주변이나 야외에서 실시할 수 있는 여가 활동에 대한 방법과 경험을 제시할 수 있다.		
음악	셋째 마당. 온 누리에 사랑을 담아 6) 덩덩쿵덕 놀아보자 악곡에 어울리는 신체 표현이나 놀이를 한다.	(강강술래) – 다른 반 또는 학년과 함께 해보기 4	4
	총 시수		35

문제는 위와 같은 융합 방식은 STEAM 교육 원리를 수업으로 구상할 때, 커다란 불일치가 발생하는 장면에는 제4장에서 언급한 선행 연구에서도 제시된 바와 같이 'S, T, E, A, M'의 내용이 잘 융합되기보다는 'S+T', 'S+A', 'S+E+A' 등 각 교과를 단순히 가산하는 방식으로 되어, 프로그램이 융합적으로 구성되지 못하고 있다는 문제가 있다(노상우 · 안동순, 2012).

(2) 주제 중심 통합 수업 지도안 사례 1 : 사회+체육

위와 같은 통합 수업을 설계하고 수업 계획안을 작성함에 있어 주의할 점을 앞서 소개한 '소주제 3'의 수업 지도안의 사례를 통해 살펴보자.

표 3-25. 소주제 3. 함께 하는 즐거움 중 사회+체육 지도안

<table>
<tr><td colspan="2">단원</td><td colspan="2">3. 유교 문화가 발달한 조선
5. 여가 활동</td><td>차시</td><td>29–31/35</td><td>교과서 쪽수</td><td colspan="2">사회(pp.156–159)
체육(pp.162–165)</td></tr>
<tr><td colspan="2">학습 주제</td><td colspan="5">조선 시대의 여가 생활을 알고, 여가 활동 계획하기</td><td>지도 학기</td><td>5–1</td></tr>
<tr><td colspan="2">통합
학습 목표</td><td colspan="7">1. 조선 시대 사람들은 여가 생활을 무엇을 하면서 보냈는지 말할 수 있다.
2. 생활 속 여가 활동을 계획하고 실천할 수 있다.
3. 다른 친구와 함께 어울려 놀며 즐거움을 느낀다.</td></tr>
<tr><td colspan="2">학습 자료</td><td colspan="5">동영상 자료, PPT, 활동지</td><td>핵심 역량</td><td>대인 관계 능력
자기 관리 능력</td></tr>
<tr><td>학습 단계</td><td>학습 조직</td><td colspan="6">교수 · 학습 활동</td><td>자료(⍾)및
유의점(♠)</td></tr>
<tr><td>도입</td><td>전체
(5)</td><td colspan="6">▣ 동기 유발
–여러분은 주로 어떻게 여가 시간을 보내나요?
–초등학생의 여가 생활에 대해 조사한 자료를 영상으로 함께 살펴봅시다.
▣ 학습 문제 확인
조선 시대 사람들의 여가 생활을 알고, 이를 반영하여 여가 활동을 계획하고 실천해 봅시다.</td><td>⍾동영상 자료</td></tr>
</table>

<table>
<tr><td>도입</td><td>전체
(5)</td><td>▣ 학습 활동 안내
1. 신분과 성별에 따른 여가 생활
2. 재미있는 민속놀이
3. 함께 즐기기
4. 여가 생활 계획하기</td><td>ⓢ동영상 자료</td></tr>
<tr><td>전개</td><td>개별
(15)</td><td>▣ 활동1. 신분과 성별에 따른 여가 생활
– 신분과 성별에 따라 어떤 여가 생활을 했을 것 같은지 예상하여 다음의 표를 완성해 봅시다.
<table><tr><td></td><td>남자</td><td>여자</td></tr><tr><td>양반</td><td>바둑, 활쏘기, 시 짓기, 서예, 그림 그리기, 뱃놀이</td><td>수 놓기, 투호</td></tr><tr><td>상민</td><td>윷놀이, 씨름</td><td>그네/널뛰기</td></tr></table>– 조선 시대 사람들은 어떤 여가 생활을 했는지 다함께 확인해 봅시다.</td><td>ⓢPPT, 활동지

♠ 보기에 예시를 주고 신분과 성별에 따른 여가 생활을 예상하여 빈칸을 채워보게 한다.</td></tr>
<tr><td>전개</td><td>모둠
(20)

전체
(50)

개별
(35)</td><td>▣ 활동2. 재미있는 민속놀이
– 조선 시대 사람들이 즐긴 민속놀이로는 어떤 것이 있나요?
– 조선 시대 사람들이 즐긴 민속놀이의 특징에 대해 알아 봅시다. 각 모둠별로 조사해온 민속놀이와 그 특징에 대해 정리하여 발표하겠습니다.
(줄다리기, 강강술래, 고싸움 놀이 등)
– 조선시대 사람들이 했던 여가 활동과 민속놀이 중 친구들이 직접 해보고 싶거나 해보았는데 재미있었던 놀이에는 무엇이 있나요?</td><td>ⓢPPT, 활동지

♠ 민속놀이의 방법과 특징 외에 민속놀이를 함께 하면서 어떤 좋은 점이 있었을지를 생각해보게 한다.</td></tr>
<tr><td>정리</td><td>전체
(5)</td><td>▣ 학습 내용 돌아보기
– 건전한 여가 생활을 위한 나의 다짐을 적어 발표해 봅시다.
▣ 차시 예고
– 다음 시간에는 강강술래를 할 때 불렀던 노래들을 배워보겠습니다.</td><td></td></tr>
</table>

위 수업 계획서는 주제 중심 통합 수업을 위한 사회과와 체육과의 융합 수업 지도안으로써 세 가지 유의 사항을 논의하고자 한다. 첫째, 사회과와 체육과가 어떤 측면에서 융합 수업을 이루고 있는지에 대한 교사의 분명한 목표 의식이 필요하다. 수업 계획서에는 사회과 과목의 내용

과 체육과 과목의 내용이 '섞여' 있다는 것은 분명하지만, 이러한 '섞임'이 어떤 의미에서 융합이 될 것인가에 대한 교사의 취지가 분명해야 한다는 것이다. 예를 들어, 위 수업 계획서에 나타난 통합 학습 목표는 어떤 의미에서 융합적 수업의 목표가 될 수 있는가에 대한 고민과 연구가 먼저 이루어져야 한다. 둘째, 일반적으로 융합 수업은 주지 교과(사회, 과학 등)와 실천 교과(예체능 및 도덕 교과 등)사이의 결합이 시도되는데, 엄밀히 말해서 교과 지식이 교육 현장에서 통상적으로 사용되는 방식처럼 과목명에 따라 주지 교과나 실천 교과로 구분되는 것은 아니다. 위 수업 계획서의 경우, 사회과는 조선 시대의 민속놀이에 대한 내용(지식)을 전달하는 역할을 담당하고 있고, 체육과는 민속놀이를 몸으로 체험(실천)해 보는 역할을 담당하고 있는 것으로 보인다. 교과 융합을 이런 식으로 구성하는 방식에 얽매이는 것은 융합 수업의 본질을 제대로 이해하고 있다고 보기 어려운 것이다. 즉, 모든 교과는 지식이나 이론적 영역과 실천적 영역을 각각 포함하고 있기 때문에, 교사들은 융합 수업을 설계할 때 교과의 성격이나 역할에 대한 기존의 선입견에서 벗어나서 수업을 구성해 봐야 하고, 그렇지 않고서는 융합 수업의 의미를 실현하기 어렵다. 셋째, 융합 수업의 가장 중요한 취지 중의 하나가 분과 지식 위주의 학습이 아니라 지식의 융합이고, 이 지식의 융합은 지식에 대한 이론적 이해뿐만 아니라, 실천과 응용력을 개발하는데 궁극적 목적이 있다. 따라서 올바른 융합 수업은 수업 내용 자체에 신경을 쓰는 것 이상으로 어떻게 수업에서 다른 지식을 적용하고 이를 평가할 것인가에 훨씬 더 집중해야 한다. 하지만 위 수업 계획서뿐만 아니라 대부분의 융합 수업 계획안이 적용과 평가는 소홀이 다루어지고 있다. 그리고 위 수업 계획서에서 수업의 마무리에 해당하는 '정리' 영역은 수업 내용의 적용이나 교사의 평가 활동이 이루어져야 할 부분인데, 제시된 "건전한 여가 생활을 위한 나의 다짐을 적어 발표해 봅시다"란 활동이 어떤 의미에서 학습 내용의 적용이며, 이를 어떻게 평가할 것인지에 대한 구체적이고 명확한 계획이 설정되어 있어야 할 것이다. 이러한 지적은 다음 '수학+미술' 융합 수업 지도안에도 동일하게 적용하여 생각해볼 필요가 있다.

(3) 주제 중심 통합 수업 지도안 사례 2 : 수학+ 미술

수학과와 미술과의 융합 수업을 설계할 때 흔히 다음 [표 3-26]과 같은 수업 지도안이 고안된다.

아래의 수업 지도안을 보고 어떤 장점과 문제점이 있는지 한번 생각해 보자.

표 3-26. 소주제 2. 우리를 위한 규칙 중 수학+미술 지도안

<table>
<tr><td colspan="2">단원</td><td>6. 자료의 표현
4. 함께 걷는 길</td><td>차시</td><td>25–27
차시
(총 35)</td><td>교과서
쪽수</td><td colspan="2">수학(pp.180–181)
미술(pp.30–31)</td></tr>
<tr><td colspan="2">학습 주제</td><td colspan="4">조사한 자료를 그래프로 나타내고, 픽토그램으로 표현하기</td><td>대상
학기</td><td>5–1</td></tr>
<tr><td colspan="2">통합
학습 목표</td><td colspan="6">1. 필요한 자료를 조사하여 목적에 맞는 그래프로 나타낼 수 있다.
2. 그래프를 보고, 지키기 위해 노력해야 하는 규칙에 관한 픽토그램을 만들 수 있다.
3. 학교 곳곳에 완성한 픽토그램을 게시하고, 규칙을 잘 지키기 위해 노력할 수 있다.</td></tr>
<tr><td colspan="2">학습 자료</td><td colspan="3">도화지, 싸인펜, 색연필, 자, 스티커, PPT, 활동지</td><td>핵심
역량</td><td colspan="2">민주 시민 의식
대인 관계 능력</td></tr>
<tr><td>학
습
단
계</td><td>학
습
조
직</td><td colspan="4">교수 · 학습 활동</td><td colspan="2">자료(♤)및
유의점(♠)</td></tr>
</table>

도입	전체 (5)	▣ 동기 유발 – 학교에서 지켜야 할 규칙에 대해 이야기 해 보자. – 규칙들이 없다면 생기게 될 문제들을 말해 보자. ▣ 학습 문제 확인 조사한 자료를 그래프로 나타내고, 픽토그램으로 표현하여 봅시다. ▣ 학습 활동 안내 1. 그것이 알고 싶다 2. 픽토그램 알기 3. 픽토그램 만들기 4. 규칙 실천 캠페인	
진개	모둠 (20) 개별 (15)	▣ 예 : 활동1. 그것이 알고 싶다 – 우리 학교에서 학생들이 자주 이용하는 장소는 어디인가요? : 화장실, 교실, 복도, 급식실, 계단, 운동장, 강당 등 – 그 중에서 규칙이 가장 잘 지켜지지 않는 곳은 어디라고 생각하나요? 그 이유는 무엇인가요? – 모둠별로 우리 학교에서 가장 잘 지켜지지 않는 규칙을 순서대로 5개 적어봅시다. – 8질지 도화지에 설문을 위한 조사표를 그려봅시다.	♤ PPT, 8절 도화지, 자 ♠ 우리 학교에서 규칙을 지키지 않은 모습을 찍은 사진을 보여준다.
	모둠 (40) 개별 (35)	▣ 활동3. 픽토그램 만들기 – 쉬는 시간과 점심 시간을 통해 조사한 자료를 바탕으로 하여 그래프를 나타내봅시다. 각 모둠에서 조사한 내용을 잘 나타내기에 적합한 그래프는 무엇일지 생각해보고, 그래프를 그려보세요. – 각 모둠들의 그래프를 보고 공통적으로 잘 지켜지지 않는 규칙을 3개 찾아봅시다. 지켜야 할 규칙을 떠올려주는 픽토그램을 만들어 봅시다. ▣ 활동4. 규칙 실천 캠페인 – 각 모둠에서 완성한 픽토그램과 관련된 캠페인 구호를 만들어 봅시다. – 친구들 앞에서 모둠에서 완성한 픽토그램을 소개하고, 캠페인 구호를 함께 외칩니다. – 완성한 픽토그램을 학교 내 필요한 장소 붙여봅시다. 쉬는 시간을 이용하여 캠페인 구호를 외치며 규칙 실천 캠페인을 하도록 하겠습니다.	♤자,도화지 ♠ 각 모둠에서 조사한 내용을 나타내기에 적합한 그래프를 선택하게 한다. ♠ 교실에서 픽토그램을 게시하기에 적합한 장소를 미리 정한 후에 캠페인을 하러 간다.

정리	전체 (5)	▣ 학습 내용 돌아보기 – 지켜야 할 규칙 외에 무엇을 조사하여 그래프로 나타내고 픽토그램으로 표현할 수 있을지 생각해 봅시다. ▣ 차시 예고 – 다음 시간에는 세 번째 소주제 '함께 하는 즐거움'과 관련하여 친구들이 여가 시간에 하는 활동을 조사하여 그래프로 나타내 보겠습니다.	

이상과 같이 특정 주제를 중심으로 교과들의 융합 수업을 목적으로 한 수업 지도안을 작성할 때, 다음과 같은 점을 전략적으로 고려할 필요가 있다. 첫째, 각 교과의 핵심 지식에 따라 융합하고자 하는 주제의 키워드들을 작성해 본다. 위 '수학+미술' 융합 수업 지도안의 경우, 수학과는 '자료 표현', '그래프', '규칙' 등으로 여겨지는데, 미술과의 경우 '픽토그램' 외에는 특별한 핵심 주제가 보이지 않는다. 그렇다면 위 수업에서 교사가 계획하고자 하는 융합의 요소는 무엇인가? '수학적 지식'과 '미술적 실천'인가? '수학의 그래프'와 '미술의 픽토그램'인가? 이러한 부분이 명확히 설정되어야 한다. 그것이 융합 수업의 출발이다.

둘째, 활동 4가 '규칙 실천 캠페인'으로 이루어져 있는데, 이러한 규칙 실천 캠페인이 어떻게 '수학과+미술과'의 융합이 되는지가 분명해야 한다. 수업 계획에 막연히 부수적인 활동을 집어넣는 것은 결코 체계적이고 효과적인 수업에 도움이 되지 않는다. 그리고 본 수업이 어떤 융합적 지식이나 활동에 집중하고 있는지 교사 자신부터도 불분명하다는 것을 보여준다. 결국 수업의 전체를 완벽하게 통제할 수도 없으며, 융통성 있게 수업을 운영할 필요도 있지만, 수업의 설계 차원에서는 우선 그러한 분명한 계획(scheme)을 가지고 있어야 한다.

셋째, '학습 내용 돌아보기' 활동에서 "지켜야 할 규칙 외에 무엇을 조사하여 그래프로 나타내고 픽토그램으로 표현할 수 있을지 생각해봅시다"라는 부분은 앞서의 '사회+체육' 융합 수업의 경우와 비교하여 적용과 평가의 방법이 반영된 것으로 보인다. 다만 여기에 그치지 말고, 교사는 이러한 과제에 대한 학생들로부터 예상되는 반응들을 예측하고, 그러한 것들을 어떻게 평가하고 피드백을 제공할 것인가의 문제까지 고려하고 있어야 할 것이다.

위와 같은 요소들이 꼼꼼히 계획되고 준비되어 있을 때, 융합 수업은 비로소 그 취지를 살려 소기의 교육적 효과를 얻을 수 있을 것이다.

05

융합 교육과정의 개선

1) 융합 교육과정의 특징과 문제점

융합 교육과정은 지식이나 학문 간의 경계에 얽매이지 않는 내용을 중심으로 수업을 진행하는 것을 말한다. 그러므로 융합 교육과정은 교과 지식으로 운영되는 수업이 아니라, 융합적 지식으로 운영되는 수업이 되어야 할 것이다. 그렇다면 교과 지식을 별개로 가르치는 교과 중심 교육과정과 융합 교육과정은 어떤 차이가 있는가?

첫째, 학생들이 학교 교육과정을 통해 배워야할 지식의 양을 크게 조절할 수 있다. 교과 지식은 사실, 개념, 일반화로 구분되어, 각 교과별로 국가 수준 교육과정의 내용 기준 항목에 따라 교과서에 정리되어 수업에 활용된다. 이 경우 문제는 각 교과별로 학생들이 배워야할 교과별 지식량도 상당히 많고, 모든 교과를 합하면 전체적으로 배워야할 내용이 지나치게 많아질 것이다. 그래서 예전부터 교육과정 개정의 필요성에서 흔히 등장하는 용어가 '교육 내용의 적정화'였고, 이 문제를 해결하기 위한 방안 중의 하나가 교과별로 핵심 개념(big ideas)을 선정하고 탐구 기능을 중심으로 교과 내용을 구성해야 한다는 주장이다(Wiggins & McTighe, 2005; 김경자 · 온정덕, 2011에서 재인용).

둘째, 교과 지식에 비해 융합적 지식은 학습 내용의 전이 가능성이 중요한 지식이다. 전이 가능성이 높은 지식은 핵심 개념을 담고 있는 지식으로써, 해당 교과 내에서 뿐만 아니라 다른 영역의 지식이나 정보를 다룰 수 있는 이해의 틀을 제공하는 지식이다. 융합 교육과정은 바로 지식들 간의 전이 가능성을 바탕으로 핵심적 개념을 중심으로 수업을 구성하는 것이다.

셋째, 융합 교육과정의 중요한 특징 중 하나는 사실 수업의 중심이 지식 자체가 아니라 학생의 사고 능력의 배양이라는 것이다. 즉, 교육과정을 구성함에 있어서 교과 자체의 지식의 구조나 내용에 의존하거나 지식 자체를 학습(기억)하는 것에 목표를 두는 것이 아니라, 학생들에게 어떻게 사고하고 탐구하게 하여 비판적 사고, 창의적 사고 등과 같은 고차원적 사고를 훈련시키고 지식을 다룰 수 있는 힘을 길러 줄 것인가에 목표를 두는 것이다.

넷째, 융합 교육과정의 가장 중요한 의미는 본질적으로 분절적이지 않는 지식의 특성을 그대로 살리는 교육과정을 지향할 필요가 있다는 것이다. 지식은 인간의 사회와 자연에 대한 경험들과 인식들이 종합된 세상에 대한 이해이다. 그러한 이해는 결코 쪼개어질 수 없는 것이지만, 이를 편의상 구분하고 범주화하여 단편적으로 정리한 것이 바로 교과 지식이다. 그러므로 융합 교육과정은 세상을 그 본래의 의미를 찾아 직접적으로 파악하고 실천적으로 이해하기 위한 노력인 것이다.

위와 같은 융합 교육과정의 특성을 감안하여 수업 계획안을 구상해야 할 것이다. 실제로 교사들이 융합 수업을 설계할 때는 많은 한계점을 보이고 있다. 우리나라의 융합 수업 계획안에서 발견되는 공통적인 문제점들에 대해 임유나(2012)는 다음과 같은 점들을 지적하고 있다.

첫째, 융합 수업을 계획하는 교사들에게 교과들 간의 지식을 융합하는 기준과 융합적 지식의 본질에 대한 분명한 이해도 그리고 그것을 수업에 어떻게 활용하고 있는가에 대한 고민이 부족하다는 점이다. 융합의 준거가 될 수 있는 각 교과의 핵심 개념이나 아이디어, 기능에 대한 분석 및 추출이 없이, 단순히 교과별 주제를 융합 수업의 요소(예, STEAM 요소)에 끼워 맞춘 듯한 수업이 많았다는 것이다.

둘째, 수업의 어떤 내용, 활동, 주제들이 융합 수업의 내용이 되는 것이고, 그렇지 않은 것인지에 대한 분명한 구분이 없이, 모든 수업의 요소들을 STEAM의 요소로 적용하려고 하는 것은 진정한 융합 수업이라고 보기 힘들다. 예를 들어, 흥미 유발 차원에서 제시한 동영상이나 뉴스 등이 과연 STEAM 수업을 구성하는 본질적 학습 활동이 될 수 있는가 하는 점이다. 이러한 현상은 융합의 핵심적 개념이나 주제가 수업을 계획하기 이전에 선정되고 조직되어 있어야 하는데 그렇지 못하고, 피상적인 내용이나 활동을 중심으로 교과 내용을 섞어 놓은 것을 융합이라고 착각하기 때문에 일어나는 것이다.

셋째, 융합적 주제를 다루고 그 주제에 대한 수업 활동을 진행함에 있어서 배정된 수업 시간이나 활동이 충분하지 않은 경우들이 많다. 앞서 언급한 것처럼, 융합 수업은 전이 가능하고 공통적이며 핵심적인 주제를 중심으로 여러 교과의 지식과 활동들을 활용하여 학생들의 사고 과정을 촉진하는 방식으로 진행되어야 한다. 그런데 이러한 학습이 이루어지기 위해서는 많은 수업의 준비, 학생들의 선행 지식, 흥미 유발 활동, 그리고 다양한 실제 수업의 과정이 필요하다. 그런데 대부분의 수업 계획들은 거의 한 시간 안에 그러한 과정을 모두 소화할 수 있다는 식으로 매우 조급하게 짜여져 있다.

2) 융합 교육과정의 개선 방안

그렇다면, 융합 수업 계획서에 나타난 이러한 문제들은 어디에서 기인한 것일까?

첫째, 융합 교육과정이 효과적으로 실천되기 위해서는 우선 기존의 교과들 속에 존재하는 '내용 요소들(즉, 필수 학습 요소, 핵심 내용 지식, 핵심 개념, 성취 기준 등)' 간의 통합이 이루어져야 한다. 그런데, 아직까지 교육과정의 융합이 선언적 수준에서만 언급되고 있는 현실 속에서 학계나 교육 당국들은 이러한 교과들 간의 내용 요소들의 통합에 대한 충분한 근거나 자료, 그리고 그에 따라 제작된 교과서나 교재를 제공해주지 못하고 있다.

둘째, 현행 교과 교육과정 문서는 사실적 지식이 교육과정 내용의 많은 부분을 차지하고 있다. 이것이 구현된 교과서는 단순 지식을 전달하는 주제나 사실적 지식을 나열하는 수준에서 학생들이 해결해야 하는 활동을 중심으로 구성되어 있어서, 현재 STEAM 수업을 구성하는 방식도 이 틀을 크게 벗어나지 못하고 있다. 즉, 그로 인해 다음 [그림 3-5]와 같이 먼저 주제를 결정하고, 그에 따라 학습 활동을 선정하여 구성하고, 이것에 STEAM 요소를 맞추는 형식으로 이루어져 있다. 결국 기준에 제시된 핵심적인 개념이나 통합의 가능성을 가진 내용 요소를 확인하여 체계성과 연계성을 만들어내는 단계는 없다(임유나, 2012, p. 69).

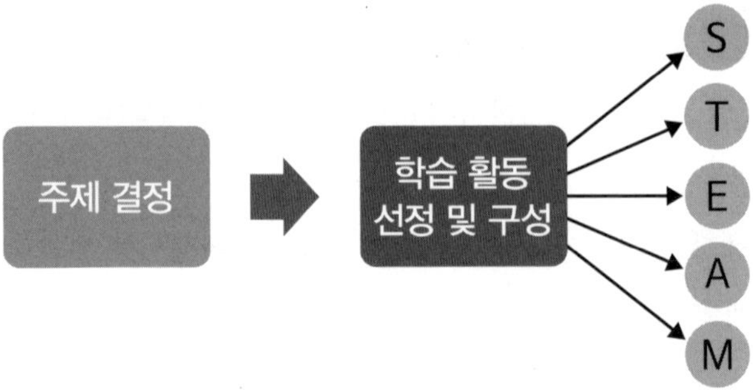

그림 3-5. 현재 Steam 수업 구성 방법

위와 같은 수업은 주제 중심 통합 수업의 차원에서는 의미가 있을지 몰라도 진정한 융합 교육과정이라고는 볼 수 없다. 그러므로 교육과정에 적시된 기준(standards)을 중심으로 핵심 개념(필수 학습 요소)이나 핵심 기능을 중심으로 한 지식의 융합을 바탕으로 수업이 구안될 필요가 있다.

셋째, 각 교과의 핵심 개념(core concepts)이나 핵심 기능(core skills)을 선정하고 조직하는 일은 교과 전문가들도 쉽게 할 수 없는 일이다. 그런데 수업을 실천하는 교사들에게 그러한 책임까지 맡기는 것이 합당한 일인지 고민할 필요가 있다. 그리고 이와 같은 상황에서 교육과정 문서와 교과서만을 가지고 교사가 융합적으로 수업을 조직하거나 교육과정을 재구성할 수 있는 충분한 훈련의 기회와 이를 도와줄 수 있는 자료가 제공되지 못하고 있기 때문에 교사가 제대로 된 융합 수업을 계획하기 힘든 것이다.

신영준 · 한선관(2011)에 의하면, 76.4%의 교사들은 융합 교육이 수업 시수를 감소시키거나 오히려 수업 시수를 줄일 수 있다고 응답하였다고 한다. 이러한 인식은 교사들이 융합 수업을 단순히 교과의 통합 차원으로 이해하고 있음을 방증하는 것이다. 문제는 융합 지식을 기반으로 한 수업을 구상한다는 것이 그리 쉽거나 간단한 문제가 아니라는 것이다. 따라서 앞으로 융합 교육과정이 정착하고 교사들이 보다 효과적인 융합 수업 계획서를 작성할 수 있도록 하기 위해 다음과 같은 노력이 필요할 것이다.

첫째, 융합적 개념을 추출해낼 수 있는 내용 기준의 개발과 제공에 대한 연구가 필요하다. 아울러 교과 간 관련성에 대한 연구 부족 해결, 융합 교육을 실행하기 위한 교사 전문성 신장의 필요, 시간적 여유 부족, 융합 교육에 알맞은 교육과정 구성, 교수 학습 자료의 개발이 필요하다(이효녕 외, 2012).

둘째, 지금까지 '융합' 하면 주로 과학 중심의 융합이라는 관념이 지배적이었으며, 이는 융합에 대한 매우 편협한 이해에 불과하다. 따라서 융합의 핵심 개념이나 주제가 될 수 있는 지식, 관점, 통찰력, 기술 등이 무엇인가에 대한 폭넓은 연구와 논의가 필요하다. 이는 지식 중심에서 탈피하여 학생들의 사고를 중심으로 하거나, 실제적인 사회 문제(에너지, 환경 오염, 생태계, 인구, 고령화 등)를 중심으로 구상하는 정도의 새로운 시도가 필요하다.

셋째, 지식을 어떻게 융합할 것인가에 대한 인식론(epistemology)적 차원의 고민뿐만 아니라, 융합 지식을 어떻게 다루거나 가르칠 것인가에 대한 방법론적 차원의 고민 즉, 다양한 교수 학습 방법론적 연구와 개발도 필요하다. 이와 같은 맥락에서 주제 중심 통합, 탐구 기반 학습(Inquiry Based Learning), 설계 기반 학습(Design Based Learning), 사회문제 중심 학습 등의 기존의 여러 교수 방법론을 융합 교육의 관점에서 어떻게 재구성할 것인가에 대한 탐색도 의미가 있을 것이다.

3) 융합 교육과정의 모형 탐색

실제 수업에서 융합 수업을 설계하는 것은 쉽지 않다. 융합을 위한 중심 주제나 핵심 아이디어를 선정하는 일에서부터 교과들 간의 협력, 교육과정 내에서 수업 시간의 배분에 이르기까지 현실적인 문제들도 걸림돌로 작용할 수 있다. 이러한 문제점들을 극복할 수 있는 융합 교육과정의 다양한 모형들을 설계하여 제공한다면, 현장의 교사들에게 큰 도움이 될 수 있을 것이다.

김성원 외(2012)는 융합 교육과정 모형의 하나로 융합 단위(A), 융합 방식(B), 융합 맥락(C)의 세 가지 축을 구심점으로 한 융합의 모형을 제시한 바 있다. 이 모형에 따르면, 융합 단위(A)의 축은 단계적으로 개념·탐구 과정(A1), 문제 현상(A2), 체험 활동(A3)으로 확장되고, 융합 방식(B)은 다학문적(B1), 간학문적(B2), 탈학문적(B3) 융합의 단계로 확장되며, 융합의 맥락(C)은 개인적 맥락(C1), 지역 사회적 맥락(C2), 세계적 맥락(C3)으로 확장되는 방식이다. 이를 표현하면 다음 [그림 3-6]과 같다.

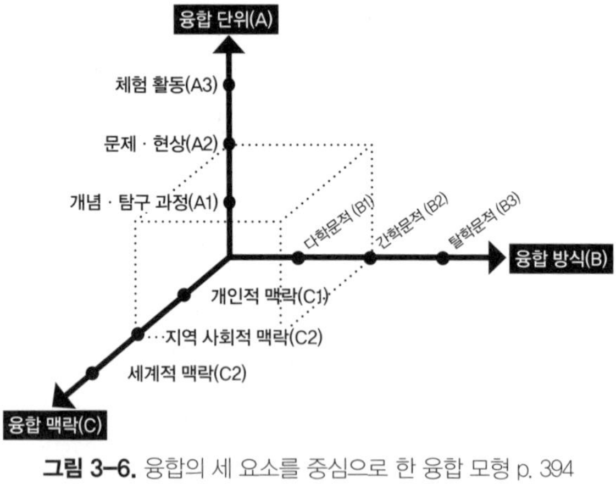

그림 3–6. 융합의 세 요소를 중심으로 한 융합 모형 p. 394

위 모형에서 융합 단위는 '학습자의 사고' 즉, 지식을 어떻게 다루느냐를 중심으로 구분한 요소이고, 융합의 맥락은 학습의 범주 혹은 학습에 관련된 지식이나 경험의 범주가 점차 외부로 확장되어가는 것으로 이해할 수 있다. 문제는 지식들 간의 융합의 방식의 요소인 다학문적, 간학문적, 탈학문적 요소들에 대한 구분이 명확하지 않다는 것이다.

이 모형을 제시한 김성원 외(2012)는 다학문 =〉 간학문 =〉 탈학문의 방식으로 융합의 범주가 확대되는 것으로 설정하였지만[16], 사실 다학문, 간학문, 탈학문에 대한 정의는 학자들마다 다르다. 예를 들어, 본저의 앞 장에서도 설명된 바와 같이, 다학문적(multi-disciplinary) 융합(각 교과 영역의 자율성이 보장되면서 여러 다른 학문 분야의 지식들이 통합되어 다루어질 수 있도록 수업 내용을 조직하는 것을 가리키며, 학문 간의 전통적인 유사성이나 인접성에 얽매이지 않는 보다 포괄적인 통합)이 간학문적(inter-disciplinary) 융합(학문 간의 구조적 혹은 탐구 방법상의 관련성을 생각하여 학문 간의 내용을 구조적으로 묶어서 통합하는 방식으로 유사한 성격의 지식이나 학문 영역 간의 통합을 시도할 때 유용)보다 범주가 더 넓은 개념으로 이해할 수 있다. 결국 융합의 범주에 대한 구분은 논란이 있을 수 있고, 기존의 지식들 간의 융합의 방식을 어떻게 설정할 것이냐가 관건이다. 요컨대, 교육과정의 융합에 있어서 가장 어려운 문제는 결국 기존의 분과적

16) 다학문적(multi-disciplinary) 융합은 한 학문을 축으로 주위에 다른 학문을 배치하여 축에 있는 학문과 다른 학문들이 상호작용을 하게 하는 방식을 의미하고, 간학문적(inter-disciplinary) 융합은 어느 학문 또는 교과가 핵의 위치에 있는 것이 아니라 여러 학문의 개념, 방법, 절차가 문제의 해결에서 자유롭게 활용되는 방식을 의미한다. 탈학문적(extradisciplinary) 융합은 학문의 경계를 없애고 새로운 학문 영역으로 융합되는 방식이다. 즉, 학습 내용이 어느 교과에 해당하는지 파악하고자 하는 것은 의미가 없는 수준의 융합이다.

지식을 어떻게 다룰 것인가인데, 이 부분은 앞으로 더 많은 연구가 필요한 부분이다.

결론 : 융합 지식과 교육의 미래

자연 현상이나 사회현상에 대한 과학적 탐구 방식은 탐구의 대상을 쪼개고 세분화함으로써 더 잘 이해할 수 있다는 신념에 기초하고 있었다. 이러한 신념은 자연과학뿐만 아니라 사회과학 분야에서도 학문적 발전에 크게 기여한 것이 사실이지만, 어느덧 이처럼 분절적 접근을 통해 세상을 이해하는 방식은 한계에 다다른 것이 아닌가 싶다. 분절적 지식의 한계성과 융합적 지식의 필요성을 부각시켜주는 분명한 근거를 네 가지만 들어보고자 한다.

첫째, 지식이 설명하고자 하는 현상이 사실상 그리 단순하지 않다는 것이다. 노벨상 수상자인 비선형 과학자 일리야 프리고진이 포함된 괼벤키안 위원회(Culbenkian Commission on the Restructuring of the Social Sciences)는 19세기에 발달한 사회과학의 개혁을 위해 자연과학과 사회과학 모두 복잡한 성계를 다루고 있다는 사실을 바탕으로 자연과학과 사회과학의 경계를 없애야 한다고 주장하였다. 그들은 다중적 미래 분기와 선택, 역사적 의존, 그리고 내재적이고 고유한 불확실성을 강조하면서, 비평형 동력학에 기반을 둔 분석이 모든 과학의 모델이 되어야 한다고 주장하였다(Wallerstein, 1996, 61). 같은 맥락에서 미셸 세르Michel serres(2008)는 각 분과 학문별로 나누기에 급급했던 근대의 학문 체계를 비판하면서 총체성을 찾기 위해 분과의 경계를 넘나드는 역할을 할 수 있는 지식인이 필요함을 강조하기도 하였다.

둘째, 지식의 폭발적 증가로 분절적 지식을 학습하는 데에는 한계가 있다는 것이다. 최근 들어 급격한 정보통신 기술의 발달로 지식은 증가하는 속도뿐만이 아니라 그 지식이 공유되는 범위까지 폭발적으로 확장되고 있다. 그리고 이제 지식은 더 이상 정적인 성질을 갖고 있지 않다. 새로운 지식이 생성되는 속도, 과거의 지식이 수정되는 속도, 지식이 융합되고 가공되는 양상이 과거와는 판이하게 달라지고 있다. 오늘날의 지식이 갖는 이러한 특성을 바우만Zigmund Bauman(2009)은 무겁고 고체적이고 예측이 가능한 근대성에서 가볍고 액체적이고 불안정한 근대성으로 이동했다는 의미에서 새로운 근대성을 액체 근대성(liquid modernity) 혹은 유동하는 근대성이라 부르기도 했다. 따라서 이제 단편적인 지식을 학습하는 것보다는 지식을 보다 통합적으로 다루고 통찰력을 활용하는 것이 더욱 중요해질 수밖에 없는 것이다.

셋째, 현상을 설명하거나 탐구하기 위한 과학적 탐구 방법론의 효용성이 과거에 비해 떨어지고 있다는 것이다. 이러한 지식에 대한 과학적 접근의 한계는 Chris Anderson(2008)의 '이론의 종언'에서 잘 설명하고 있다. 그는 현재처럼 지식과 정보가 폭발적으로 증가하는 시대에는 가설을 세우고, 모델링을 하고, 실험과 같은 조사를 통해서 가설을 검증하는 식의 과학적 지식은 더 이상 불필요하고, 거대한 데이터(big data)와 응용 수학만 있으면 된다고 주장하였다. 그리고 사회과학자를 포함하여 과학자들이 할 일은 '데이터 깨부수기'(data crunching) 즉, 거대 데이터 속에서 패턴을 찾아내고 상관 관계를 찾는 것이지, 굳이 기존의 주된 과학적 연구 방법론이었던 모형의 개발이나 인과 관계의 발견은 더이상 불필요하다는 것이다(Anderson, 2008). 따라서 지식의 융합은 한동안 자연과학과 사회과학 분야의 지식에 대한 사회적 기대에 비해 관심이 멀어졌던 인문학에 대한 관심을 되돌리게 하는 계기가 되었다. 결국 이와 같은 지식 팽창의 시대에는 인간과 인간의 근원문제, 인간의 존중감, 인간과 사상과 문화에 관한 통찰력을 제공해줄 수 있는 인문학에 주목을 할 수밖에 없는 것이다(이창식, 2015).

넷째, 현실의 문제를 해결하는 데 분절적 지식보다는 융합적 지식이 더욱 효과적이라는 것이다. 제임스 매클렐란 & 헤럴드 도른은 기술의 이용과 학문적 발전의 관련성을 설명하였다. 저자들에 의하면, 플라톤(BC 390, 국가) 시대에는 기하학이나 천문학을 실생활에 이용하려는 생각을 조롱하면서, 학자들은 자연 철학의 이름으로 우주의 원리, 물질들의 특성 등과 같은 자연의 원리를 연구하는 데에만 몰두하였다. 즉, 그 당시에는 이론이 세상에서 필요로 하는 기술에 적용되는 것에는 관심이 없었으며, 그로 인해 중세 시대까지 학자와 기술자는 서로 다른 영역에 머물렀었다. 그러나 근대에 들어서 17세기 이후에는 뉴턴과 갈릴레이 등에 의해 이론을 실세계와 사회에 적용시키는데 학자들의 관심이 모아졌고, 그에 따라 학자와 기술자 즉, 이론과 실천 사이에 괴리감이 점차 좁아진 것이다. 결국 오늘날에 있어서도 지식의 본질적 의미는 현실의 세계에 어떤 유용성이 있느냐에 달려있는데, 이를 위해서는 분절적 지식 보다는 융합적 지식이 더 필요한 것이다.

참고 문헌

김대현(2011). 교육과정의 이해. 서울: 학지사.

김승환(1995). 카오스에서 인공생명으로. 과학사상, (14), 304-312.

김정효(2013). 과학과 예술의 융합에 기초한 STEAM 교육의 가능성과 과제. 미술교육논총, 27, 123-152.

김진수(2012). STEAM 교육론. 서울: 양서원.

김창배(2009). 유전자에서 찾는 21세기판 진화법칙. 과학동아 2009년 1월호. 동아사이언스.

니스벳, R. (2016). Mindware: Tools for Smart Thinking. [사고: 생각은 어떻게 작동하는가?]. 서울: 김영사.

라이히홀프, 조세프 저. 박병화 역. (2012). 자연은 왜 이런 선택을 했을까? 서울: 도서출판 이랑.

미셰 세르 (2008). 이규현 역. 천사들의 전설: 현대의 신화. 서울: 그린비.

박승억(2015). 학문의 진화: 학문개념의 변화와 새로운 형이상학. 서울: 글항아리.

박휴용(2011). 교육과정. 서울: 학지사.

박휴용(2014). 과학과 문화의 연관성을 바탕으로 한 다문화사회 과학교육의 재개념화. 철학논총, 77(3), 181-212.

박휴용(2015). 핵심역량기반 교육에 대한 비판적 고찰. 교육사상연구, 29, 49-78.

박휴용(2016). 다문화미술교육의 이론적 토대: 예술사회학과 사회참여 예술을 중심으로. 미술교육논총, 30(4), 47-79.

박휴용(2016). 다문화적 창의성 연구의 이론적 토대와 핵심 요인. 다문화교육연구, 9(2), 1-29.

박휴용(2016). 이중어 창의성의 이론적 토대와 관련 요인의 분석. 이중언어학, 63, 101-125.

밥 로즈 & 레이 벨레즈 저. 이주형 조은경 역. (2014). 융합하라 융합하라. 서울: 베가 북스

성열관 · 박휴용 · 김정안 · 김위정 · 박혜경 · 유경훈. (2016). 새로운 학력개념 정립 및 구현방안. 전국시도교육감협의회.
소광섭(2008). 상보성의 원리와 음양론. http://blog.hani.co.kr/chaos/10789
스티븐 핑커 저 김한영 역. (2004). 빈 서판[Blank Slate]. 서울: 사이언스북스.
신영복(2013). 신영복의 엽서. 서울: 돌배개.
유광찬(2008). 교육과정의 이해. 교육과학사.
유안 역저. 최영갑 역(2004). 회남자: 생각의 어우러짐에 관한 지식의 총서. 풀빛.
유영만(2013). 브리꼴레르: 세상을 지배할 지식인의 새 이름. 서울: 쌤앤파커스.
윤영수 · 채승병(2005). 복잡계 개론. 서울: 삼성경제연구소.
윤현경(2013). 교과 통합수업 방안연구: 고등학교 국어과목과 사회과목을 중심으로. 전북대학교 교육대학원 석사학위 논문.
이광연(2011). 세계사를 한눈에 꿰뚫는 비하인드 수학파일. 서울: ㈜위즈덤하우스.
이상문·임성배(2016). 메타이노베이션. 서울: 한국경제신문.
이창식(2015). 인문학적 상상력과 문화 콘텐츠. 서울: 글누림.
임경순 외(2009). 청소년의 창의성 증진을 위한 융합프로그램 개발 방안. 포항공대 과학문화연구센터 중간보고서.
제임스 글리크(2017). 박래선, 김태훈 역. 인포메이션: 인간과 우주에 담긴 정보의 빅히스토리. 서울: 동아시아.
조스 콜체스터(2006). 체계+복잡성: 하나의 개괄(Systems+ Complexity : An Overv iew). An Accessible Overview to Complexity Theory (Kindle Edition).
조지 스무트(2009). 우주론 강연록. (2009년3월16일 이화여대 강연). 동아일보 (2009.3.18.).
조향숙(2012). 현장 적용 사례를 통한 융합인재교육(STEAM)의 이해(OR2012-02-2). 서울: 한국교육개발원..
지커맨, G. 정진영 외 역. (2012). 게이미피케이션: 웹과 모바일 앱에 게임 기법 불어넣기. 서울: 한빛미디어.
최재천(2011). 호모 심비우스:이기적 인간은 살아남을 수 있는가? 서울: 이음.
홍성욱(1997). 잡종, 그 창조적 존재학. 창작과비평, 25(3), 371-385.
후쿠오카 신이치 저, 김소연 역. (2011). 나누고 쪼개도 알 수 없는 세상. 서울: 은행나무.

Amabile, T. M. (1996). *Creativity in context.* Boulder, CO: Westview Press.

Anderson, C. (2008). The end of theory: The data deluge makes the scientific method obsolete. Wired magazine, 16(7), 16-07.

Barabási, A. L. (2014). Linked: How Everything Is Connected to Everything Else and What It Means for Business, Science, and Everyday Life. New York. Basic Books.

Barabási, A. L. (2003). Linked: The new science of networks.American Journal of Physics 71, 409. https://doi.org/10.1119/1.1538577

Barile, S., & Polese, F. (2010). Smart service systems and viable service systems: Applying systems theory to service science. Service Science, 2(1-2), 21-40.

Barsalou, L. W. (1999). Perceptions of perceptual symbols. Behavioral and brain sciences, 22(4), 637-660.

Basu, C. (2012). Education 360: Journey of the Digital Amphibians. Global Business Resource Center, University of Wisconsin-Whitewater.

Bauman, Z. 이일수 역. (2009). 액체 근대(Fluid Modernity). 도서출판 강.

Bechara, A., Damasio, H., Tranel, D., & Damasio, A. R. (1997). Deciding advantageously before knowing the advantageous strategy. Science, 275(5304), 1293-1295.

Beer, M., & Gery, G. J. (1972). Individual and organizational correlates of pay system preferences. Managerial motivation and compensation, 325-349.

Beer, S. (1985). Diagnosing the system for organizations. John Wiley & Sons Inc.

Blok, A., & Jensen, T. E. (2011). Bruno Latour: Hybrid thoughts in a hybrid world. Routledge.

Borgman, C. L., Abelson, H., Dirks, L., Johnson, R., Koedinger, K. R., Linn, M. C. (2008). Fostering learning in the networked world: The cyberlearning opportunity and challenge. A 21st century agenda for the National Science Foundation. Report of the NSF task force on cyberlearning.

Bourdieu, P. (1984). Distinction: A social critique of the judgement of taste. Harvard university press.

Bowen M. (1985). The ecology of knowledge: Linking the natural and social sciences. Geoforum, 16(2), 213-225.

Bowers, K. S., Regehr, G., Balthazard, C., & Parker, K. (1990). Intuition in the context of discovery. Cognitive psychology, 22(1), 72-110.

Breadfield, J. & O'Grady, M. B. 노태복 역. (2013). 제6의 물결: 자원 한정 시대에 어떻게 성장할 것인가. 서울: 한국경제신문.

Briggs, J., & Peat, F. D. (1989). Turbulent mirror: An illustrated guide to chaos theory and the science of wholeness. HarperCollins Publishers.

Brown, J. S. (1999). Sustaining the Ecology of Knowledge. Leader to Leader, 12, 1-8.

Buchanan, M. (2002). Small world: Uncovering Nature's hidden networks. London: Weiden & Nicholson.

Bugental, J. F., Wegrocki, H. J., Murphy, G., Thomae, H., Allport, G. W., Ekstein, R., & Garvin, P. L. (1966). Symposium on Karl Bühler's contributions to psychology. The Journal of general psychology, 75(2), 181-219.

Buxton, C. A., & Whatley, A. (2002). Authentic Environmental Inquiry Model: An Approach to Integrating Science and Social Studies in Under-Resourced Urban Elementary Schools in Southeastern Louisiana.

Cattani, G., & Ferriani, S. (2008). A core/periphery perspective on individual creative performance: Social networks and cinematic achievements in the Hollywood film industry. Organization Science, 19(6), 824-844.

Chapman, C., & Crimmin, M. (2007). Art across borders. RSA Journal, 154(5527), 42-49.

Costa, A. L., & Liebmann, R. M. (1997). The Process-Centered School: Sustaining a Renaissance Community. Thousand Oaks, CA: Corwin Press.

Crissey, M. (2002). Battling Bots. San Diego Union-Tribune.

Csikszentmihalyi, M. (1988). Motivation and creativity: Toward a synthesis of structural and energistic approaches to cognition. New Ideas in psychology, 6(2), 159-176.

Csikszentmihalyi, M. (1996). *Creativity: Flow and the psychology of discovery and invention.* New York: Harper Collins.

Csikszentmihalyi, M. (2014). Society, culture, and person: A systems view of creativity. In The Systems Model of Creativity(pp. 47-61). Springer Netherlands.

Csikszentmihalyi, M., & Sawyer, K. (2014). Creative insight: The social dimension of a solitary moment. In The systems model of creativity (pp. 73-98). Springer Netherlands.

Dailey, A., Martindale, C., & Borkum, J. (1997). Creativity, synesthesia, and physiognomic perception. Creativity Research Journal, 10(1), 1-8.

Dede, C. (2009). Comparing frameworks for "21st century skills". Harvard Graduate School of Education.

Derrida, J. (1993). Structure, sign, and play in the discourse of the human sciences. A postmodern reader, 223-242.

Dickey, M. D. (2007). Game design and learning: A conjectural analysis of how massively multiple online role-playing games (MMORPGs) foster intrinsic motivation. Educational Technology Research and Development, 55(3), 253-273.

Drath, R., & Horch, A. (2014). Industrie 4.0: Hit or hype?[industry forum]. IEEE industrial electronics magazine, 8(2), 56-58.

Erez, M., & Nouri, R. (2010). Creativity: The influence of cultural, social, and work contexts. Management and Organization Review, 6(3), 351-370.

Eronen, M. (2008). Reductionism, Explanatory Pluralism and Invariance.

Espinel, V., O'Halloran, D., Brynjolfsson, E., & O'Sullivan, D. (2015). Survey Report:"Deep Shift: Technology Tipping Points and Societal Impact.". In World Economic Forum, September.

Feldman, D. H., & Benjamin, A. C. (2006). Creativity and education: An American retrospective. Cambridge Journal of Education, 36(3), 319-336.

Finke, R. A. (1996). Imagery, creativity, and emergent structure. Consciousness and cognition, 5(3), 381-393.

Fisher, A. (Ed.). (2011). Critical thinking: An introduction. Cambridge University Press.

Fogarty, R. & Stoehr, J. 저. 박채형·박한숙·정광순·조상연·홍영기 역. (통합수업을 시작하려는 교사를 위한) 다중지능활용 통합교육과정 만들기. 서울:

교육과학사.
Fogarty, R. (1991). Ten ways to integrate curriculum. Education Digest, 57(6), 50-53.
Gadamer, H.-G. (1997). Truth and Method. New York: Continuum.
Gee, J. P. (2003). What video games have to teach us about learning and literacy, Computers in Entertainment (CIE), 1(1), 20–20.
Glaser, E. (1941). An Experiment in the Development of Critical Thinking. New York: Teachers College, Columbia University.
Glăveanu, V. P. (2013). Rewriting the language of creativity: The Five A's framework. *Review of General Psychology, 17*(1), 69-81.
Gleick, J. (2011). Chaos: Making a new science (Enhanced edition). Open Road Media.
Gregor, M. J. (2002). Kant. Lincoln: University of Nebraska Press.
Guimera, R., Uzzi, B., Spiro, J., & Amaral, L. A. N. (2005). Team assembly mechanisms determine collaboration network structure and team performance. Science, 308(5722), 697-702.
Halpern, D. F. (2014). Thought and knowledge. An Introduction to critical thinking (5th ed.). New York: Psychology Press.

Herda, E. A. (1999). Research conversations and narrative: A critical hermeneutic orientation in participatory inquiry. Praeger Publishers.
Herrington, J. (2006). Authentic learning environments in higher education. IGI Global. http://authenticlearning.info/CQU2015/Authentic_eLearning.html
Hinsen, P. 이영진 역. (2013). 뉴노멀. 서울: 흐름출판.
Hirst, P., & Thompson, G. (1999). Globalisation in question (2nd ed.). Cambridge: Polity Press.
Horx, M. 저. 배명자 역. (2009). 테크놀로지의 종말. 서울: 21세기 북스.
Jackson, M. (2008). Distracted: The erosion of Attention and the coming Dark Age. New York: Prometheus.
Jackson, M. C. (2003). Systems thinking: Creative holism for managers (p. 378).

Chichester: Wiley.

Jackson, S. (2011). Research methods and statistics: A critical thinking approach. Cengage Learning. Facione's California Critical Thinking Disposition Inventory.

Jacobs, H. H. (1989). Interdisciplinary curriculum: Design and implementation. Association for Supervision and Curriculum Development, 1250 N. Pitt Street, Alexandria, VA 22314.

James, R. K., Lamb, C. E., Householder, D. L., & Bailey, M. A. (2000). Integrating science, mathematics, and technology in middle school technology–rich environments: A study of implementation and change. School Science and Mathematics, 100(1), 27-35.

Jenkins, H. (2009). The Skill of the future: In a word 'multitasking'. Public Broadcasting Service.

Johansson, F. (2004). The Medici effect. Boston, MA: Harvard Business School Press.

Johansson, L. (2014). 'Becoming-coming' as a source for critical thinking in education: Third wave of critical thinking suggested with inspiration in Deleuze. In *Deleuze studies conference*. Lund: Lund University Publications.

John-Steiner, V. (2000). *Collaborative creativity*. Oxford: Oxford University Press.

Joseph H. Leigholf 저. 박병화 역. (2012). 자연은 왜 이런 선택을 했을까. 서울: 도서출판 이랑.

Kaufman, J. C., & Beghetto, R. A. (2009). Beyond big and little: The four c model of creativity. Review of general psychology, 13(1), 1.

Kemerling, G. (2001). "Plato: Education and the Value of Justice". http://www.philosophypages.com/hy/2h.htm#cave

Kriz, W. C. (2003). Creating effective learning environments and learning organizations through gaming simulation design. Simulation & Gaming, 34(4), 495-511.

Lasch, C. (1979). The culture of narcissism. NY: Warner books.

Latour, B. 외 저. 홍성욱 편 (2010). 인간사물동맹: 행위자 네트워크 이론과 테크노 사이언스. 이음.

Leed, S. K. 저. 박권생 역. (2012). 인지심리학[Cognition: Theory and Applications. Cengage Learning]. 서울: 교보문고.

Léger, P. M. (2006). Using a simulation game approach to teach enterprise resource planning concepts. Journal of Information Systems Education, 17(4), 441.

Lin, L., Mills, L. A., & Ifenthaler, D. (2016). Collaboration, multi-tasking and problem solving performance in shared virtual spaces. Journal of Computing in Higher Education, 28(3), 344-357.

Livesey, E. J., & McLaren, I. P. (2009). Discrimination and generalization along a simple dimension: Peak shift and rule-governed responding. Journal of Experimental Psychology: Animal Behavior Processes, 35(4), 554.

Lucas, T., Henze, R., & Donato, R. (1990). Promoting the Success of Latino Language-Minority Students: An Exploratory Study of Six High Schools. Harvard Educational Review, 60, 315-340.

Luhmann, N. 저. 박여성 역. (2007). 사회체계이론(1,2) 한길사.

Malone, T. W. & Lepper, M. R. (1987). Making learning fun: A taxonomy of intrinsic motivations for learning. Aptitude, learning, and instruction, 3, 223–253.

Margulis, M., & Sagan, D. (2000). What is Life?https://www.merriam-webster.com/dictionary/autopoiesis

Maturana, H. R., & Varela, F. (1975). Autopoietic systems. Report BCL, 9(4), 37-48.

McCrea, S. M. (2010). Intuition, insight, and the right hemisphere: Emergence of higher sociocognitive functions. Psychology research and behavior management, 3, 1.

McNeely, F. & Wolverton, 저. L. 채세진 역. (2008). 지식의 재탄상(Reinventing Knowledge). 살림출판.

McNiely, I. F. & Wolberton, L. (2009). 체세진 역. 지식의 재탄생[Reinventing knowledge]. 서울: 살림.

Meadows, D. (1997). Places to Intervene in a System. Whole Earth, 91(1), 78-84.

Meadows, D. H. (2008). Thinking in systems: A primer. chelsea green publishing.

Mele, C., Pels, J., & Polese, F. (2010). A brief review of systems theories and their managerial applications. Service Science, 2(1-2), 126-135.

Mele, Pels, & Polese(2010, p. 128): A Brief Review of Systems Theories and Their Managerial Applications. Service Science 2(1/2), 126-135.

Mitleton-Kelly, E. (2003). Ten Principles of Complexity and Enabling Infrastructure. In. Mitleton-Kelly, E. (ed.) *Complex Systems and Evolutionary Perspectives of Organizations: The Application of Complexity Theory to Organization*. Amsterdam: Elsevier.

Monod, J. (1971). Chance and Necessity(Trans. by Austryn Wainhouse). New York: Alfred A. Knopf.

Montgomery, S. L. (2000). Science in translation: Movements of knowledge through cultures and time. Chicago: University of Chicago press.

Moorman, C., & Miner, A. S. (1998). Organizational improvisation and organizational memory. Academy of management Review, 23(4), 698-723.

Mozelius, P., Fagerström, A., & Söderquist, M. (2016). Motivating factors and intrinsic integration of knowledge in educational games. In The 10th European Conference on Games Based Learning (ECGBL), Paisley, United Kingdom, 6th to 7th October 2016. Academic Conferences Publishing.

Murray, B. (2000). Teaching students how to learn. Monitor on Psychology, 62.

Negroponte, N. (1995). being digital. Alfred A. Knorpf: New York.

Ng, I. C., Maull, R., & Yip, N. (2009). Outcome-based contracts as a driver for systems thinking and service-dominant logic in service science: Evidence from the defence industry. European Management Journal, 27(6), 377-387.

Nisbett, R. E. (2016). Think big, bigger··· and smaller. On Poverty and Learning: Readings from Educational Leadership (EL Essentials), 94.

Nisbett, R. 저, 최인철 역. (2004). 생각의 지도. 김영사.

NSF (2017). Cyberlearning and Future Learning Technologies (Cyberlearning).

https://www.nsf.gov/funding/pgm_summ.jsp?pims_id=504984
O'Donnell, A. M., Dansereau, D. F. & Hall, R. H. (2002). Knowledge maps as scaffolds for cognitive processing. Educational psychology review. http://dx.doi.org/10.1023/A:1013132527007
Oliva, P. F. (2001). Developing the curriculum. New York. Priscilla McGeehon.
Ophir, E., Nass, C., & Wagner, A. D. (2009). Cognitive control in media multitaskers. Proceedings of the National Academy of Sciences, 106(37), 15583-15587.
Paivio, A. (1975). Perceptual comparisons through the mind's eye. Memory & Cognition, 3(6), 635-647.
Paul, R., A. Fisher & G. Nosich. (1993). Workshop on critical thinking strategies: Foundation for critical thinking. CA: Sonoma State University.
Perry-Smith, J. E. (2006). Social yet creative: The role of social relationships in facilitating individual creativity. Academy of Management Journal, 49, 85 - 101.
Pinkard, T. P. (2000). Hegel: A Biography. Cambridge University Press.
Plucker, J. A., Beghetto, R. A., & Dow, G. T. (2004). Why isn't creativity more important to educational psychologists? Potentials, pitfalls, and future directions in creativity research. Educational psychologist, 39(2), 83-96.
Prigogine, I. (1984). Order out of chaos: Man's new dialogue with nature (Vol. 13). New York: Bantam books.
Pylyshyn, Z. W. (1973). What the mind's eye tells the mind's brain: A critique of mental imagery. Psychological bulletin, 80(1), 1.
Reed, E. S. (1985). An ecological approach to the evolution of behavior. Issues in the ecological study of learning, 357-383.
Rheingold, H. (2002). Smart Mobs: The Next Social Revolution. Cambridge, MS: Perseus.
Rhode Island School of Design, Bringing STEM to STEAM, http://expspace.risd.edu/?research=stem-to-steam-workshop
Rhodes, M. (1961). An analysis of creativity. The Phi Delta Kappan, 42(7), 305-310.

Richard, J. C. & Rogers, T. S. (2001). Approaches and methods in Language teaching. (2nd ed). Cambridge: Cambridge University Press.

Richards, R. E. (2007). Everyday creativity and new views of human nature: Psychological, social, and spiritual perspectives. American Psychological Association.

Rifkin, J. (2011). The third industrial revolution: how lateral power is transforming energy, the economy, and the world. Macmillan.

Root-Bernstein, R., Arts foster scientific success: Avocations of Nobel, National Academy, Royal Society, and Sigma Xi members. Journal of Psychology of Science and Technology, 1, 51 - 63, 2008.

Rosenbaum, S. (2011). Curation Nation [큐레이션: 정보 과잉 시대의 돌파구]. 서울: 명진출판사.

Rosenblatt, A. D. & Thickstun, J. T. (1994). Intuition and consciousness. Psychoanal Quarterly, 63(4), 696-714.

Rotherham, A. J., & Willingham, D. T. (2010). "21st-Century" Skills. American Educator Press.

Runco, M. A. (2014). Creativity: Theories and themes: Research, development, and practice. New York: Elsevier.

Runco, M. A., & Jaeger, G. J. (2012). The standard definition of creativity. Creativity Research Journal, 24(1), 92-96.

Salomon, G. (2016). It's not just the tool but the educational rationale that counts. In Educational Technology and Polycontextual Bridging (pp. 149-161). Sense Publishers.

Saltmarsh, S. (2007). Cultural complicities: Elitism, heteronormativity and violence in the education marketplace. International journal of qualitative studies in education, 20(3), 335-354.

Sawyer, R. K. (1997). Improvisational theater: An ethnotheory of conversational practice. Creativity in performance, 171-193.

Schank, R. (1997). Virtual learning. McGraw-Hill Companies.

Schwab, K. (2016년 1월 11일). 《The Fourth Industrial Revolution》. World Economic Forum.

Sean B. Carroll 저. 김명남 역. (2007). 이보디보(Evo-devo): 생명의 블랙박스를 열다. 서울: 지호.

Sears, A., & Parsons, J. (1991). Towards critical thinking as an ethic. Theory & Research in Social Education, 19(1), 45-68.

Serres, M. 저, 이규현 역. (2008). 천사들의 전설: 현대의 신화. 서울: 그린비.

Sgourev, S. V. (2016). Dangerous liaisons: Bridging micro and macro levels in creativity research. In Multidisciplinary Contributions to the Science of Creative Thinking (pp. 103-116). Springer Singapore.

Sharma, R., & Monteiro, S. (2016). Creating Social Change: The Ultimate Goal of Education for Sustainability. International Journal of Social Science and Humanity, 6(1), 72.

Sheller, M. (2016). Uneven mobility futures: A Foucauldian approach. Mobilities, 11(1), 15-31.

Simmel, G. (1990), The Philosophy of Money (2nd ed.). London: Routledge.

Simonton, D. K. (2013). What is a creative idea? Little-c versus Big-C creativity. Handbook of research on creativity, 69-83.

Singley, M. K., & Anderson, J. R. (1989). The transfer of cognitive skill (No. 9). Harvard University Press.

Sloman, S. A. (2002). Two systems of reasoning. In T. Gilovich, D. Griffin, & D. Kahneman (Eds.), Heuristics and biases: The psychology of intuitive judgment. Cambridge, UK: Cambridge University Press.

Sperry, R. (1993). The impact and promise of the cognitive revolution. American psychologist, 48, 878-85.

Spohrer, J. C., & Engelbart, D. C. (2004). Converging technologies for enhancing human performance: Science and business perspectives. Annals of the New York Academy of Sciences, 1013(1), 50-82.

Sterman, J. D. (1994). Learning in and about complex systems. System Dynamics Review, 10(2–3), 291-330.

Sternberg, R. J., & Gordeeva, T. (1996). The anatomy of impact: What makes an article influential?. Psychological Science, 7(2), 69-75.

Sternberg, R. J., & Lubart, T. (1996). Investing in creativity. *American*

Psychologist, 51, 677-688.

Surowiecki, J. (2004). The wisdom of crowds: Why the many are smarter than the few and how collective wisdom shapes business, economies, societies, and nations. New York: Doubleday.

Teisman, Geert R. & Klijn, Erik-Hans (2008). Complexity Theory and Public Management: An Introduction. *Public Management Review*, 10(3), 287 ~297

Tough, A. (1989). Self-directed learning: Concepts and practice. Lifelong education for adults: An international handbook, 256-260.

Turkle, S. 저. 이은주 역. (2010). 외로워지는 사람들 [Alone together]. 서울: 청림출판.

Tyler, E. B., Primitive culture: Researches Into the Development of Mythology, Philosophy, Religion, Language, Art and Custom[Vol. 2]. NY: Nabu Press, 1871.

Urry, J. 저. 강현수 이희상 역. (2014). Mobility. 서울: 아카넷.

Varela, F. J. (1981). Self-Organizing Systems: An Interdisciplinary Approach.

Vogel, S. (2007). Teen Driver Menace: Text-messaging. Suite 101.

Vogler, K. E. (2003). An integrated curriculum using state standards in a high-stakes testing environment. Middle School Journal, 34(4), 5-10.

Von Bertalanffy, L. (1968). General system theory. New York, 41973(1968), 40.

Watson, W. R., Watson, S. L., & Reigeluth, C. M. (2015). Education 3.0: Breaking the mold with technology. Interactive Learning Environments, 23(3), 332-343.

Whitehead, A. N. (1978). Process and Reality, (Griffin, D. R. & D. W. Sherburne, Eds.). New York: The Free Press.

Wilcox Jr, D. H., & Greenbaum, F. R. (1965). Kekule's benzene ring theory: A subject for lighthearted banter. J. Chem. Educ, 42(5), 266.

Williams, L. P. (1971). Michael Faraday: A Biography [by] L. Pearce Williams. Simon and Schuster.

Zajda, J. I., & Geo-JaJa, M. A. (2010). The politics of education reforms. Springer.

Zimmerman, B. J. (1998). Developing self-fulfilling cycles of academic regulation: An analysis of exemplary instructional models. In D. H. Schunk & B. J. Zimmerman (Eds.), Self-regulated learning: From teaching to self-reflective practice (pp. 1-19). New York: Guilford Publications.

찾아보기

ㄱ, ㄴ

ㄷ, ㄹ

ㅁ, ㅂ

ㅅ, ㅇ

ㅈ, ㅊ

ㅋ, ㅍ, ㅎ

0~9

A~z

융합 지식과 융합 교육과정

지은이 박휴용
펴낸이 김동원
펴낸곳 전북대학교출판문화원

초판 1쇄 발행 2018. 4. 24
초판 2쇄 발행 2019. 1. 31
초판 3쇄 발행 2020. 2. 28

전북대학교출판문화원 전라북도 전주시 완산구 어진길 32 (풍남동2가)
전화 (063) 219-5321~2
FAX (063) 219-5323
출판등록 2012년 8월 20일 제465-2012-000021호

값 16,000원

ISBN 979-11-87892-82-3 93370

이 도서의 국립중앙도서관 출판예정도서목록(CIP)은 서지정보유통지원시스템 홈페이지(http://seoji.nl.go.kr)와 국가자료공동목록시스템(http://www.nl.go.kr/kolisnet)에서 이용하실 수 있습니다. (CIP제어번호 : CIP2018010493)